绵阳

MIANYANG QUANMIAN SHENHUA GAIGE LILUN YU SHIJIAN YANJIU

绵阳全面深化改革理论与实践研究

中共绵阳市委党校
中共绵阳市委讲师团 ◎ 编

主　　编　冯　平
执行主编　朱　云
副 主 编　席　斌　罗　力　王仕军

西南交通大学出版社
·成　都·

图书在版编目（CIP）数据

绵阳全面深化改革理论与实践研究 / 中共绵阳市委党校，中国绵阳市委讲师团编. —成都：西南交通大学出版社，2015.6

ISBN 978-7-5643-3944-9

Ⅰ. ①绵… Ⅱ. ①中… ②中… Ⅲ. ①体制改革－研究－绵阳市 Ⅳ. ①D677.13

中国版本图书馆 CIP 数据核字（2015）第 119949 号

绵阳全面深化改革理论与实践研究

中共绵阳市委党校
中共绵阳市委讲师团　编

责任编辑	孟秀芝
封面设计	何东琳设计工作室
出版发行	西南交通大学出版社 （四川省成都市金牛区交大路 146 号）
发行部电话	028-87600564　028-87600533
邮政编码	610031
网址	http://www.xnjdcbs.com
印刷	成都蓉军广告印务有限责任公司
成品尺寸	148 mm × 210 mm
印张	9
字数	226 千
版次	2015 年 6 月第 1 版
印次	2015 年 6 月第 1 次
书号	ISBN 978-7-5643-3944-9
定价	46.00 元

序 言

勇担全面深化改革的时代责任

走过36年的改革开放，历经波澜壮阔的改革实践，绵阳再次站在了新的历史起点。

36年改革开放，影响前所未有，成就举世瞩目，不仅将中国推向了一个历史新高度，也让中华民族比任何时候都更加接近复兴梦想。越是在这个时候，就越要警惕“为山九仞、功亏一篑”的风险。放眼全球，一些国家的“中等收入陷阱”殷鉴不远，断言中国短暂“柯立芝繁荣”的声音时有耳闻；即便在国内，也有人担心我们丧失了改革勇气，甚至患上了“改革疲劳症”。对这些悲观论调，不必过分上心，但不可掉以轻心。

今天的改革再次到了一个紧要关头。一方面，政府职能转变、金融体制改革、反腐制度强化……这些躲不开、绕不过的问题，提醒我们发展还没到开香槟的时候；另一方面，改革本身也面临着“期望值上升的革命”，除了物质利益，人们对公平诉求更加强烈。如何闯关夺隘，更好地回应人民诉求，关系到改革的号召力，也考验着我们党的执政能力。在这样的背景下，改革先易后难，更要攻坚克难，唯其如此，才能应对风险挑战、跟上人民期待。

党的十八届三中全会胜利召开，开启了新一轮中国改革开放的伟大征程。会议通过的《中共中央关于全面深化改革若干重大问题的决定》，是党中央发出全面深化改革的总动员令。绵阳作为中国科技城，是党中央和国务院批准的创新驱动示范区，全面落实党的十八届三中全会精神，成为当前头等重要的政治任务。中共绵阳市委制定了《关于全面深化改革的决定》，勾勒了未来7年绵阳全面深化改革的蓝图，展示了绵阳在新一轮改革开放中继续先行先试、勇立潮头、再争先锋、再立新功的坚定信心。

毫无疑问，走具有中国特色、符合绵阳实际的发展路子，全面深化改革是一场新的攻坚战，也是一场新的“赶考”，这一历史责任无疑地落在了540万绵阳人民的肩上。

要义无反顾地担负起全面深化改革的重大责任，就必须围绕学习贯彻十八届三中全会和绵阳市委《关于全面深化改革的决定》抓落实。要始终牢牢把握发展第一要务，始终坚持把改善民生作为第一目标，始终坚持从大局出发考虑问题，任何一项改革措施，任何一项改革部署，都必须以贯彻党中央、四川省委和绵阳市委的决策部署为前提，既要做到“全市一盘棋”，更要维护“全国一盘棋”。

要义无反顾地担负起全面深化改革的重大责任，就必须围绕绵阳的市情抓落实。要增强改革措施的针对性和有效性，具体情况具体分析，具体问题具体解决，切实做到既要更加注重改革的系统性、整体性和协同性，也要切实扣紧绵阳的重点、难点和关键点。要重视突出绵阳科技城建设、激发市场活力、推动转型升级、扩大对外开放、利民富民惠民、持续优化生态的导向，力求取得突破，以改革增活力，以改革促发展。

要义无反顾地担负起全面深化改革的重大责任，就必须围绕强化责任抓落实。全面深化改革，比认识更重要的是决心，比方法更关键的是担当。特别是今天推进改革的复杂程度、敏感程度、艰巨程度，一点都不亚于改革开放前，牢记对民族的责任、对人民的责任、对党的责任，勇于负责、敢于担当，是我们以更大决心冲破思想观念的障碍、突破利益固化的藩篱，不断解决前进道路上的问题和挑战的重要思想基础，也是我们努力走出一条具有中国特色、符合绵阳实际的改革开放之路的重要保证。

“当前改革需要解决的问题格外艰巨，都是难啃的硬骨头，这个时候就要一鼓作气，瞻前顾后、畏葸不前不仅不能前进，而且可能前功尽弃。”习近平总书记的这番话，指明了稍纵即逝的时间窗口，也道出了义无反顾的担当勇气，警醒我们在这样一个不进则退的关键时刻，以何种精神状态推动改革，直接决定着国家的未来。

不要辜负全面深化改革赋予我们的时代责任。

《绵阳全面深化改革理论与实践研究》编写组

2014 年 12 月

目录

Contents

第一章 增强坚定性，打造绵阳全面深化改革“升级版”

大变革大机遇，大挑战大跨越。改革是最大的红利，全面深化改革是绵阳发展面临的又一重大历史机遇。要紧紧抓住这一时代机遇，增强坚定性，不为任何风险所惧，不被任何干扰所惑，永不僵化，永不停滞，不断开创改革发展新局面，打造绵阳全面深化改革升级版。

第一节 全面深化改革的背景与机遇

36 年来改革实践证明，不论是国民经济的快速增长、城乡面貌的日新月异，还是人民生活水平的显著提高，绵阳发生的深刻变化无不靠的是改革开放。当前，我们正处在加速发展的爬坡期、全面小康的攻坚期、生态建设的提升期，破解发展中面临的难题、化解来自各方面的风险挑战、推动经济社会持续健康发展，除了全面深化改革，别无他途。“来而不可失者，时也。蹈而不可失者，机也。”只要抓住机遇、跳起摸高，敢于先行先试，激发后发优势，力争后发先至，最大限度地释放改革红利，绵阳就一定能在各项事业开拓更加广阔的发展前景。

一、全面深化改革的背景

习近平总书记指出："改革是在问题倒逼中产生的，又在不断解决中深化。"当前，国内外环境已经发生并将继续发生广泛和深刻的变化，发展所面临的一系列突出矛盾和挑战，前进道路中遇到的困难和问题，只有通过深化改革才能解决。

1. 我们正处于特殊的时间节点，改革总体环境有利

一是时间节点特殊。根据邓小平同志提出的"三步走战略"，从改革开放开始到21世纪中叶基本实现现代化，大体是70年时间。这70年的前35年中，中国共产党和中国人民干成了一番大事业，顺利实现了第一、第二步战略目标。能否如期实现第三步战略目标，那就要看后35年我们怎么干。而这后35年中，又首先要看今后这几年，即全面建成小康社会的决战决胜阶段我们怎么干。二是思想条件具备。在这个关键点上，全党上下和社会各方面对全面深化改革的呼声和期待非常强烈，对全面深化改革的重要性、紧迫性认识总体一致，这为统一思想、凝聚共识、形成改革合力提供了极为有利的条件。从整个社会来看，人心思安、人心思进、人心思富是主流。虽然存在这样那样的突出矛盾和问题，但没有也不可能改变中国继续向前蓬勃发展的大势。三是改革基础扎实。改革开放36年为全面深化改革打下了坚实基础，也积累了丰富经验。我们对人类社会发展规律、社会主义建设规律、共产党执政规律的认识上升到了新高度，对改革开放的方向、路径、目的之把握以及实际驾驭改革发展稳定大局的能力达到了新水平，创新活力、创业活力和抵御风险挑战能力显著提高。四是国际环境总体利好。和平与发展仍是时代的主题，而科技革命孕育新突破、社会信息化持续推进、全球合作和利益汇合点向多层次全方位拓展、新兴市场国家和发展中国家实力增强等因素，又为改革发展带来新机遇。当然，形势复杂，正面和负面因素相互交织，这样的“两重性”将长期存在，对此我们要有充分的精神准备。

2. 我们正处于从中等收入国家迈向高收入国家的重要阶段

2013 年中国人均国内生产总值预计为 6 767 美元，已位于上中等收入国家行列，今后的任务是通过持续健康发展，迈进高收入国家行列，实现中华民族伟大复兴的中国梦。中等收入阶段是一个爬坡过坎的阶段，是一个经济风险的多发期、社会矛盾的凸显期，同时也是改革的攻坚期和深水区。因为发展的动力源已经发生变化，利益格局已经形成，如果再沿用过去从低收入国家到中等收入国家的体制机制，则很难实现成功跨越。这已经为许多国家发展的实例所佐证，许多国家可以很顺利地从低收入国家发展成为中等收入国家，但这些国家要从中等收入国家发展成为高收入国家则困难重重，甚至长期陷入“中等收入陷阱”，不能自拔。中国能否跨越“中等收入陷阱”，迈进高收入国家行列，是对我党执政的严峻考验。而助推走出“中等收入陷阱”的关键一招，就是全面深化改革。

3. 我们仍处于可以大有作为的重要战略机遇期

战略机遇期的内涵和条件发生了变化。党的十六大做出过一个重要论断，即 21 世纪头 20 年，对中国来说，是一个必须紧紧抓住并且可以大有作为的重要战略机遇期。我们抓住了新世纪以来的发展机遇，推动综合国力上了一个新台阶。党的十八大指出，中国发展仍处于可以大有作为的重要战略机遇期，同时提出要准确判断重要战略机遇期内涵和条件的变化。这意味着，战略机遇期仍存在，但后十年与前十年相比，内涵和条件已经发生了变化。这主要是因为我们面临的国际环境发生了重大变化。比如，过去经济全球化深入发展，现在则出现“去全球化”的思潮和行为；过去积极促进产业转移，现在则提出“再工业化”，要将转移出去的产业再拉回去；过去高举自由贸易大旗，现在则是保护主义盛行；过去靠“高负债”推动“旺需求”，现在则是“去债务化”，等等。总之，国际金融危机后，我们的国际经济环境发生了很大变化，原有的发展方式必须调整，适应原有发展方式的体制必须改革。

4. 我国的基本国情没有变，但发展呈现新的阶段性特征

我们仍处于社会主义初级阶段没有变，社会的主要矛盾没有变，发展中国家的地位和特征没有变，但我国近期呈现许多新的特征。

一是增长速度换挡。潜在增长率已经从过去的10%左右的台阶，换到了7% ~8%这样一个台阶。大的背景是因为已经进入中等收入阶段，发展面临的国际环境发生了变化，小的环境是因为必须消化前期高增长的负面影响。原来的生产能力中包括了很大一部分专门用于出口的生产能力，国际社会“去债务化”，使得我们的生产能力过剩。为了应对国际金融危机，保增长、保就业，实施了力度空前的经济刺激政策，但任何刺激政策不可能只有好处没有坏处，只有产出没有投入。保住了就业、稳住了速度，抵御了外部冲击，就必须为前期刺激政策的负面效果买单，如高房价、过度投放的货币、过快增长的地方政府债等，因为这些都会影响增长速度。

二是生产能力过剩。当前经济发展中的主要矛盾是产能过剩，而不是凯恩斯主义的有效需求不足。目前不仅传统制造业产能普遍过剩，而且一些新兴产业也存在产能过剩。产能过剩中有些是结构性的、周期性的，也有一些是相对于总需求的绝对过剩，或相对于资源环境承载能力的绝对过剩。产能过剩的原因，既有市场经济的盲目性，更主要的是政府干预不恰当、主动推动的结果。要加快转变经济发展方式，其要点之一就是转变过去那种主要立足于扩大投资、扩大产能、扩大出口的发展方式。要实现这种发展方式的根本性转变，必须实现体制的根本性转变。

三是财政金融风险增大。在高增长时期，财税体制和金融体制的机制，更有利于促增长，而不是自动收缩风险。一旦为了刺激增长，实行积极的财政政策和积极的货币政策，货币和地方政府性债务就像“脱缰的野马”难以控制。由此，目前累积投放的货币已经过多、地方政府性债务规模已经过大了，风险正在积累、逼近。而且，地方政府性债务与房地产泡沫、产能过剩、影子银行等搅在一起，因此必须统筹解决，协同推进公共财政、税制、金融、土地、房地产、行政管理、干部制度等的改革。

四是城市病显现。我国城镇化率已突破了50%，仍处于城镇化快速发展的时期，但许多城市已经出现了以房价过高、交通拥堵、污染严重、资源短缺为主要特征的城市病。城镇化是把“双刃剑”，顺势而为、妥善引导，会成为带动经济社会发展的持续动力，顺利跨越“中等收入陷阱”；引导不好，仍走老路，会带来诸多矛盾和问题，积累和扩大各种风险。要避免再走粗放扩张、人地失衡、过度举债、破坏环境的城镇化道路，必须理清政府与市场的边界、中央政府与地方政府的事权，并改革户籍制度、土地制度、财政体制、金融体制、规划体制、城市治理体制等。

五是劳动年龄人口减少。过去30多年我国的竞争力在相当程度上来自源源不断无限供给价廉质优的劳动力，这是我们最大的供给优势。但最近几年，劳动年龄人口总量出现了减少趋势，2012年净减少345万，2013年又减少了244万。这是人口发展的必然，因为现在新增的劳动人口是90后，大多数是独生子女。一方面，除房地产企业将资金短缺作为影响企业发展的第一位要素外，其他行业都将劳动力成本上涨过快作为最主要的影响因素。这说明，低成本劳动力无限供给的时代已经结束了。另一方面，每年大学毕业生有700多万，就业比较困难，主要原因不是增长速度过低，而是大学生的规模与目前的产业结构不相适应。以制造业为主的产业结构并不需要这么多大学生，流水线上不需要这么多工程师，需要的是一线操作工。大学生主要应该进入服务业，但服务业发展对改革有更大期待，服务业与市场准入、垄断、开放程度、市场监管等关联更大。

六是资源环境承载能力减弱。对于任何一个国家，国土空间都是有限的，资源环境承载能力也是有限的，有些资源可依靠进口增大承载能力，而空气、水、土地等资源和环境容量是不能进口的。这主要表现在：①资源约束趋紧。如水资源全国多年平均缺水量536亿立方米，2/3的城市缺水，110座城市严重缺水。②环境污染严重。环境状况总体恶化趋势没有根本遏制，一些重点流域水污染严重，全国城市雾霾天气增多。③生态系统退化。全国水土流失面积、沙化土地面积、草原退化、地面沉陷面积比例过大，生态系统破坏带来的自然灾害频发。这些问题的产生原因有两方面，客观上，我们人口众多、资源短缺、环境容量有限、生态脆弱，历史开发久远；主观上，虽然增长很快，但是建立在粗放发展方式上的增长，是体制机制造就了这种发展方式。我们要从源头上、从根本上跨过资源环境这道槛，必须通过改革建立生态文明的体制。

总之，依靠原来的体制已经难以保证持久的发展，改革是唯一出路，是决定中国命运的关键一招，改革势在必行。

二、全面深化改革的重大意义

全面深化改革，是以习近平同志为总书记的党中央带领全国各族人民在新的历史起点上进行的具有新的历史特点的伟大斗争。

这场伟大斗争肩负的一个重要历史使命，就是确保用今后几年时间到2020年如期全面建成小康社会，进而到21世纪中叶建成富强民主文明和谐的社会主义现代化国家，实现中华民族伟大复兴的中国梦。深入领会在新的历史起点上全面深化改革的重大意义，对于坚定改革信心，增强改革的责任感和紧迫感至关重要。

1. 全面深化改革是大势所趋、人心所向，停顿和倒退没有出路

回顾36年的改革开放历程，我们深深体会到，没有改革开放，就不可能有今天的大好局面；没有改革开放，我国不知还要在封闭半封闭和停滞不前的状态下徘徊多久；我们深深体会到，改革开放是当代中国最鲜明的时代特色，是我们党最鲜明的时代旗帜，是中国人民最为自信和自豪的伟大创举。在新的历史起点上，时代要求进一步深化改革，经济社会发展呼唤进一步深化改革，人民群众期待进一步深化改革，改革的步伐决不能停顿，更不能倒退。中国共产党充分认识并自觉顺应人民愿望和时代要求，反复强调必须以更大决心冲破思想观念的束缚、突破利益固化的藩篱，坚定不移地把改革推向前进。这必将开启我国新一轮改革浪潮，开辟中国特色社会主义事业更加广阔的前景。

2. 全面建成小康社会，进而建成富强民主文明和谐的社会主义现代化国家、实现中华民族伟大复兴的中国梦，迫切要求全面深化改革

全面建成小康社会，意味着在未来7到8年的时间里，我国经济社会发展必须在原有基础上实现新的全面提升，使经济更加发展、民主更加健全、科教更加进步、文化更加繁荣、社会更加和谐、人民生活更加殷实。实现全面提升，涉及生产关系和上层建筑的调整，涉及经济结构调整和发展方式转变，涉及收入分配制度和社会保障体系的创新，涉及城乡区域发展格局的完善，涉及人与自然和谐发展现代化建设新格局的构建，涉及党的建设制度的改革，这些必须依靠全面深化改革才能完成。

3. 解决当前我国发展面临的一系列重大问题，继续保持经济社会持续健康发展势头，迫切要求全面深化改革

当前，我国发展面临一系列突出矛盾和问题，如发展中不平衡、不协调、不可持续问题，科技创新能力不强问题，产业结构不合理问题，资源环境约束加剧问题，城乡区域发展差距和居民收入分配差距依然较大问题，社会矛盾多发易发问题，一些领域道德失范、诚信缺失问题等。我们必须以更大的政治勇气和智慧，不失时机地在重要领域深化改革，冲破思想观念的束缚，攻克体制机制上的顽瘴痼疾，突破利益固化的藩篱，进一步解放思想、解放和发展社会生产力、解放和增强社会活力，为坚持和发展中国特色社会主义，为实现中华民族伟大复兴的中国梦，提供强大动力和旺盛活力。

回顾历史，特别是改革开放以来，我们党的历次三中全会都聚焦改革。党的十二届三中全会的主题是“以城市为重点的经济体制改革”，十三届三中全会的主题是“深化经济体制改革特别是价格改革、企业改革”，十四届三中全会的主题是“建立社会主义市场经济体制”，十五届三中全会的主题是“农村改革”，十六届三中全会的主题是“完善社会主义市场经济体制”，十七届三中全会的主题是“新形势下推进农村改革发展”。由此可见，这 6 次三中全会基本上都专注于某个领域或者某个方面的改革，而且都以经济体制改革为主。而十八届三中全会部署的全面深化改革，是以经济体制改革为重点，以协同推进经济体制、政治体制、文化体制、社会体制、生态文明体制、国防军队建设、党的建设制度改革为主要内容的全面性、系统性、整体性改革，改革涉及的领域之多、范围之广前所未有。可以说，这是自十一届三中全会以来党就改革做出的最全面最系统的一次部署。正因为这样，全面改革就成为党的十八届三中全会《中共中央关于全面深化改革若干重大问题的决定》（简称《决定》）的重大历史特点。

从现实情况看，全面深化改革需要解决的问题也远比以往更为敏感和复杂，任务更加艰巨而繁重。36 年来，我国改革开放由浅入深、由易到难、逐步深化，破解了许多影响和制约发展的重大难题，但还有一系列深层次矛盾和问题尚未得到根本解决，剩下的都是难啃的硬骨头。不仅如此，随着国际国内形势的深刻变化，我国发展又面临一系列新的问题和挑战。老问题新问题相互交织，国内国际因素相互影响，需要解决的问题分外艰巨，需要攻克的是体制机制上的一系列痼疾。党中央提出改革进入攻坚期和深水区，就是对改革所处时代背景和现实条件的一个形象而又准确的重大判断。基于这一判断，党的十八大报告和十八届三中全会《决定》都提醒全党，要敢于啃硬骨头、敢于涉险滩，以更大决心和勇气冲破思想观念的束缚、冲破利益固化的藩篱，推动中国特色社会主义制度自我完善和发展。

从推进改革的方式看，全面深化改革的系统性、整体性、协同性要求更是前所未有。现阶段，随着经济建设、政治建设、文化建设、社会建设、生态文明建设的融合不断深化，任何一个领域的改革都会影响到其他领域，需要其他领域改革的配合。不同领域的改革可以有先有后、有主有次、有快有慢，但必须统筹兼顾、协同推进，而不能各自为政、畸轻畸重。只有各方面改革相互促进，发生化学反应，产生共振效果，才能放大改革的效应。党中央成立全面深化改革领导小组，负责改革总体设计、统筹协调、整体推进、督促落实，这也是党的十一届三中全会以来从未有过的重大举措。

全面深化改革将成为改革开放以来中国共产党领导人民进行

的最广泛、最深刻的一场变革。

中国（绵阳）科技城建设因改革而生、因改革而兴，改革是科技城永恒的使命。《中共绵阳市委关于全面深化改革的决定》（以下简称“市委《决定》”）对绵阳贯彻落实十八届三中全会精神作出了全面部署，描绘了绵阳全面深化改革的美好蓝图，是指导和引领新形势下绵阳改革发展的纲领性文件。市委《决定》汇集了全市上下的思想共识和实践经验，对实现建设西部经济文化生态强市目标任务，具有十分重要的意义。

1. 市委《决定》的出台充分体现了绵阳认真贯彻中央决定精神的大局意识。

党的十八届三中全会审议通过《决定》以后，市委把学习贯彻十八届三中全会和《决定》精神作为头等重要的政治任务，坚决与党中央保持高度一致，把思想和行动统一到中央的重大决策部署上来，积极着手部署贯彻中央精神推进绵阳的改革工作，起草市委《决定》就是其中的具体举措，市委《决定》的出台充分体现了市委坚决贯彻中央决定精神的大局意识。

2. 市委《决定》的出台体现了绵阳继续担当改革排头兵的使命意识。

中央的《决定》方向明确，内容丰富，是绵阳全面深化改革的科学指南和行动纲领。市委《决定》在重大问题和方向性、原则性、敏感性问题上，与中央保持高度一致，而在具体改革项目和改革内容的选择上，则强调发挥绵阳科技城作用，坚持结合实际，坚持适度超前，坚持区域特色。按照十八届三中全会精神和《决定》要求对具体改革项目进行了细化与完善，力求将中央《决定》的各项部署和要求落到实处，做到“先行一步，更深一层、更实一些”，为新一轮改革实践提供明确、系统、可操作性的指引，力争在国家新一轮改革开放中继续干在实处、走在前列。

3. 市委《决定》的出台体现了绵阳用改革破解发展难题推进经济社会全面转型的进取意识

改革是中国也是绵阳发展的最大红利。经过 36 年的改革开放，绵阳“科技城建设势头良好、经济强市建设稳步推进、文化强市建设亮点纷呈、生态强市建设成效显著”。绵阳发展越来越快，变化越来越大，综合实力大幅提升。但同时也必须清醒地认识到，绵阳不仅面临空间、人才、环境和资源的硬约束，也面临经济发展、社会建设、公共管理、区域合作、法治化现代化建设等诸多体制机制上的软约束。破解硬软两个约束归根到底还是要依靠改革创新。当前改革已经进入攻坚期和深水区，改革既有先行一步的基础优势，也面临利益格局固化、改革风险增高、改革难度更大的困难和挑战。在绵阳改革发展的关键时期，市委及时出台《决定》，向全市发出了新一轮改革攻坚的动员令，充分体现了绵阳用改革破解发展难题，推进经济社会全面转型的进取意识。

三、全面深化改革的内在逻辑

大势所趋，我们需要做出什么样的改革？《决定》做出了明确的回答。

1. 主题全面的改革

《决定》确定的主题是全面深化改革，这与十一届三中全会以来的前 6 次三中全会有所不同。尽管前 6 次全会也都与改革有关，但主题仅是某一方面的改革，此次全会则包括了经济、政治、文化、社会、生态文明以及国防军队改革、党的建设制度改革。之所以确定“全面深化改革”这一主题，一方面是为了与

"五位一体"总体布局相适应，另一方面也是为了改革实践的需要，当改革进入攻坚期、深水区的时候，只有坚持全面改革才能继续深化改革。要通过全面改革，互相解扣，互相促进。比如，若要深化财税体制改革、完善地方税体系，必须明确中央与地方政府以及各级地方政府之间的事权，而事权划分就涉及中央与地方关系这种国家治理体系，是政治体制改革的内容。若要解决盲目开发、产能过剩，必须改变唯 GDP 论英雄的干部考核任用制度，这也是属于政治体制改革的内容。

2. 主线清晰的改革

《决定》提出改革的总目标是完善和发展中国特色社会主义制度，推进国家治理体系和治理能力现代化，改革的总方向是坚持社会主义市场经济。中国特色社会主义、国家治理体系、社会主义市场经济，这三个关键词是全面深化改革的主线，是各领域改革都要坚持的。同时，《决定》还提出了 6 个"紧紧围绕"，分别是经济体制、政治体制、文化体制、社会体制、生态文明体制、党的建设制度这 6 个领域的改革主线，体现了各领域改革的基本理念。提出总的改革目标和方向，并明确每个领域各自特定的主线和方向，不仅使全面深化改革总的方向不会迷失，而且使每个领域的改革也不会偏向。

3. 原则明确的改革

改革，从来都是有立场、有原则、有目标的改革，不是心血来潮，想改什么就改什么。《决定》提出了"4 个坚持"的改革原则，一是道路，即坚持党的领导，贯彻党的基本路线，不走封闭僵化的老路，不走改旗易帜的邪路，坚定走中国特色社会主义道路。二是思想路线，即坚持解放思想、实事求是、与时俱进、求真务实。三是主体，即坚持以人为本，尊重人民主体地位，发挥群众首创精神，紧紧依靠人民推动改革。四是改革方法。正确处理四个关系，即改革发展稳定关系，就是要在发展中、在稳定中推动改革，通过改革促进经济发展和社会稳定，不是搞“休克疗法”；胆子和步子的关系，改革胆子要大，思想要解放，但推进中、实践中步子要稳，不允许犯颠覆性的错误；顶层和石头的关系，既要搞好顶层设计，也要允许摸着石头过河；整体和重点的关系，既要坚持全面深化改革，也要重点突破。

4. 重点突出的改革

《决定》的定位是全面深化改革。与此同时，坚持问题导向原则，把经济体制改革作为全面深化改革的重点，发挥经济体制改革对其他领域改革“火车头”的牵引作用。《决定》确定的15个重要领域，6个是经济体制，1个生态文明体制也与经济密切相关，经济体制改革占了所有改革任务的近一半。主要考虑是，当代中国的问题，根本上说还是发展问题，推进经济持续健康发展是党和国家的首要任务；实现中国梦，根本途径是科学发展，关键是全面深化改革；经济问题解决得好，有助于解决其他方面的问题；经济基础决定上层建筑，经济体制改革进展顺利，有助于牵引其他领域的改革。

5. 力度空前的改革

《决定》2万字左右，16个部分中有15个重要领域、55个关键环节的改革任务、300多项改革举措，可谓“句句是改革，字字有力度”。每一句话的内涵都十分丰富，落实下去都会使该领域的体制机制发生重大变化。如“建立国家公园体制”这8个字，就会使全国120万平方公里的开发保护发生重大变化。之所以形成力度空前的改革，在起草和修改《决定》中，是按照两个重要原则来把握的：一是只写改革，特别是重大改革，原则上不写发展的任务和一般性的改革；二是修改时，对于有可能削弱改革力度的意见，除非理由特别充足，一般不接受。而加大改革力度的意见，只要有最大公约数甚至有一定共识，都会写上。这充分体现了以习近平为总书记的党中央的改革决心和勇气，体现了新的中央领导集体有胆有识、敢于碰硬、勇于担当、敢于啃硬骨头的气魄。

6. 落实有力的改革

通过一个好的《决定》固然重要，但要把改革任务落实下去，变为经济社会发展活力，变为国家治理的能力，必须贯彻落实下去。《决定》的落实是有保证的，最主要的是两个机制：一是组织保证的机制，明确提出中央成立全面深化改革领导小组，负责改革总体设计、统筹协调、整体推进、督促落实。这一机制已经建立，而且是由习近平总书记统领的“司令部”，同时成立了6个专项小组作为6个直接作战的“方面军”，成立了中央改革办这一“督战部”。二是有时间倒逼的机制，《决定》鲜明提出到2020年在重要领域和关键环节改革上取得决定性成果，完成本决定提出的改革任务，这就使得改革成为可检查、可评估的总体规划，也是中国共产党向全体人民作出的庄严承诺，体现了新的中央领导集体抓工作踏石留印、抓铁有痕的执政新风。

机遇来之不易，机遇稍纵即逝。当前，绵阳市正处于爬坡过坎、转型发展的关键时期。面对千载难逢的宝贵机遇，决不能不思进取、麻痹懈怠，以致错失良机、追悔莫及。要进一步坚定决心、信心和意志，以更大的政治勇气和智慧、更有力的措施和办法，毅然决然地全面深化改革。要牢固树立进取意识，牢牢把握时代发展新要求、绵阳发展新形势和人民群众新期待，全面完成市委《决定》部署的各项改革任务，力争在重要领域和关键环节改革上取得决定性成果，若干领域走在改革前列，成为改革的“试验田”和先行区；牢固树立机遇意识，科学判断有利条件和不利因素，充分发挥绵阳科技城的独特优势，在全面深化改革中抢占未来发展制高点，赢得跨越发展主动权；牢固树立责任意识，以对党负责、对人民负责、对事业负责的态度，敢于啃硬骨头，敢于涉险滩，以更大的决心冲破思想观念的障碍、突破利益固化的藩篱，全面推进各项改革。

第二节　新一轮改革的总体目标和基本原则

制度与治理，是决定一个国家性质和竞争力的根本问题。改革开放以来，我们在经济、政治、文化、社会等各个领域的制度建设和治理能力方面进行了很多创新和探索，到今天，推动中国特色社会主义制度更加成熟更加定型，形成一整套更完备、更稳定、更管用的制度体系，成为摆在我们面前的一项重大历史任务。从主观上看，我们具备了这样的实践经验基础；从客观上看，这是改革进程向前拓展的必然要求。全面深化改革的总体目标和基本原则，充分体现了党对改革认识的深化和系统化。

一、新一轮改革的总体目标

绵阳全面深化改革的总体目标是：围绕“完善和发展中国特色社会主义制度，推进国家治理体系和治理能力现代化”的总目标，统筹推进经济、政治、文化、社会、生态“五位一体”改革、党的建设制度改革和科技城政策创新体系建设，探索具有时代特征、体现绵阳特色的全面深化改革之路，让一切劳动、知识、技术、管理、资本的活力竞相迸发，让一切创造财富的源泉充分涌流，将发展成果更多更公平地惠及全市人民。

总目标是建成小康社会和实现现代化的基本保证，是进行具有新的历史特点的伟大斗争的重要内容，是增强改革系统性、整体性、协同性的核心要求。到 2015 年，在群众最期盼的改革领域取得突破性进展；到 2017 年，在创新驱动转型发展、国资国企改革、激发市场主体活力、生态文明建设等体制机制上取得重大突破；到 2020 年，全面完成提出的改革任务，在重要领域和关键环节改革上取得决定性成果，形成系统完备、科学规范、运行有效的制度体系，为促进发展和改善民生提供坚强保障。要在全面深化改革中协力争先，在重点领域改革上在全省当先锋、打头阵、走前列、做贡献。

二、新一轮改革的基本原则

坚持解放思想，凝聚改革共识。发扬敢为人先精神，冲破思想观念束缚，跳出条条框框限制，克服地方和部门利益掣肘，把握改革的基本原则，在解放思想中统一思想，在提高认识中凝聚共识。

1. 坚持问题导向，突出改革重点的原则

以解决事关绵阳发展全局的重大问题和群众反映强烈的突出问题为导向，以经济体制改革为牵引，努力在经济建设的重点领域和关键环节改革上取得新突破，促进和带动其他领域改革。

2. 坚持市场主导，把握改革核心的原则

把握处理好政府与市场关系这个核心，使市场在资源配置中起决定性作用和更好地发挥政府作用，着力解决市场体系不完善、政府干预过多和监管不到位问题。

3. 坚持顶层设计和摸着石头过河相结合的原则

把自上而下的改革和自下而上的改革结合起来，密切联系绵阳各个领域改革工作的实际，在市委的统一领导下统筹各领域改革工作的协同推进。要坚持发挥各族干部群众在改革事业中的主体作用，尊重群众首创精神，充分调动和发挥干部群众推进改革的积极性、主动性、创造性。鼓励基层先行先试，大胆探索、大胆试验，既不裹足不前，又不盲目冒进，把全面深化改革的过程变成人民广泛参与、普遍受益的过程。

4. 坚持以促进社会公平正义、增进人民福祉为出发点和落脚点的原则

把争取和赢得民心作为治市之本。要以促进社会公平正义、增进人民福祉作为审视各个领域体制机制和政策体系的标准，凡是不符合公平正义要求的都要抓紧改革，逐步建立以权利公平、机会公平、规则公平为主要内容的社会公平保障体系。

5. 坚持分类指导，强化改革统筹的原则

正确、准确、有序、协调推进改革，增强改革的系统性、整体性、协同性。坚决落实中央统一部署的重大改革；大力推进符合中央精神、绵阳能主动作为、各方面条件基本具备的重要改革；积极探索方向正确、影响深远的重点改革，支持改革试点工作。

第三节　推动绵阳全面深化改革的新探索

推进全面深化改革是一项迫切而艰巨的任务，需要在深化改革中坚持中国特色社会主义的改革方向，坚持走中国特色社会主义道路和坚持中国特色社会主义制度，在党的领导下积极稳妥、分步骤、有秩序地全面深入推进。市委《决定》包括 12 个方面的改革措施，58 条改革内容，既贯彻了中央和省委的改革总体要求，又坚持了轻重缓急、循序推进的改革原则。按照“以科技城建设为主攻方向，以三大强市战略为突破口”的改革思路，在改革举措上实现新突破。

一、全面深化改革的价值取向

推进全面深化改革需要探讨其取向问题，也就是解决全面深化改革的方向选择问题，使改革沿着正确的方向不断推进。

1. 经济体制改革的价值取向

紧紧抓住全面深化经济体制改革的核心问题——政府、市场和企业的关系，使宏观调控能引导市场实现高效有序不失真的运行，充分地发挥市场机制在资源配置中的决定性作用，并有利于培育出自觉满足市场需求意识、增强创新力和国内外市场竞争力的竞争主体。处理好深度改革与发展、稳定、控物价、调结构、惠民生、促和谐的关系，着力完善促进经济发展方式转变的体制机制；有利于实现加强顶层设计与尊重群众首创精神的结合，以及充分发挥中央和地方的积极性，尽快在一些重点领域和关键环节的改革取得突破；推进改革创新与依法行政的结合，按照科学发展观的要求和遵循社会主义市场经济规律进行探索和创新，有效运用法治手段规范改革程序、巩固改革已有的成果和保障深化改革实践。

2. 政治体制改革的价值取向

政治体制改革是一项长期而艰巨的任务，也必然会触及社会方方面面的利益，会遇到很多的障碍和困难，相比经济体制改革，它更加需要审慎从事。为此，在进一步深化政治体制改革的进程中应坚持几点取向：一是必须坚持中国特色社会主义制度，在中国共产党的领导下积极稳妥地搞改革，更加有力地推进社会主义民主政治建设，始终保持社会主义政治文明建设的正确方向、前进的动力和广泛的群众基础。二是必须从中国的国情出发，坚定地走中国特色社会主义道路，不能照搬别国的做法，更不能丢掉中国特色社会主义制度的优越性。政治体制改革要根据我国的实践尤其是国情来决定改革的目标、内容和步骤。三是必须有领导、分步骤、有秩序地进行，也就是说政治体制改革更不能乱。中国目前还是发展中国家，情况十分复杂，实施每一项政治体制改革的措施都十分不易，必须在中国特色社会主义理论体系的指导下和中国共产党的领导下审慎从事，正确处理民主与稳定、改革与稳定的相互关系，尤其要把坚持中国特色社会主义理论体系的指导、坚持党强有力的科学领导、人民当家做主和依法治国有机地统一起来。

3. 文化体制改革的价值取向

近些年文化体制改革已取得了很大的成就，但改革仍需要不断深化，改革的取向应是建立中国特色社会主义文化体制，形成健全的现代文化市场体系，努力提升文化宏观管理能力，培育出有创新力、竞争力的文化市场竞争主体，有利于形成主导社会的社会主义核心价值体系，形成感染人、教育人、鼓舞人的文化产品，满足人们对文化的需求，推动文化产业尽快成为重要的支柱产业，走出一条中国特色社会主义文化发展道路，打造出我国的文化软实力。

4. 社会体制改革的价值取向

通过社会体制的深化改革推动社会管理创新，推动社会建设沿着中国特色社会主义道路不断取得新进展、新成就。随着我国改革开放的不断深入，呈现出经济体制、政治体制和文化体制的不断变革，思想观念的深刻变动，利益格局的分化与整合，社会结构的变迁和人民诉求的多元化等，社会体制与之不适应性日益凸显，需要突破社会的体制性约束，以实现社会与经济、政治、文化、生态的协调发展，达到社会的持续和谐。

5. 生态文明建设领域的价值取向

生态文明作为对工业文明的反思和超越，代表了一种人与自然和谐共处、人与社会全面解放的更为高级和理想的人类文明形态。在推动生态文明建设的过程中，要通过各种方式和手段，促使全体国民增强节约意识和环保意识，营造尊重自然、顺应自然、保护自然的生态文明理念；要坚持以人为本，加强生态文明制度建设，努力推动生态立法、执法和守法，通过健全的法律制度规范政府、企业、公民的行为，健全生态环境保护的责任追究制度和损害赔偿制度，要把资源消耗、环境损害、生态效益纳入经济社会发展评价体系，建立体现生态文明要求的目标体系、考核办法、奖惩机制；要建立相关市场交易机制，深化资源性产品价格和税费改革，建立反映市场供求和资源稀缺程度、体现生态价值和代际补偿的资源有偿使用制度和生态补偿制度，最终实现生态文明建设的规范化、法制化。

二、推进全面深化改革的重点问题

推进全面深化改革涉及诸多重点领域，通过重点领域的深化改革带动全面深化改革。全面深化改革涉及的重点领域包含了经济、政治、文化、社会和生态文明建设领域，各个领域的深化改革应突出解决好一些重点问题。

1. 深化经济领域改革应解决的重点问题

一是如何完善社会主义基本经济制度问题。社会主义基本经济制度是社会主义市场经济的根基。只有完善社会主义基本经济制度，才能确保中国特色社会主义市场经济沿着正确的方向发展。因此，需要在全面深化经济改革的过程中巩固和发展公有制经济。既要解决好国有经济的战略性调整，推进国有大中型企业的改革，使国有企业在关系国计民生、国家经济安全领域发挥主导作用，同时又要破除某些垄断，转变为有活力、有创新力的市场竞争主体，特别是在改革中有效解决缺少核心竞争力的明显缺陷，依靠核心竞争力去参与国内外市场竞争，不断提升在国内外市场的竞争优势，带动产业不断演进升级，并承担起更大的企业责任。在农村，应通过深化产权制度改革和公有制实现形式的探索，重点突破集体经济普遍薄弱的问题，这也关系到农村党组织执政有无稳固的物质基础。同时也要鼓励支持非公有制经济的发展，在竞争性行业发挥其重要的竞争主体作用，释放出非公有制经济的潜在优势；特别是在一些国有经济占主体的行业，应探索引进非公有制经济，以推动国有企业的深化改革，实现企业制度创新，建立现代产权制度，形成适应市场变化要求的治理结构和运行机制，走向讲求效率、敢于竞争、不断创新、降低成本、争创名牌的发展道路。

二是如何加快转变政府职能，要解决好政府和市场间的关系，在深入推进大部制改革中实现政企分开、政资分开、政社分开、政事分开，突出解决好如何有效减少行政审批、政府对微观经济活动的过多直接干预等问题，应把着力点放在如何加强和改善宏观调控，创造适宜企业创新发展、做大做强的环境，有效弥补市场机制调节的不足或缺陷，以实现市场机制配置资源的效率、经济运行的活力、政府调控确保市场经济活而不乱、不断趋向公平效率的有机结合。

三是深化财政体制改革、税收体制改革和金融体制改革，特别是积极构建有利于转变经济发展方式的财政体制和税收体制以及健全促进宏观经济稳定、支持实体经济健康发展的现代金融体系，完善金融市场功能，并能有效防范和化解金融风险。

四是有效培育有创新力、竞争力和创国内外知名品牌的企业，深化经济改革中实现不了这一目标，就说明我们的经济改革还没有达到目标。因为建设经济强国离不开有创新力、竞争力和创国内外知名品牌的企业的支撑。

2. 深化政治领域改革应解决的重点问题

加快发展社会主义政治文明，实现党的领导方式、执政方式的科学化；推进制度建设和制度创新，实现社会主义民主政治制度化、规范化、程序化和法制化，从各层次各领域扩大人民群众有序政治参与，实现各项工作法治化，切实保障人民权益，体现出党领导下的人民当家做主，发挥出社会主义政治制度的优越性。

3. 深化文化领域改革应解决的重点问题

如何围绕有利于形成创新创造的文化发展环境，建立新的文化管理体制、国有文化资产管理体制、国有经营性文化单位，建立和完善现代企业制度、文化生产经营机制、现代文化市场体系，培育出一大批有核心竞争力的文化企业，既实现在改革中推进文化自觉和文化自信，繁荣中国特色社会主义文化，又能形成有活力、有竞争优势和规模化、集约化、专业化的文化产业，不断创新有吸引力、凝聚力、影响力的文化产品，彰显中国文化的软实力。

4. 深化社会领域改革应解决的重点问题

围绕推动走中国特色社会主义道路，在深化改革中构建中国特色社会主义社会管理体系，建立完善的社会管理体制、社会保障体系，健全基层公共服务和社会管理网络，形成确保社会既充满活力又和谐有序的体制机制，促使教育、医疗和社会保障等公共资源配置的合理化、均等化、公平化和可持续化，建立有利于城乡居民就业、增收的良好社会环境，不断满足民生需求。

5. 深化生态文明建设领域改革应解决的重点问题

推进环保体制的深化改革，加快建立健全资源节约、生态环保的体制机制，用新的体制、机制和制度管住生态环境保护的防线，追求在满足生态环保前提下的经济快速增长，推动形成人与自然和谐发展的生态文明建设新格局。

三、全面深化改革应采取的措施

绵阳全面深化改革是更为艰难的一场变革，需要在明确深化改革取向的同时，围绕“以科技城建设为主攻方向，以三大强市战略为突破口”的改革思路，在解决重点问题上寻求新的突破。

1. 强化创新驱动能力，打造科技城战略平台

实施创新驱动发展战略，全面提升创新能力是核心。要全面提升创新能力，关键是要有效构建创新平台，培育创新载体，集聚创新要素，完善创新机制，形成以企业为主体的创新体系。一是要着眼于全面提升区域创新能力，强化创新平台建设。推进科技城的整合发展，打造接轨国际的战略高地；促进高新区的功能升级，建设创新驱动发展的区域性战略平台；加强各类区域性园区的资源整合，构建产业发展的基础性创新平台。二是着眼于有效增强产业创新能力，分类优化重点产业技术创新体系。以完善共性技术服务平台建设为重点，构建小企业主导的传统产业创新体系；以新技术改造和新产品开发为重点，构建大企业主导的传统产业创新体系；以加快成果转化和产业链拓展为重点，构建小企业主导的新兴产业创新体系；以强化骨干企业创新资源整合为重点，构建大企业主导的新兴产业创新体系。三是着眼于集聚高端创新要素，引进培育各类创新载体。结合重点产业的不同技术特点和需求，引进高端创新要素；依托各类主体，引进培育创新载体；构建以企业为主体的多元化引进培育模式；完善体制机制，促进创新载体的有效运转。四是着眼于优化科技资源配置，推进协同创新和创新模式创新。将推进协同创新作为一项重要工作来抓；高度重视创新模式的创新；形成有利于协同创新和创新模式创新的环境条件。五是着眼于提高创新实效，完善创新的体制机制。优化科技资源配置的结构，突出企业的主体作用；调整完善成果评价机制，形成合理的科研导向；以市场化为导向，完善促进创新的配套政策。

2. 激发市场主体活力，打造中国西部经济强市

激发市场主体活力，必须正确处理好政府与市场之间的关系，充分发挥市场在资源配置中的决定性作用和更好地发挥政府作用，努力使经济发展更有活力、更有效益、更有质量。一是围绕培育有创新力和竞争优势的市场竞争主体为突破口推进深化经济改革。在深化公有制企业改革方面，国有企业改革是重点。国有企业应广泛建立现代产权制度，培育出核心竞争力，也才能使国有企业在关系国家经济安全和国民经济命脉的重要行业和关键领域发挥主导作用，同时应建立有进有退的国有资产流动机制，以及探索有效破除行业垄断的路径。应允许民营企业参与一些目前处于垄断的行业生产经营，鼓励民间资本进入市政、金融、能源、电信、铁路、教育、医疗等领域，支持和引导民间资本进行重组联合和参与国有企业改革，通过引入竞争机制促进国有企业实现制度创新、技术创新、管理创新和运营创新，在改革创新中增强生机和活力，提高生产经营效率。二是推进现代市场体系的建立与完善，形成市场供求决定价格的机制，充分发挥市场信号对经济运行的引导作用。三是推进宏观调控的科学化、制度化、机制化、法制化和规范化建设，要形成中央和地方财力和事权相匹配的体制，应通过财政转移支付逐步缩小地区间的收入差距；

税收体系建设的着力点应有利于引导企业树立社会责任感和调整结构方式，特别是发挥出税收对激励创新发展和体现公平的杠杆作用。在建立完善金融服务体系中，既要支持大企业走专业化、规模化强企之路，又要积极培育面向中小型企业和“三农”的金融机构，特别是有利于扶持就业和解决民生。四是深化分配制度改革，建立有利于生产力发展和实现共同富裕的合理的分配关系，完善劳动、资本、技术、管理等要素按贡献参与分配的初次分配调节机制，以及加快健全以税收、转移支付、社会保障为主要手段的再分配调节机制，把提高效率与促进公平结合起来；要健全国有资本经营预算与收益分享制度，把国有资本收益更多地用于社会公共支出。

3. 激发创新发展能力，打造中国西部文化强市

文化是一个地方凝聚力和创造力的重要源泉。建设西部文化强市，必须树立大文化观念，坚持社会主义先进文化前进方向，培育和践行社会主义核心价值观，以激发文化创造活力为中心环节，努力推动文化大发展大繁荣。一是建立以中国特色社会主义理论体系为指导、政府管理、行业自律、社会监督、企业和事业单位依法生产经营的完善的文化管理体制。二是创造良好的市场环境，建立统一开放、竞争有序的现代文化市场体系，并有利于文化要素在行业间和区域间的合理流动。三是要从调整管理权限、改进管理方式和创新管理载体等方面推进深化改革，形成科学有效的宏观管理体制和富有效率的微观运行机制，既要健全管人管事管资产管导向相结合的国有文化资产管理体制，又要把适应社会主义市场经济发展的要求和坚持社会主义先进文化的前进方向结合起来；在激发经营性文化单位活力的同时，又要不断引导民营资源创造出符合中国特色社会主义发展要求的、不断满足人民群众日益增长的文化产品和服务。

4. 树立全新发展理念，打造中国西部生态强市

建设生态文明，必须牢固树立绿色低碳循环发展理念，正确处理好经济发展与环境保护的关系，着力建立生态文明制度，推动形成人与自然和谐发展的新格局，努力将绵阳建设成为国家生态文明先行示范区。一是建立“源头严防”的七个制度：健全自然资源资产产权制度，健全国家自然资源资产管理体制，完善自然资源监管体制，坚定不移地实施主体功能区制度，建立空间规划体系，落实用途管制，建立国家公园体制。二是建立“过程严管”的5个制度：实行资源有偿使用制度，实行生态补偿制度，建立资源环境承载能力监测预警机制，完善污染物排放许可制，实行企事业单位污染物排放总量控制制度。三是建立“后果严惩”的2个制度：建立生态环境损害责任终身追究制和损害赔偿制度。四是建立符合生态文明建设要求的指标评价体系，用绿色 GDP 指标代替传统的 GDP 指标。

2014 年是全面深化改革开局之年，如司法体制改革、院士制度改革、中央管理企业负责人薪酬制度改革、考试招生制度改革、党的纪律检查体制改革等，志不求易，事不避难。随着一批批带有顶层设计性质的综合改革实施方案相继出台，随着一项项具有标志性、关键性、引领性作用的重大改革举措陆续推出，一些涉及深层次利益调整、多年未有进展的改革得以强势推进，一些直接影响社会公平正义的突出问题正在一步步从体制机制上得到破解。改革总体部署正全面展开，以破竹之势在重要领域和关键环节向纵深推进。一场深刻变革正在中华大地孕育迸发。

第二章　深化科技城建设，打造绵阳创新驱动转型发展新体制机制

2014 年 12 月 3 日，国务院总理李克强主持召开国务院常务会议，部署在更大范围推广中关村试点政策，并决定在所有国家自主创新示范区、合芜蚌（合肥、芜湖、蚌埠的简称）自主创新综合试验区和绵阳科技城，推广实施 4 项先行先试政策。这标志着绵阳科技城建设迈入了创新创业的“黄金时代”，向外界发出了共享发展新机遇的邀请。

第一节　科技城建设的成就与存在问题分析

绵阳以军工起步、因科技闻名，是我国重要的国防军工和科研生产基地。党中央、国务院赋予绵阳为我国实施军民融合和创新驱动发展战略探索经验、作出示范的国家使命；省委、省政府把绵阳作为实施创新驱动发展战略的重要载体，支持科技城建设军民融合创新驱动试验区。绵阳科技城已形成中央、省、市三级完整政策体系。政策驱动，使绵阳科技城迎来历史性的发展机遇。近几年来，尽管省委省政府、市委市政府出台了系列支持创新创业的政策，但吸引力仍然不够、系统性仍然不强，特别是缺

乏国家层面的系统支持政策。

一、科技城建设的成就

绵阳科技城充分发挥科技对经济社会发展的支撑引领作用，着力把丰富的科技资源转化为现实生产力，在军民融合、创新体系建设、产业发展、环境建设、体制创新、综合经济实力等方面取得了显著成就。2012 年以来，绵阳市认真落实党的十八大、全国科技创新大会精神，加快实施绵阳科技城“十二五”规划，积极推进“五地”建设，取得了显著成效。2013 年，科技城实现地区生产总值 934.6 亿元，增长 13.3%；实现规模以上工业增加值 536.0 亿元，增长 13.4%；完成全社会固定资产投资 722.9 亿元，增长 8.3%；实现社会消费品零售总额 406.7 亿元，增长 14.3%。

1. 军民融合，稳中有进

科技城以军民融合为主要特色，不断创新军民融合机制，逐渐形成了“军地互动交流、国防重点保障、军民资源共享、多方联合促进”机制。对军民融合模式不断探索，走出“院所自转、军工自转、院企联转、民企参军”等特色道路，提高了军民融合的层次和水平。根据市情创新新城建设理念，全力打造“科学新城”“航空新城”“空气动力新城”，在绵阳科技城内建设国家新型工业化产业示范基地、军转民科技园等，目前军民融合型企业约 200 家，年产值突破 1 000 亿元，军民融合的层次和水平显著提高，走在了全国前列。

2. 自主创新，建设新城

科技城科技载体丰富，国家级的工程技术研究中心、重点实验室、企业技术中心等达到了 18 个，省级达 57 个，科技中介等服务机构达 180 个，产业技术联盟建成 8 个。企业、科研院所、高校等组织齐心合力，打造全方位、多元化的科技发展格局，加大科技城的自主创新力度，体现科技城的自主创新能力。以科技城创新中心为中心点向四周辐射，从场所到制度，从研发到服务呈现立体化的科技创新局面。目前，各种科研单位功能日臻完善，自主创新能力加强。新城建设方面，以中物院、29 基地、624 所为依托的“三新城”加快实施，“科学新城”核心项目正加紧争取落户，“空气动力新城”首批两座风洞已于 2013 年 9 月正式试验运行，“航空新城”进展顺利，为打造高精尖重大专项技术创新基地奠定了坚实基础。科技城科技与金融结合试点全面启动，“国家科技创新试点城市”建设深入推进，省市共同出资设立总额为 3 亿元的科技成果转化担保资金，科技城设立了科技成果转化资金、专利资助与奖励专项资金，研究与开发投入（R&D）占 GDP 比重达到 6.2%，科技进步综合水平指数达到 61.3%。近年来，累计实施各类国家级、省级科技计划项目近 2 000 项，获专利授权超过 1 万件，近 3 000 项科技成果实现产业化，近千项新技术新产品填补国内空白。

3. **优化结构，壮大规模**

科技城不断进行产业结构优化，电子信息、汽车及零部件、生物医药、节能环保等产业协调发展，新建“东材改性材料”“利尔化学”“磁性材料”“电子浆”“智能立体车库”“保和富山节能环保”等 6 个产业创新联盟，实现产业集中、集聚、集约和集群发展。抓住全国首批“三网融合”试点机遇，成立工业技术研究院、发展战略研究中心和专家咨询委员会，加快发展高新技术产业和战略性新兴产业，三网融合与物联网、军工及民用光电子、激光及核技术应用等新兴产业加速成长，高新技术产业增加值占 GDP 的比重达 30%，比四川平均水平高 9 个百分点。长虹工业园、九洲科技工业园等一批重大项目建成投产，富士康、艾默生、华能集团、中国神华、华晨汽车、中国重汽等大批知名企业先后落户，科技型中小企业加快发展，上市公司达到 7 家，绵阳制造产品已远销近 100 个国家和地区，产业发展的动力和活力显著增强。

4. 创科技城，吸纳人才

绵阳实施了 7 000 多个灾后重建项目，城市面貌焕然一新，城市环境不断美化，人民生活更加幸福。绵阳正在携全市之力，在创建全国文明城市、全国创业先进城市、全国双拥模范城市方面不断努力，已成为西部最具有投资潜力的地区之一。在人才方面，绵阳汇聚了各个领域的科技精英，以西南科技大学为代表的 13 所高校成为英才的摇篮，每年为绵阳输送大批优秀的科技人才，为绵阳科技城的建设与发展培养后备资源。目前，科技城聚集了两院院士 25 名、国家有突出贡献优秀专家和享受国务院特殊津贴专家 850 余人、各类人才总量达 65.1 万人，构成了西部中等城市最大的智力密集区。

二、存在的问题分析

科技城建设虽然取得了显著成绩，但在体制机制、科技成果转化、财政投入、资本参与、软环境等方面存在一些影响科技城进一步发展的重大问题。

1. 体制机制滞后，阻碍科技发展

一方面，科技资源分配不平衡。从整个绵阳的科技格局来看，现有科技资源主要集中在中国工程物理研究院、西南自动化研究所、中国空气动力研究与发展中心等一大批国防科研单位，由于缺少平衡资源分配的体制机制，导致现有体制制约平衡发展，格局活力不够，发展思路比较僵化，发展区域和发展水平难以均衡协调。另一方面，军民融合程度不够。军民融合受到管辖权限等因素制约，科研院所对军民融合的重视程度不够。绵阳的国防科研院所更加注重国防科研，而很少将科研方向转向城市发展，对科技城军民融合的重要性认识不足，对城市军民融合的参与度仍有待提高。而地方政府权力有限，在创新体制机制方面思考不够，受到资源、能力等种种条件制约，难以打破军地二元结构，绵阳的科技潜能不能完全发挥出来。

2. 科技成果转化度不高，缺少政策支持作为助推器

绵阳科技城是国家战略，在国家层面应有强力的政策支持，但科技城建设 12 年来仅出台了一个《纲要》和两个《规划》，与中关村、滨海新区、两江新区等同为国家战略的地区相比，绵阳科技城缺乏助推科技城建设取得根本性突破的关键因子，亟须国务院在金融、财税、土地、物流、人才等领域给予政策支持。具体见表 2.1。

表 2.1　政策支持

地区	国家层面政策
绵阳科技城	①《绵阳科技城发展纲要》；②《绵阳科技城 2005—2010 年发展规划》；③《绵阳科技城发展规划(2011—2015 年)》
北京中关村	①享有“1 +6”的鼓励科技创新和产业化系列先行先试改革政策；②人民银行与国家外汇管理局《关于加强首都科技金融服务工作支持中关村国家自主创新示范区建设的指导意见》等
天津滨海新区	①国务院关于推进天津滨海新区开发开放有关问题的意见；②财政部国家税务总局关于支持天津滨海新区开发开放有关企业所得税优惠政策的通知；③国务院关于推进天津滨海新区开发开放有关问题的意见；④国务院批复的《天津市滨海新区综合配套改革试验总体方案》等
重庆两江新区	①《国务院关于推进重庆统筹城乡改革发展若干意见》，享有综合配套改革试验区政策；②国家工商总局关于支持重庆两江新区创新发展的意见；③支持两江新区比照浦东新区和滨海新区的开发开放政策等

3. 财政投入不足，资金缺口大

集中发展区内融资渠道不健全，城市基础设施建设、产业发展、社会事业投入巨大，资金缺口大。国家、省、市三级财政每年的投入与科技城建设实际需要相差甚远。从 R&D 经费投入来看，2013 年绵阳市全社会 R&D 大部分经费用于军工研发，民品研发仅占约 1.3%，低于全国平均水平。从企业科技活动经费投入增速来看，中关村和滨海新区已经超过 30%，而科技城仍在 20% 以下。

4. 国防科研院所、科研人员和民间资本参与科技城建设积极性调动不够

相对发达地区，科技城科技与经济结合紧密度还需加强，风投、创投等多元化、多渠道的资本支撑作用还未充分发挥，广泛运用高新技术推动产业集群发展需进一步突破。国防科研院所、科研人员待遇优厚，与地方交流较少，创业积极性低。缺少高水平、综合性科技创新平台推动自主创新和成果转化。科技中介服务较薄弱，技术、知识产权交易市场不健全，成果对接转化的力度不大。

5. 科技城发展软环境有待进一步提升改善

据 2013 年国家统计局绵阳调查队报告显示，我市投资软环境不容乐观，市级部门在服务态度等方面综合得分仅 71.4 分，处于中下水平，吃拿卡要、办事拖拉、推诿扯皮等问题比较突出，某些部门衙门作风严重，工作方法简单，服务态度生硬，作风简单粗暴，动辄对企业乱收费、乱罚款、乱摊派、乱检查。少数部门权力个人化，办事随意，缺乏规范。

第二节　新一轮科技城建设的目标和任务

新一轮科技城建设已经开始，着眼全局来明确科技城建设的目标和任务才能在统筹规划、合理分配资源的条件下，运筹帷幄、有条不紊地实现绵阳科技城创新驱动发展。

一、新一轮科技城建设的发展目标

到2015年，绵阳科技城区域综合实力显著增强，军民融合产业显著壮大，自主创新能力显著提升，创新创业环境显著改善。地区生产总值突破1 300亿元，工业增加值达到800亿元；军民融合企业达到200家，高新技术企业150家，高新技术产业增加值占工业增加值比重60%；科技城范围内全社会R&D经费占GDP的7%，年专利申请数达到2 600件，万名劳动者中拥有的科学家和工程师数量高于全国中心城市平均水平。到2017年，核心示范区基本建成。到2020年，100平方公里集中发展区主体框架基本形成，绵阳科技城地区生产总值在2010年的基础上翻两番，城市居民收入水平高于中心城市平均水平，成功探索出一条中国特色军民融合、促进经济社会发展的崭新路子，实现创新驱动发展，建设成为西部现代化大城市、中国特色军民融合自主创新示范城市和全球研发密度最高的科技城之一。按照“统筹规划、分步实施”的原则，把集中发展区打造成为绿色低碳、宜居宜业、产城一体的现代科技新城。

1. 健全自主创新体制机制

军民融合、人才激励、知识产权、技术转移和产业化、科研院所等体制机制改革取得一系列重要突破，重大科技成果转化率大幅提高。科技进步对经济增长的贡献进一步增强，“政产学研用”的体制机制和政策环境进一步优化。

2. 提高自主创新能力

集中发展区研发经费支出占地区生产总值比重达到8%，科技进步综合水平指数达到70%，企业研发投入占总收入比例达到5%，重大科技成果不断涌现，企业技术创新主体地位全面强化，集中发展区成为全国重要的创新节点。

3. 形成高端科技人才集聚格局

不断产生适应科技经济发展需求的创新创业新模式，确立人才优先发展战略布局，打造全国高端创新创业人才集聚的人才特区，形成高端人才在集中发展区集聚创业的发展格局。

4. 大力提高产业竞争力

形成以电子信息产业为支柱、汽车产业为支撑、战略性新兴产业为特色、现代服务业为保障的产业体系。军民融合产业产值较2013年翻一番，高新技术产业产值占工业总产值比重达到60%以上。

二、新一轮科技城建设的任务

新一轮科技城建设任务的关键就是做大做强优势产业，以产业带动科技发展，形成完整的空间布局，构建合理的科技城建设格局。

1. 军民合作做大做强优势产业

第一，电子信息产业是全球化程度最高的产业之一，是科技城的支柱产业。其价值活动各环节遍及全球，并在一些特定区域高度集聚。价值链全球化和区域化，制造与服务环节融合发展，市场驱动，组织模式扁平化，企业呈现专业化与综合化发展并存，软件、集成电路、新型元器件正成为电子信息产业价值链上的核心竞争领域，已成为当前电子信息产业发展的六大趋势。绵阳市的电子信息产业发展要营造良好的产业发展环境，重视市场作用，强化合作，在产业发展上实施梯次战略以及将软件、集成电路和新型元器件放在重要的战略位置。第二，在电子军工产业领域，紧紧抓住国家发展大飞机和商用飞机专项的机遇，重点发展光电雷达、二次雷达、空中交通管制、北斗二代卫星通信导航、军用备复通讯等系统产品，加快实施空管系统科研生产基地、军用连接器及传感器、大型应急预警及指挥通信系统、军工专用配件、军用航空电源等项目建设。第三，在冶金领域，大力发展核电、航空、航天、化工、化肥和化纤等“一核两航三化”高端产品，深度开发军民用钛材及深加工产品，打造新型合金钢棒材、特殊钢锻件、不锈钢制品及取向硅钢、精密无缝钢管、新型钛合金等制造产业链，建成国内最大的钛材产品生产加工基地。第四，在机械领域，围绕机床数控、水泥化工成套设备、风电设备、客货运输索道、客货用电梯、各类破碎设备、大型发电设备及专用零部件制造，积极发展重大装备制造产业链和机电一体化产业链，加速制造业信息化进程。第五，在汽车及零部件产业领域，重点围绕整车发展改装、特种、专用载货及重型载货车，扩大金杯系乘用车、轻卡、微卡和越野车生产规模，加快开发电动汽车等新能源轿车，产业链是某种具有内在联系的产业集合，扩大产业链，以提高产业各环节竞争能力。第六，在化工产业领域，以精细化工、无机盐化工、天然气化工三大领域为重点，着力发展新型低毒农药、油脂化学品、电子化学品、专用化学助剂、铬盐硫酸盐精加工等产品，扩大合成氨规模，发展下游高效复合肥等深加工产品，适度发展生物化工和民爆器材产品。

2. 加快培育军民融合战略性新兴产业

首先，战略性新兴产业走军民融合发展道路需要建立权威高效的军民融合领导决策机构，改革现有国防科技工业管理体制，完善政策法律体系等制度保障；以国防科技工业和民用高新技术产业为基础打造战略性新兴产业军民融合发展的产业平台；以建设军民融合国家创新体系，实现军民科技资源共通互享，加快军民两用科技成果推广转化等举措，夯实战略性新兴产业军民融合发展的技术基础。其次，绵阳市军民融合战略性新兴产业主要有三网融合与物联网产业、新材料产业、节能环保产业、非能源核技术产业、新能源产业等，我国战略性新兴产业军民融合式发展的模式可分为“依托型”“互动型”和“嵌入型”三种。“依托型”适用于核电这种自身资产专用程度较高，对国防科技工业具有较强依赖性，离开国防科技工业就不能较好发展的产业。最后，我市的军民融合新兴产业应该倾向于“互动型”或“嵌入型”，将军民两用技术成果产业化、商业化，提高国防科技工业自身的基础能力、技术实力以及经济实力，使得我市军民融合产业在激烈的市场竞争中得以生存和发展。

3. 大力发展现代服务业

第一，从现代服务业的重要性来看，现代服务业集聚区已成为国际大都市经济活动的一种重要现象，大都市版图由于一些现代服务业集聚区的存在，形成了色彩斑斓、块状明显的“经济马赛克”。现代服务业集聚区形成和发展动力机制是驱动集聚区形成和演化的一切有利因素，以及这些因素所形成的力量结构体系及其运行规则。因此，发展现代服务业集聚区对构建可持续发展空间、加快服务经济发展、提高城市综合竞争力有重要的意义。第二，从现代服务业的职能划分来看，现代服务业集聚区是由企业、中介机构、大学和科研机构等行为主体以及它们之间的复杂联系所形成的流量经济系统，它具有开放性、非平衡性、非线性相互作用、涨落等的自组织特征。现代服务业集聚区还具有自组织与他组织契合的特征，自组织与他组织两种驱动力共同推动集聚区发展。按照形成阶段动力作用强度，可以把现代服务业集聚区分为自组织现代服务业集聚区和他组织现代服务业集聚区两种基本模式。自组织动力是指以企业为主体、市场机制为行为规则驱动集聚区形成和发展的内生性动力，构建了现代服务业集聚区自组织动力机制动态模型，并深入分析了专业化分工、竞争与协同、网络创新等自组织动力机制。他组织动力机制指的是一切有助于解决“市场失灵”和“系统失灵”等负集聚经济效应问题，促使集聚区系统可持续发展的各种政府行为耦合形成的作用力系统，主要包括政策引导、市场建设与管理、公共服务与公共产品提供、集聚区文化建设等政府行为。第三，从绵阳现代服务业的具体实践来看，构建绵阳完整的现代服务业集聚区发展动力体系就要发挥政府作用，促进产业集聚区发展，构建全方位的市场服务体系，建立和完善集聚区创新网络体系，营造良好的现代服务业集聚发展的社会环境，发展现代物流商贸业。加快城市商业核心区改造升级，均衡发展生活型服务设施；加快新皂、石马、龙门物流园区、石塘现代专业市场建设；培育壮大电子信息产品、汽车销售维修和日用消费品市场集群；构建生产性、民生性物流商贸服务产业体系，培育现代物流企业；建成西部重要的物流集散及商贸服务城市，打造西部区域性物流中心和商贸中心。

4. 优化产业空间布局

统筹科技城产业布局，按照“一核四带”空间结构，倾力打造科技城军民融合核心示范区，突出发展四大产业带，形成若干产业定位明确、功能分工合理的专业化产业基地或制造中心。“一核”：以科技城核心区为主体，以国家级高新技术产业开发区为牵引，以科技城发展投资集团为投融资平台，充分发挥科技研发资源密集、产业高度聚合的优势，规划建设国家军民融合产业园，打造国家原始创新和重大集成创新的策源地及高端产业聚集地。支持绵阳国家级高新技术产业开发区扩区，拓展发展空间，建成国内一流的“三网融合”与“物联网”产业化基地、数字视听及家用电器制造基地、新材料研发生产基地和四川汽车整车、发动机及零部件制造中心。支持绵阳经济技术开发区升级为国家级经济技术开发区，建成国内规模最大的PDP显示器件研发生产基地、西部重要的精细化工生产基地。支持绵阳科技城科教创业园区建成国家重要的电子军工产品研发生产中心、节能环保产业研发生产基地和西部新能源产业化研发生产基地。支持绵阳科技城现代农业科技示范区以食品产业为主，协调发展生物医药等产业，建成区域性食品及生物医药产业生产基地。“四带”：引导各细分产业、价值链环节在各产业带梯度布局，形成优势互补与分工协作的格局。北线（绵阳至江油方向）产业带。重点围绕冶金、机械两大传统优势产业的扩张提升，打造特色鲜明的西南重大装备制造基地。西线（绵阳至安县方向）产业带。加快形成高新区安县沿线节能环保产业研发制造中心和汽车及零部件综合配套中心，加快建设涪城区金家林总部经济基地。东线（绵阳至梓潼方向）产业带。突出毗邻科学城的独特优势，围绕现实产业基础和发展趋势，将游仙科学城片区打造成国内重要的非能源核技术应用产业化基地、新材料新能源研发生产基地和光机电研发生产基地。南线（绵阳至三台方向）产业带。以新型平板显示器件和精细化工、新材料配套和服务为主，建成平板显示配套产品生产中心；加快形成精细化工、新材料、生物医药及食品制造中心。

第三节　绵阳全面深化创新驱动转型发展的战略部署

创新是一个国家或地区进步的灵魂，“飞机模型”换“外国飞机”的交换方式极为不平等，事实上，这种“中国制造”换“美国创造”的发展方式也是难以为继的，绵阳科技城必须深化创新转型发展。

一、以创新作为发展的根本动力

要实现科技城的创新发展战略，就必须深化改革，在创新体系建设、创新平台搭建、创新载体形成等方面取得进展。

1. 完善创新体系，提高研发水平

绵阳科技城创新体系是以政府为引导，以企业为主体，高校、科研院所、创新创业中介服务机构共同参与创新活动，遵循市场体制和科技发展规律的、有效的、互动的、立足科技城辐射西部的科学体系。建立完善的创新体系是绵阳科技城发展战略的第一步，是科技城建设国家创新创业型城市、掌握经济科技竞争制高点和产业发展主动权的迫切需要。建立完善的创新体系重点就是加强企业创新能力，企业研发中心是企业创新能力的源泉、企业竞争力的核心。第一，大力支持高水平研发中心。对绵阳科技城行业骨干企业建设国家和省重点工程技术研究中心和实验室大力扶持，支持科技城以外的省内高校和科研院所与科技城企业联合组建产业技术创新联盟和产业技术研究院。第二，培育科技型和高成长型企业。争取省上每年将遴选100户高成长型中小企业的指标向绵阳科技城倾斜，在政府采购、企业融资、创新平台建设、发展空间拓展方面给予支持。

2. 搭建创新平台，促进资源转化

搭建立足科技城面向全国的集科技研发、成果交易、成果孵化转化、科技公共服务等于一体的区域综合性创新平台对我市的创新驱动转型发展奠定基础。绵阳科技城有着众多科研院所、科技人才、高校和科技型企业，具有建设的基础条件，争取省上的支持，集中全省的资源优势，支持绵阳打造集创新、孵化、交易、转化、公共服务等功能于一体的科技城创新中心，有利于促进科技城、全省的科技资源优势向产业经济优势的转化，推动科技创新支撑引领区域经济发展。

3. 建设创新载体，形成优势联合

建设以科学新城、空气动力新城、航空新城“三新城”为依托的创新载体。目前，“加快三新城建设”已写入了《四川省人民政府关于加快推进绵阳科技城建设的指导意见加快绵阳科技城发展的指导意见》（川府发〔2013〕29号），但绵阳还应争取省上的支持，同时配合出台全面、具体的、可行的财政、税收、金融、科技等各项优惠政策，支持相关产业优先布局科技城。加大对西科大国家大学科技园的支持力度，在西科大国家大学科技园内建设海外留学人员创业园、大学生创业园等创业基地，争取由省财政给予基地建设启动资金。鼓励和引导省内外高校、科研院所将科技城作为科学实验、科技创新实验区和学生实训基地，支持并推进电子科技大学国家大学科技园在科技城设立分院、研发中心或产业化基地，出台相应的优惠政策，通过资金扶持、公共服务倾斜等市场化手段，推动科技城电子信息产业优势和电子科技大学技术研发优势强强联合。

二、以军民融合作为发展形势

一个地区的发展，必须按照市场经济规律，根据比较优势进行定位和分工，并不断对自身的资源禀赋进行升级，保持持续的发展能力。毫无疑问，绵阳科技城最大的比较优势在于军民融合发展。

1. 促进军民融合产业发展

目前，中航工业、中电科、中兵装等军工集团9大合作项目落户绵阳，九州集团、利尔化学、科莱电梯等军民融合企业发展迅猛。科技城启动建设30平方公里的“科技城军民融合创新驱动核心示范区”，大力发展军民融合产业具备众多有利条件和基础。政府统筹规划绵阳科技城的资源要素，打造特色产业基地；引进和培育有资质的企业为特色产业基地提供配套服务；鼓励设立高端研发机构，开展军民两用技术成果转化和产业化应用。鼓励和扶持民口科研院所、高校及企事业单位承担军品科研生产任务，参与军工企业的改制重组。鼓励民口单位与军工单位加强产学研用联合，开展多种形式的交流与合作。鼓励和支持民口单位优化资源要素、集聚发展，并将优势资源向军工领域转移，发展军民融合产业的特色领域及产品，满足国防需求。

2. 促进军民融合企业发展

第一，支持现有军民融合企业发展壮大，加大要素保障、项目承担、技术创新方面的政策支持力度。支持长虹、九洲、利尔化学等企业发展，积极对上争取长虹、九州与十大军工集团享受同等优惠政策，帮助企业与十大军工集团对接，承接订单。支持四川长虹电子集团公司依托长虹旗下的四川军工电子集团无线电整机、光电系统、系统配套设备、基础元器件材料四大军品产业基地及配套项目建设军民结合产业园，支持相关产业向科技城转移；支持九州集团建设军民结合产业园，开通园区绿色通道，通过集团引领、专业化承载，以增量资源推动产业聚集、规模扩张和优化升级。第二，鼓励并支持“民参军”，绵阳有很多民品生产企业具有为军工配套的能力，拥有具有比较优势的技术和产品，应加大对这类企业的扶持力度，对其技术、产品进入军工配套领域取得准入资质、获取资质担保、寻求合作等方面提供指导和帮助。省财政设立科技城军民融合发展专项资金，对“民参军”企业给予专项资金支持。第三，鼓励并支持科研院所、军工企业以军民两用高技术产业项目为载体，在科技城与地方联合创办人财物相对独立的民品企业，培育一大批主业突出、核心竞争力强、产品市场份额大的军民结合创新型企业，对科研院所、军工企业"军转民"项目开通绿色通道，在税收、土地等要素保障、政策资金支持等方面出台专项优惠政策，省财政设立科技城军民融合发展专项资金，制定出台资金管理细则，对符合条件的军转民科研院所、军工企业、军民结合创新型企业给予奖励和扶持。第四，加快开展军民融合科技型企业的发展，对军民融合科技城企业在工商、税收、财政、金融、人才等方面出台专门的优惠政策，提高军民融合科技型企业的数量和发展质量。

3. 促进推进军民融合载体建设

全力推动科技城军民融合创新驱动核心示范区建设。省政府作出在绵阳规划建设不少于 100 平方公里的"科技城集中发展区"的重大战略决策，年内启动建设 30 平方公里的"科技城军民融合创新驱动核心示范区"。目前，科技城科研院所通过实施"一院所一园区一产业"，充分挖掘科研院所在自建园区方面的特殊优势，实现了国防科技工业保军与促民的协调发展，如 58 所汽车电子产业园、电子九所电子元器件产业园、624 所民品产业园、29 基地与亿旺集团合作的民品产业园，发展前景良好，成为军民融合发展加速器。但这些园区现有的科技优势还要进一步挖掘，相关政策支持还需进一步加强。

三、以产业转型升级作为驱动内容

产业的转型升级是新时期我国经济发展的一个国家宏观背景，绵阳科技城也应"乘势、借力、拓展"，把产业转型升级作为创新发展的主要内容。

1. 改造升级传统优势产业

随着科技进步，产业结构调整，传统产业发展面临严峻挑战，改造升级传统产业，运用高新技术和先进适用技术，提升产业整体竞争力，广泛推动电子信息、汽车及零部件、节能环保、新材料等主导产业向高端发展已刻不容缓。改造升级传统优势产业，推动产业由资源消耗向创新驱动转变、由粗放经营向集约经营转变，积极引导企业采用高新技术和先进适用技术改造提升传统产业，提高装备和工艺水平，增强企业新产品开发和品牌创建能力，优先支持科技城范围内通过自主研发和引进新技术进行改造提升的企业获得省技改项目资金支持。加大信息技术产品和传统工业产品集成力度，支持传统工业产品成为数字化、智能化产品。

2. 培育“4+3”战略性新兴产业

绵阳科技城在核应用技术、空气动力学、新材料等近百项高新技术领域处于国内领先地位，发展信息安全、新能源汽车、节能环保、航空与燃机，指北斗卫星导航、新一代显示技术、3D打印等“4+3”战略性新兴产业具有比较优势。支持与科技城战略性新兴产业相关的、科技含量高、带动能力强的重大产业项目落户绵阳科技城，壮大产业集群化规模，支持绵阳建设战略性新兴产业园区，优先支持科技城内成熟期战略性新兴产业企业通过股市、债券等资本市场融资，对符合上市培育要求企业进行的上市融资培育培训给予经费补助。在政府采购中，同等条件下优先采购科技城企业产品。

3. 实施科技城品牌发展战略

当前品牌经济已成为现代市场经济的主流，品牌已成为企业最宝贵的无形资产，是企业核心竞争力的集中体现。立足当前，放眼长远，制定正确的品牌战略，成为科技城发展的迫切的任务，而不断明确品牌定位，凸显品牌核心价值，丰富品牌文化内涵，完善品牌系统管理，则构成品牌战略研究的核心内容。要实施品牌战略，必须构建良好的名牌建设政策环境和市场环境，省、市两级共同制定并落实在融资、无形资产抵押、技术、土地、人才、宣传和推广等方面有利于科技城优势传统产业创名牌的政策措施；加大对科技城名牌产品企业的扶持力度，加强企业管理培训，提高企业品牌意识，增强产品质量；政府采购在同等条件下优先采购科技城范围内获得“中国名牌产品”“中国驰名商标”称号企业生产的产品。

四、以人才引进作为发展助力

实施创新驱动发展战略，教育培养是基础、科技是关键、人才为根本。只有加强人才的引进和培育，各类人才在科技城汇聚，科技城建设才能取得重大突破。

1. 大力培养各类人才

根据科技城功能定位和产业发展方向，培养适应科技城建设需要的各类人才。省财政将全省人才发展资金向科技城倾斜，支持国家重大科研项目和科研基地建设，努力培育一批具有学科带头人，储备一批基础研究、前沿技术和新兴产业领域等方面的后备人才；支持企业和高校、科研院所联合培养人才，培育和集聚一批熟悉国际、国内市场，具有开拓创新意识的优秀人才；加强企业家队伍建设，培养与科技城建设和产业发展相适应的现代企业经营管理人才，加强对自主创业的技术人员企业管理知识的培训；加大对各类技能人才的培训，充分挖掘职业教育机构的潜力，培养与科技城技术创新和产业发展相适应的高素质技能人才队伍。支持在绵高校提高人才培育能力，支持西南科技大学纳入中西部高等教育重点计划，积极与教育部对接，省部共建废物处理和资源化重点建设实验室。

2. 加强人才引进力度

科技城“创新人才汇聚地”建设，人才引进是关键。建议设立人才发展专项资金。充分发挥中物院、西科大、二十九基地等高校和科研院所，长虹、九洲等大企业的引才聚才作用，不断扩大人才引进规模，积极与教育部对接，加快推进高端技术人才来绵阳的试点工作，并对试点工作给予资金支持。引导和鼓励企事业单位通过开展项目合作、科研攻关、技术服务、技术入股、顾问咨询、挂职兼职、人才租赁等多种方式，灵活引进国内外高端创新型人才。开展“项目引才”，围绕高校、企业、科研院所技术瓶颈问题确定技术攻关项目，引进国内外技术、管理人才推动技术创新。搭建本地企业、高校、科研院所与国内外高校、科研院所、研发机构的产学研合作平台，为人才开发提供了良好的创业研发配套服务和优越的工作环境，吸引高层次科技创新创业人才到科技城发展。加强与省外人才聚集城市的人才服务机构合作，建立区域人才交流平台，设立省外引才联络点，建立人脉网络。

3. 调动人才创业积极性

创新人才激励思想，根据新时代新变化制定出符合当前的人才激励政策，制定出有效的成果转化政策和有效的知识产权政策，完善人才评价、选拔、考核制度，改革人才评价方式，明确人才选拔标准，改进人才考核方式，运用目标激励、感情激励、平台激励、环境激励、文化激励等多种方式全方位地激励人才，从而为建设绵阳科技城提供重要的人才支持和智力保障。人才作用发挥不好，人才创业意识不强，人才发展软硬环境的建设至关重要。激励是调动人才积极性的重要途径，要充分调动人才创业的积极性，可以通过对高校、科研院所转化职务科技成果以股份或出资比例等股权形式给予科技人员个人奖励，暂不征收个人所得税等措施，通过各项人才激励机制调动人才干事创业的积极性。同时，支持科技城开展股权激励和科技成果转化奖励试点。

4. 强化人才交流提高工作

制定科学的人才交流制度，可以实施晋升交流、平行交流、下派挂职交流、跨区域交流等多样化的人才交流形式，交流层次要体现上下互动、纵横沟通，打造立体式的人才交流网络。企业优秀领军人才到高校、科研院所兼职，有利于开拓企业人才的思维和事业，提高企业研发能力。科研院所的专业科研人员也可以到政府、高校、企业等其他单位进行科研指导。通过人才交流，进一步深化产学研合作，推动高校、科研院所和企业建立更紧密的联系，相互促进、共同提高科研水平、管理水平和把握市场的能力。加强科技城干部队伍建设，支持科技城与省级部门干部、专业技术人才开展上挂下派，积极协调和支持成都市与绵阳干部相互挂职，促进科技城干部更新观念、开阔视野，提高管理水平和服务创新驱动发展的能力。

五、以开放合作作为发展策略

开放合作是一个国家或地区取得成功的关键因素，绵阳科技城近年的快速发展也是建立在开放合作的基础上的，开放合作的发展策略必须始终坚持以下三点。

1. 着力抓好招商引资选资工作

狠抓招商引资队伍建设，加强对招商引资人员的专业化培训，紧紧围绕招商引资职能，切实提高招商人员交际公关能力、谈判能力、具体项目的策划运作能力等，着力打造高素质的专业招商团队。加强招商引资项目库建设和管理，抓好项目的储备、推介、洽谈、建设，梳理国家支持科技城建设的特殊政策，挖掘和储备一批能够拉动经济增长、优化产业结构、推动科技创新的重点项目，优先保障重点项目建设。充分发挥驻外招商分局作用，坚持“招大引强”和“招商选资”，围绕国内外知名企业加强信息收集和项目跟踪，争取更多企业集团和跨国公司投资绵阳。充分发挥企业主体作用，开展以商招商、鼓励有条件的大企业积极引入战略伙伴，通过推行外资并购、资产重组、股权投资、经营权转让等形式推进企业改组改造。立足科技城产业优势，突出产业链招商，围绕绵阳现有产业基础，包装一批高水平、高质量的产业链延伸项目，引进一批旗舰型、重大高端外资项目。下大力气优化投资环境，大力营造重商、亲商的浓厚氛围，进一步转变政府职能，简政放权，减少审批程序和中间环节，提高审批效率，推动项目及时落地。

2. 建立长期稳定的川渝区域合作机制

稳定的区域合作模式的形成是长期以来区域内部的历史认知及行为互动的结果，它是区域合作行为实现自我持续和深化的必要条件。区域合作可以塑造多层次的治理空间以及多元化的治理主体。通过区域合作，实现多种资源的配合、补充、支持。绵阳地处西部内陆，要通过区域合作来弥补区位上的不足，利用区域内外资源提高自身发展起点，进一步统筹区域资源，将科技城自身区域条件和取悦资源优势有机结合、协同发展。支持绵阳在成渝经济区、成都经济圈加强产业配套合作，搭建科技城与中关村国家自主创新示范区等创新园区的合作平台和渠道，推动科技城建立区域合作长效机制，努力把科技成打造成为川渝经济发展的第三极。

3. 加强科技博览会等交流展示平台的建设

平台建设是政府发挥公共科技职能，推动区域科技进步与创新的重要内容和手段。创新平台建设作为有效促进产学研合作和以创新平台建设作为完善区域创新体系重要手段的突出经验，在绵阳科技城建设实践中应给予充分运用。切实抓好科博会工作，将科博会打造成交流展示的重要平台。举办科博会是落实党的十八大和省委十届三次全会提出的实施创新驱动发展战略的有力举措，是深入贯彻落实绵阳科技城建设部际协调小组第十一次会议精神、加快绵阳科技城“五地”建设的重要抓手，更是展示科技创新重大成就、促进科技成果加速转化的重要平台。办好科博会是我市的一项重要工作，利用好科博会这个平台，可以突出创新驱动、转型发展、高新技术、军民融合的主题，又能最大限度地体现科技城特色。

新时期，绵阳科技城建设的机遇与挑战并存，但机遇远远大于挑战，只要绵阳上下齐心，抓住新一轮创新发展的有利时机，打造绵阳创新驱动型发展新机制，加快军民融合步伐，科技城建设依然将得到蓬勃发展。

第三章　围绕中国西部经济强市建设，打造绵阳市场主体活力体制机制

推进西部经济强市建设是绵阳又好又快发展的首要问题，是建设西部经济文化生态强市的关键问题。本章拟从绵阳市委六届五次全会提出“建设西部经济文化生态强市”以来分析经济强市建设的成就与存在的问题，阐述新一轮西部经济强市建设的目标和任务，探寻激发市场主体活力的体制机制。

第一节　经济强市建设的成就与存在问题分析

在四川省委、省政府的坚强领导下，绵阳市委、市政府团结带领全市各族人民，艰苦奋斗，奋勇拼搏，狠抓经济发展，取得了经济强市建设的显著成就，同时在发展的过程中也存在着一些问题。

一、经济强市建设的主要成就

1. 国民经济运行良好，经济形势总体平稳

2013 年，绵阳市地区生产总值累计 1 445.12 亿元，增长

10.0%，占全省地区生产总值的5.54%，排在四川全省第二位；比排位第一的成都少7 653.77亿元，比第三位的德阳多59.18亿元。全市社会消费品零售总额累计650亿元，占全省社会消费品零售总额（10 355.45亿元）的6.28%。我市城镇居民人均可支配收入23 100元，位于全省第四。全市地方公共财政收入累计90.48亿元，位于全省第五位。2014年上半年，全市地区生产总值实现773.72亿元，居全省第2位，增长8.5%，居全省第15位。第一、二、三产业分别增长4.1%、9.0%、9.4%，对GDP贡献分别为5.4%、59.7%及34.9%。全市社会消费品零售总额实现346.17亿元，居全省第2位；全市城镇居民人均可支配收入达到13519元，居全省第3位，增长9.8%；全市财政总收累计入142.69亿元，增长2.7%。

2. 工业经济平稳增长，重点产业稳步发展

2013年，绵阳市工业企业生产总体保持平稳较快增长，产业结构调整和转型升级步伐明显加快。全市全年工业增加值（现价）绝对数累计593.80亿元，工业销售产值（现价）绝对数累计1 994.10亿元，产销率97.40%，“2+4”产业增加值绝对数累计551.70亿元，电子信息产业绝对数累计206.60亿元，食品及生物医药产业绝对数累计126.70亿元，冶金机械产业绝对数累计86.10亿元，汽车及零部件产业绝对数累计30.20亿元，化工节能环保产业绝对数累计44.60亿元，材料产业绝对数累计57.50亿元。2014年上半年，全市规模以上工业企业增加值同比增长8.4%，居全省第16位。规模以上工业企业产销率达94.3%，居全省第19位。“2+4”产业增加值同比增长11.2%，高于全市平均水平2.8个百分点。全市2013年主营业务收入过4亿的59个重点工业企业产值增加12%。128种全市重点监测的工业产品中，一半以上（55.5%）的出现正增长。亏损企业同比减少 4. 4%，亏损面同比减少 0. 6%。亏损企业亏损额累计同比减少 4. 16%，增速同比减少 28. 3%。工业技改投资负增长局面得到扭转，完成 163. 67 亿元，增长 1. 8%。工业经济运行呈现回升向好态势。

工业经济增长和重点产业发展情况具体说来主要体现在以下几个方面：一是推进优势企业、产业、园区“三倍增”跨越。“2 +4”优势产业蓬勃发展，长虹佳华、新晨动力在香港上市，全市注册上市企业达到 10 家。高新区加快向千亿园区迈进，游仙经开区、盐亭工业园、梓潼经开区升格为省级开发区，江油工业园和三台工业园区扩区调位获批，全市“一县一省级以上开发区”格局基本形成。2013 年国内省外履约项目 293 个，到位资金 473. 8 亿元、增长 9. 2%。二是创新升级稳步推进。编制完成北斗卫星导航、新一代显示技术等 5 个战略性新兴产业发展路线图，七大战略性新兴产业实现工业总产值 497 亿元、增长 14. 6%；销售收入 483 亿元、增长 14. 8%。“国家北斗导航产业区域综合示范市”成功获批。新注册科技型企业 1 139 户，新增省“小巨人”企业 17 户、优势成长型企业 14 户。新增“四川省小企业创业示范基地”1 个，总数达 5 个。设立规模 2. 5 亿元的四川虹云创业投资基金进展顺利。三是重点企业稳步增长。59 户 4 亿元以上企业累计实现产值 759. 7 亿元、增长 12%。长虹集团进入中国品牌千亿阵营，九洲集团位居中国电子信息百强第 20 位。长虹规模化云服务生态建设项目、九洲北斗高精度相位增强关键技术研究与验证系统研制项目等重大示范工程加快推进。此外，长虹电器股份、九洲电器集团分别被认定为国家首批工业设计中心、国家级技术创新示范企业，全市国家、省级企业技术中心达到 53 家。四是战略性新兴产业破茧而出。引进海尔（绵阳）虚实网服务园、联想科技园、IBM 大数据分析竞争力中心、宝马 N20 发动机、永年 3D 打印等一批高端项目，北斗卫星导航、通用航空、新一代显示技术、3D 打印、大数据和新一代互联网、新能源汽车、环保等 7 大战略性新兴产业完成布点占位，正在形成打造绵阳经济“升级版”的“新引擎”。成立我市企业牵头的四川省北斗卫星导航产业联盟、数字家庭产业与应用促进会，战略性新兴产业联盟达到 9 个。九洲集团牵头的“北斗新时空”智联工程启动建设。全市战略性新兴产业规模以上企业达到 120 家。

3. 农业经济发展平稳，农民收入较快增长

2013 年，全市农林牧渔业增加值累计 238.96 亿元，增长 3.5%。粮食作物产量累计 216.42 万吨，增长 0.5%。生猪出栏累计 379.79 万头，增长 2.4%。2014 年上半年，我市农林牧渔业总产值实现 161.9 亿元、增长 4.1%；农业、林业、牧业及渔业增加值同比分别增长 4.3%、3.9%、3.8% 及 4.0%。农林牧渔服务业增加值同比增长 3.8%。小春粮食产量 51.2 万吨、增长 5%，油料产量 25.9 万吨、增长 3.9%，生猪出栏 202.5 万头、增长 3.4%。我市解决“三农”问题的突出特点表现在以下三个方面：一是基础设施建设加快。第二轮新农村示范县建设顺利启动，城乡综合配套改革步伐加快，武引二期灌区工程、开茂水库加快建设。仅 2014 年上半年我市就完成农田水利基本建设完成投资 5.65 亿元，新增蓄水能力 339 万立方米，新建、整治各类渠道 1 177 公里，建设农村公路近 600 公里。二是现代农业加快发展。新增市级以上龙头企业 28 个，市级以上龙头企业销售收入 230.7 亿元，完成 69.3%。新发展农业合作社 149 家、家庭农场 148 家，建设标准化农业合作社 27 家。创建省、市级示范社 51 家，创建县级家庭农场示范场 5 家。建成设施农业 1.1 万亩，畜牧业规模养殖 581 户。规划落实现代农业万亩示范区 21 个，“三沼”综合利用示范区 6 个，“千斤粮万元钱”粮经复合现代农业产业基地60.4万亩，全面完成17万亩高标准农田建设目标。建成省、市农业万亩示范区44个，被认定为国家级杂交水稻种子生产基地市。三是新村建设扎实推进。新农村示范县示范片累计投入26.7亿元，建成新村聚居点18个、“1+6”村级公共服务活动中心29个，启动建设幸福美丽新村61个。启动扶贫新村项目79个，投入扶贫资金1.7亿元，减少农村贫困人口3.7万人。

4. 现代服务业加快发展，消费市场较为活跃

一是现代服务业集聚效应凸显。涪城万达广场、江油中润·恒大商贸城建成并投入使用，毅德商贸城、剑南食品城即将建成投用，红星美凯龙家居广场、香港铜锣湾商贸城、经开区万达广场等项目加快建设。石塘商贸物流园区和金家林总部经济试验区（信息软件）认定为省级现代服务业集聚区。成功引进中国网库等知名电商，投资320亿元的科技物流产业园建设加快推进。举办较大展会28场，实现成交金额37亿元；实现电子商务交易额714亿元、增长78.3%。二是积极开展商贸活动促进产业发展。开展“惠民购物全川行动”和“川货全国行”活动。组织34家企业参加北京站、广州站和泸州站活动。引导五洲农业、万亩田农业、元春农业在科技城范围建成社区小微型菜市场15家。在全市主要农贸市场发布“重要主副食品民生价格信息”，城区蔬菜批零差下降20%。

5. 投资实现企稳回升，项目建设推进有力

2013年，全市全社会固定资产投资累计1 001.00亿元，占全省全社会固定资产投资完成额的15.40%，在全省处于第4位，投资增速为7.4%。2014年上半年，全社会固定资产投资546.22亿元，居全省第6位，全市房地产开发投资累计101.86亿元，同比增长28.4%。一是重大项目推进有力。交通枢纽建设取得新进展，成绵乐城际铁路、成兰铁路绵阳段建设有序推进，绵阳机场通航城市达到22个，运输旅客突破91万人次。绕城高速等重点项目进展顺利，二环路一二期建成通车，双碑立交桥、涪江东原大桥投入使用，城市建成区面积达到107.5平方公里，城区常住人口达到118万。列入2014年市基本项目库的项目共2 072个，目前完成投资549亿元，占全年全社会固定资产投资工作目标的51.79%。全市26个项目列入省重点项目，比去年增加1个，其中：武引二期、科技城大道等6个项目列入省前100个重点项目，比去年增长100%。166个省市重点项目已开工137个，开工率82.5%；完成投资130.55亿元，占年度计划的63.82%。二是积极引导民间投资。加大民间投资监测分析和信息引导，全市民间投资实现337.6亿元、增长19.8%，高于全市全社会投资增速18.2个百分点，占全市投资比重达61.8%，同比去年提高9.4个百分点。

6. 区域交流合作不断深化

加快绵阳融入成渝经济区、成都城市群，积极推进成德绵一体化发展。《成渝经济区发展规划》《成都平原城市群发展规划》《成德绵区域合作规划》正加紧实施。积极融入跨区域产业布局，推进成都、绵阳电子信息产业和汽车产业协作，共建家电、通讯、汽车及重要零部件产业链。举办电子信息产业链配套合作对接会、汽车产业投资推介会等招商活动，引进国内省外项目216个，到位资金251.5亿元、增长11.9%，利用外资1.45亿美元、增长30.1%，引进科技型中小微企业213家。紧密跟踪签约项目，国内市外有资金到位的履约项目363个，协议资金2 010.6亿元，到位资金314.1亿元。

7. 重点领域改革深入推进

一是小城镇建设全面加强，游仙魏城、江油武都、三台芦溪等8个镇入选全省“百个试点示范镇”。二是完成农房确权登记17万户1 996.5万平方米，完成农村土地承包经营权确权登记8.3万户45.8万亩。农村土地流转收益保障贷款省级试点稳步推进。三是继续推进国企改革，非公有制经济支撑起绵阳经济“半壁江山”，水、电、气等资源性产品价格改革稳步推进。

二、经济强市建设存在的问题分析

虽然我们在经济强市建设方面获得了显著的成绩，但是在肯定成绩的同时，我们也清醒地看到，前进道路上还存在不少困难和问题，特别是就当前的情况来看，经济强市建设道路上困难重重。

1. 面临巨大的经济发展压力

绵阳作为总体欠发达地区，在科学发展的同时快速发展压力仍然较大。从全国发展形势讲，党的十八大提出到2020年全面建成小康社会。目前，我市还有51.9万人没有脱贫，还有6.2万失地农民和大量失业、失能人员。绵阳要在2020年与全国同步全面建成小康社会，对照十八大提出的地区生产总值和城乡居民人均收入10年翻番目标，扣除价格因素，今后几年的经济年均增速需要达到9.7%，比全国高2.8个百分点；城镇居民人均可支配收入年均增速需要达到8.1%，农民人均纯收入年均增速需要达到4.5%。全面建成小康社会，绵阳任务很重，必须付出更大努力。从落实省委要求讲，2012年12月，四川省委书记王东明视察绵阳市时要求，“绵阳要走在全省发展前列”，对绵阳发展寄予了殷切希望。四川省委经济工作会议提出，四川要做强市（州）经济梯队，形成多点多极支撑。特别强调要用好绵阳科技城这一特殊品牌，进一步完善发展规划，健全运行机制和工作机制，推进军民融合式发展，发挥创新驱动发展的示范作用。

2. **存在着较大的发展差距**

随着西部大开发的深入推进，西部城市竞相发展，省内市州也竞相追赶，绵阳发展的差距十分明显。从西部看，绵阳经济总量曾位列西部城市第 5 位，但早在 2011 年在西部 128 个地级市中，绵阳 GDP 已下滑到第 16 位，工业增加值、地方公共财政收入都排在 20 位以后。除省会城市外 GDP 也只排第 10 位。就 2013 年的情况来看，在西部地区 12 市（指与绵阳进行比较的鄂尔多斯、包头、榆林、赤峰、咸阳、宝鸡、曲靖、通辽、遵义、桂林、柳州 11 个地级市）中，绵阳以地区生产总值 1 072.8 亿元排在第八位。从省内看，绵阳经济总量不到成都的 1/5，拉开其他市州的差距也微乎其微，工业增加值、财政收入等指标早已不是第 2 位。随着全省集中土地、资金等要素建设国家级“天府新区”，各兄弟市州一批工业、交通等重大项目加快建设并陆续投产，绵阳面临的发展竞争更加激烈，交通枢纽地位受到严峻挑战。从全市看，绵阳市经济发展基础较好、速度较快，但核心竞争力不强。尤其是工业发展不足、效益不好，在全省主要工业城市中并无优势。在全国市场需求不足，企业生产成本上升、利润下降，产能相对过剩的大背景下，绵阳市工业经济发展面临更大挑战。通过灾后重建，近年来绵阳市县域经济呈现快速发展势头，但总体发展水平仍然滞后。2011 年全省县级经济综合评价排序，前 20 强我市仅占 1 席，而成都占 8 席、德阳占 4 席。

3. **经济运行下行压力较大**

2014 年上半年全市经济发展态势呈 V 字型，主要指标探底后恢复性增长，但制约发展的不利因素依然较多，特别是受国家宏观经济下行形势和各种自然灾害的影响，稳中向好的基础尚不牢靠。GDP 增长低于计划目标 1.5 个百分点。三次产业结构不优，一产比重仍超过 15%，二产仅占 50% 左右，三产比重较低对经济的拉动作用有待增强。经济结构不合理，主要依赖于国有和国有控股企业，中小微企业发展不足，对经济支撑能力不强。

4. 工业提速增效压力巨大

2014 年上半年，规模以上工业增加值增长低于全年计划目标 3.1 个百分点。工业投资增速下降 5.9%，较去年同期回落 18.9 个百分点。企业生产经营形势严峻，用工成本持续上涨，融资贷款成本居高不下。加之面对资源环境约束趋紧的形势，推动经济转型升级任务繁重。产销衔接较差，产销率 94.3%，低于全省 2.5 个百分点。工业生产者出厂价格下降 6.2%，部分企业有订单无利润、产量增而产值降。食品、烟酒等传统产业仍然低迷，短期扭转难度较大。七大战略性新兴产业刚刚起步，大项目、大企业对工业增长拉动力不足。企业科技创新能力不强，产业总体层次偏低，产品附加值不高。

5. 投资稳定增长不足

投资对经济增长贡献率降低，第二产业投资比重持续降低。重大项目支撑不足，2014 年上半年全市重点项目计划投资 204.57 亿元，仅占省下达投资任务的 19.5%。目前列入全市项目管理库的项目中，计划 2014 年投资仅 920.46 亿元，尚不足以支撑全年 1 060 亿元投资目标。另外，受土地、拆迁等问题制约，项目落地难问题较为突出。

6. 服务业发展不足

第三产业增加值增长 9.4%，低于全年计划目标 0.6 个百分点，社会消费品零售总额增长 12.7%，低于全年计划目标 0.3 个百分点。住房、汽车等大宗商品销售疲软，网购分流本地消费，整体消费需求增长趋缓。县市区、园区下滑明显，全市 13 个县市区（园区）和 16 个服务行业均未达到目标增速。县域外向型经济发展严重滞后，全市 96.5% 的进出口和 99% 的外资到位由市辖区及园区企业完成。GDP 要完成今年 10% 的增长目标，必须在服务业增长上进一步加大工作力度。

第二节　新一轮西部经济强市建设的目标和任务

在分析建设西部经济强市的成就和存在的问题之后，面临当前的客观形势，我们必须因势利导、顺势而为，以更加广阔的视野重新审视市情和发展定位，完善思路、创新举措，全面贯彻落实党的十八大、十八届三中全会、中央经济工作会议及省委十届三次全会、省委经济工作暨城镇化工作会议精神，坚持科学发展、加快发展工作指导思想，把握稳中求进、改革创新工作基调，以科技城集中发展区建设和战略性新兴产业为主要抓手，推进科技城建设取得更大突破，围绕建设中国西部经济文化生态强市，全力推进实施“两化”互动和城乡统筹、创新驱动、开放合作、文化引领、民生优先、绿色低碳“六大发展战略”，促进全市经济持续健康发展、社会和谐稳定。

一、总体目标

当前，绵阳经济运行态势与全国、全省一致，正在逐步向好，但经济运行中长期积累的结构性问题仍然突出。虽然如此，我们还是要在确保实现绵阳市第六次党代会确定的“五个翻番”目标的基础上，力争地区生产总值、城镇居民人均可支配收入、农民人均纯收入提前一年“翻番”，到 2015 年全市地区生产总值突破 2 000 亿元，城镇居民人均可支配收入达到 29 600 元，农民人均纯收入达到 12 300 元。到 2020 年力争综合经济实力进入西部非省会城市前 5 位，区域综合实力显著增强，地区生产总值达到 4 000 亿元以上，城镇居民人均可支配收入达到 54 000 元以上，农民人均纯收入达到 23 000 元以上，经济发展更加协调、可持续。科技城建设倍增跨越，高新技术产业产值占工业总产值比重达到 50%，科技研发经费占地区生产总值比重达到 7.5%。努力把我市建设成为具有科技核心优势、工业竞争优势、城市品牌优势、区位比较优势，历史传统民族文化与现代科技工业文明交相辉映的经济强市，巩固和发展绵阳在四川发展格局中的优势地位、在西部经济格局中的重要地位。

二、具体任务

1. 全面深化重点领域改革

贯彻落实市委《决定》，稳步推进各项改革。全面深化改革，要坚持社会主义市场经济改革方向，坚持以促进社会公平正义、增进全市人民福祉为出发点和落脚点，坚持科技立市、工业兴市，以创新驱动为引领、军民融合为特色、转型发展为重点，进一步解放思想、解放和发展社会生产力、解放和增强社会活力，坚决破除各方面体制机制弊端，为加快建设西部经济强市提供强大动力。深化经济体制改革，要加快理顺政府与市场的关系，推动经济科学发展、加快发展。研究制定深化国企改革实施细则，抓紧完善深化投融资体制改革的意见，积极发展混合所有制、非公有制经济。推进扩权强县试点，支持平武、北川两个试点县用好 56 个市级经济管理权限。完善农村产权制度，创新农业生产经营体系，推进土地集体所有权、承包权和经营权“三权”分离。

2. 促进投资稳定增长

要立足项目抓投资，努力加强项目带动，深入挖掘消费潜力，切实改善投资环境，着力扩大有效需求。以省市重大项目为重点，推进重点工业项目和重点技改项目建设。做好绵九、绵西高速建设各项工作，加快绵吴路改造、圣水涪江大桥、安昌桥拓宽、成绵乐客专、教育园区建设进度，积极探索和规划绵阳城区轨道交通。尽快出台《促进房地产业持续健康发展的若干意见》《地下空间开发利用管理办法》，抓紧启动火车站、青年广场、警钟街等地下空间开发利用。做好项目包装储备，重点抓好棚户区、公租房等保障性安居工程项目。积极拓宽民间投资领域，向社会推荐一批公共服务、基础设施等项目。

3. 强力推进新型工业化

深入实施优势企业、产业、园区“三倍增”跨越，培育一批千亿产业、百亿园区、百亿企业。着力打造大企业大集团，支持企业加大技术改造投入，推进工业化和信息化深度融合，以科技创新支撑引领结构调整、转型升级，集中力量抓一批重大产业项目，做大做强现有优势产业。认真落实科技型中小微企业发展目标任务，壮大科技型企业群体，培育支撑绵阳发展“参天大树”的苗圃。大力实施“园区千百亿工程”，完善基础设施和功能配套，增强产业、要素集聚能力和就业吸纳能力。严格执行投资强度标准，推进节约集约用地，提高土地利用效率。坚定不移地淘汰落后产能、化解过剩产能，强化环保、安全等标准的硬约束。强化工业运行监测，加大土地、能源、财税金融等政策扶持，抓好企业“升规”和科技型中小企业培育。改造提升“2+4”传统产业，大力发展战略性新兴产业，积极对接省上重点发展的5个高端产业，着力发展9个战略性新兴产业联盟，抓紧组建军民融合载体示范、新型工装面料等联盟，加快建设国家北斗导航产业示范城市。加快川汽新能源汽车、新华电喷发动机智能控制系统等项目建设，尽快开工三阳永年3D打印、长虹物流园二期等项目，深入跟踪天津力神、蓝彩半导体、欧联等离子显示器等项目，确保尽快落地。

4. 奋力推进新型城镇化

城镇化一头连着工业化、一头连着农业现代化，具有双向带动作用。前不久，党中央、四川省委对推进城镇化工作做出了部署，提出了一系列新观点、新论述、新要求，我们要把中央和省委精神贯彻落实到推进城镇化的各项工作之中。在城镇化建设过程中，坚持把宜居放在首位，加快城市新区建设，统筹规划建设市政设施、生活设施和公共服务设施，完善城镇污水处理设施及配套管网，提高综合承载能力。强化产城互动，依托资源禀赋，培育特色鲜明的主导产业，实现以产兴城、以城促产，防止城镇产业“空心化”。创新旧城和棚户区改造模式，提升老城区城市功能。支持打造城市综合体，着力发展楼宇经济。推进“宽带中国·智慧绵阳”建设，加快开发应用城市“一卡通”、智能交通、数字城管、电子警察等技术产品，构建以新一代信息网络为基础的城市信息体系。

5. 全力提升“三农”工作

深入贯彻落实强农惠农政策，把农民增收作为“三农”工作的重中之重，实行县市区委书记和县市区长负责制。推进多种形式的规模经营，探索流转经营中新的有助农民增收的利益联结机制，拓宽农民增收渠道。抓好粮食安全保障能力建设，在数量和质量上守住耕地红线。抓好高标准农田工程、土地治理工程和“金土地”工程实施。深入实施农业综合开发，巩固退耕还林成果，加强低产低效林改造。大力发展设施农业和特色效益农业，推进粮油、蔬菜、生猪、种子等优势主导产业优化布局、连片发展。做好大春作物田间管理，积极谋划晚秋作物生产。加强蔬菜生产基地和粮油等生活必需品储备设施建设。推进农业信息化建设，加快构建新型农业经营体系，连片建设现代农业产业基地，积极发展生态友好型农业。稳步推进城乡综合配套改革，依法维护农民土地承包经营权、宅基地使用权、集体收益分配权，推进城乡要素平等交换和公共资源均衡配置。推进农耕区“全域灌溉”，加快武引二期灌区、开茂水库等大中型水利工程建设，加快江油沉水、盐亭新华水库等工作。打造幸福美丽新村，统筹住房建设、产业发展、基础设施、公共服务、生态保护，把村庄整治、土地整理、环境治理结合起来，全面改善农村生产生活条件。

6. 积极发展现代服务业

围绕现代物流业、商贸流通业、现代金融业、信息和科技服务业、现代旅游业、文化教育产业、社区服务业、农村服务业等“八大重点”，加快实施服务业重点行业示范引领工程，积极培育服务业大企业大集团，大力发展会展经济。加快推进龙门、石塘、新皂三大物流园区建设，积极引进电商龙头企业建立仓储物流基地，构建社会化、专业化、信息化的现代物流体系。积极发展电子商务、网购网销等新型业态和消费模式，推动本地传统零售企业开展线上服务，支持发展本地网点企业。加快建设乐荟城、奥特莱斯、毅德商贸城、科技物流园等重大服务业项目项目，积极培育新型业态。加大对重点出口企业的支持力度，重点抓好欧联等离子、保和泰越、华晨瑞安、金鑫铜业等已审批外资企业资金到位工作。推进服务业改革发展，支持推进服务外包，推动金融、教育、文化、医疗、养老等领域有序开放，培育新的服务业增长点。把旅游业作为服务业的重点工作来抓，推进智慧旅游城市建设，建好精品景区、培育精品线路，打响“李白出生地、中国科技城”品牌，打造国内知名的旅游目的地和区域旅游集散地。

7. **强力推进县域经济发展**

坚持因地制宜、分类指导、简政放权，支持各县市区走符合自身实际的特色发展道路，夯实底部基础，构建竞相发展格局。加强县域内三次产业统筹发展，大力发展现代农业，着力做强二三产业，壮大县域经济规模。加强各县市区产业园区建设，以集中集群集约为方向，发展特色鲜明的主导产业，带动农村人口就地就近转移就业。鼓励有条件的县市区建好用好孵化器，打造科技型中小微企业聚集地。支持各县县城和重点镇发展，有序推进县城扩容升级，培育发展城镇群，促进城市和小城镇合理分工、功能互补、协同发展。

8. **进一步扩大对外开放**

用开放引进的办法做强产业，发挥驻外招商分局的前沿阵地作用，争取更多龙头企业和高端项目投资绵阳。充分发挥绵阳企业驻外机构和绵阳籍在外人士作用，开展项目推介、驻点招商工作。坚持招商选资，着力引进既有益于发展又无害于环境的大项目、好项目，绝不以牺牲资源环境、损害群众利益为代价换取快速发展，做到“既要金山银山，也要青山绿水”。加强签约项目的跟踪衔接，支持和保障新引进项目尽快落地建设。大力发展外向型经济，增强企业国际化经营能力，促进外贸持续增长。鼓励、支持、引导非公有制经济发展，保证各种所有制经济依法平等使用生产要素、公开公平公正参与市场竞争、同等受到法律保护。加强与沿海、成渝、长江经济带、丝绸之路经济带等区域的产业合作，积极参加中国西部国际博览会、高新技术成果交易会、全省汽车和电子信息产业等专项招商活动，推动京东方、中视迪威等30个优质项目尽快落地，引进一批科技创新型项目。

强化与央企的对接合作，引进世界500强、国内100强和行业领军企业。深挖艾默生、华润、日普、新晨动力等现有外资企业潜能，指导协助企业延长产业链，实现增资。深化与对口援建市（州）的交流合作，实现优势互补、错位发展。

第三节　绵阳全面深化市场主体活力的战略部署

十八届三中全会通过的《决定》指出，经济体制改革是全面深化改革的重点，核心问题是处理好政府和市场的关系，使市场在资源配置中起决定性作用和更好地发挥政府作用。这一论述言简意赅，直指新一轮全面深化改革的灵魂所在。能否成功做到这一点，关系到新阶段全面深化改革的成败。激发市场主场活力，正是其具体的实践体现之一，绵阳要全面深化市场主体活力具体应当从以下八个方面进行突破。

一、建立完善体制机制

要从根本上消除影响和束缚发展的各类障碍，要发挥市场在资源配置中的决定性作用，构建起充满活力、富有效率、更加开放、有利于创新创业和科学发展的体制机制。特别是要打破垄断，坚持“非禁即入”，敞开或拆除那些看得见进不去的“玻璃门”“弹簧门”，点燃企业和民间投资热情，调动各类市场主体的积极性，提高各类生产要素的流动性。放宽经营场所登记条件，落实“一址多照”“一照多址”制度。实行工商注册制度便利化，削减资质认定项目，落实先照后证登记制、注册资本认缴登记制、年度报告公示制。健全全市统一的工商登记管理信息平台，完善许可审批部门信息共享制度。健全工商登记后续监管制度，建立经营异常企业名录。建立完善安全审查、反垄断审查、行业监管、技术标准等监管制度，清理和废除妨碍市场统一和公平竞争的地方保护政策。大力推进社会信用体系建设，建立完善企业个人征信体系、行业诚信数据库，建设全市统一的社会信用信息平台，建立诚信激励和失信惩戒机制。

二、转变政府管理职能

一是建设服务型政府。制定政府部门权力清单，公开行政权限和办事流程，按照政府依法行政、企业自我约束、社会协同自治的原则，建立“指导、服务、监管”三位一体的管理体系，使政府成为监管的主体，企业成为市场的主体。只有不断推动政府职能向创造良好发展环境、提供优质公共服务、维护社会公平正义转变，才能不断加快建设职能科学、结构优化、廉洁高效、人民满意的服务型政府。二是坚持简政放权。权力下放是政府的自觉革命、自我革命，必须以更大的政治勇气和智慧，多做“减法”，不断“瘦身”，通过理顺、剥离、转移等方式，实现向市场放权、向社会放权、向企业放权、为市场增效。要认真做好国家和省已取消行政审批事项的落实工作，同时结合绵阳实际，真正做到改革的决心要大、下放的权力要实、撤销的项目要细、转移的目录要清、精简的流程要明、接受的监督要严，给市场和社会更多的成长时间和空间，真正建立起“小政府、大社会、大市场”的管理模式。三是提升服务效能。政府要切实为企业解决发展中存在的问题，搭建好公共服务的平台，提高办事效率，减轻企业的运营成本，让企业轻装上阵，增强企业克服各种困难的信心和基础。同时，按照“人才兴市”战略，把企业家人才放在更加突出的位置，不断浓厚尊重企业家、支持企业家的社会氛围，着力营造有利于企业家脱颖而出的良好环境。

三、进一步深化国有企业改革

国有企业是社会主义市场经济的重要主体、维护社会稳定的坚强力量、增强国家竞争力的坚强支柱、保障和改善民生的坚强依靠。深化国有企业改革，要明确国有企业功能定位，实行分类管理，使国有企业在基础设施领域发挥支撑作用，在资源能源、公共服务等领域发挥保障作用，在转型升级和战略性新兴产业培育中发挥引导带动作用，积极承担支撑全省经济社会发展的重大投资任务，逐步从不具备竞争优势、效益低下的领域退出。要加大资产重组和资源整合力度，做大做强国有企业。推进国有企业开放性市场化重组。支持符合条件的国有企业实现内部资源整合或跨行业、跨地区、跨所有制重组联合。加快国有资产证券化，推动企业以融资、转让、并购等方式实现国有资本的充分流动和股权多元化。推动创新发展持续化，支持长虹、九洲、攀长钢、新华集团等国有企业结构调整、转型升级。完善国有企业退出政策，推动国有企业退休人员和后勤社会化管理。要推进股权多元化，提高国有资产证券化水平，创造条件推动国有企业改制上市，促进企业转变经营机制，完善现代企业制度，规范法人治理结构，加强内部管理，推进国有企业经营决策规范、资产保值增值、效率提高、活力增强，使国有企业真正成为独立的市场主体。优化国有资产监管体系，完善国资监管制度，推进国有经营性资产集中统一监管。支持长虹、九洲等有条件的国有企业改组为国有资本投资（运营）公司，加快国有资产监管从管资产为主向管资本为主转变。完善国有资本经营预算制度，逐年提高国有资本收益上缴公共财政比例，到2020年提高到30%。健全国有资本收益保障机制，建立国资收益资金使用评价制度。合理界定国有企业功能，推进分类管理常态化。大力推进股份制改革，用3年时间全面完成全市国有企业的公司制改造。推进企业治理结构规范化，完善出资人、董事会、监事会、经理层相互制衡的治理结构，完善“三重一大”决策制度，推进董事会与经理层适度分离。建立国有企业职业经理人制度，完善以聘任制、任期制和经营目标责任制为主要内容的人事管理制度体系，逐步增加市场化选聘比例。完善企业管理人员业绩考核办法，建立与企业发展相适应的市场化激励约束机制。实行企业经营者经营风险保证金制度。

四、大力发展混合经济

通过多种形式积极发展混合所有制经济，重构和再造微观市场主体。所谓“混合所有制经济”，是指由不同的资本联合、融合或参股而形成的经济成分。发展混合所有制经济，是产权制度的重大变革，也是党在理论上的重大突破。发展混合所有制经济，是坚持和完善基本经济制度的重要着力点，本质上是对微观市场主体的重构和再造。鼓励混合所有制经济实行企业员工持股，形成资本所有者和劳动者利益共同体。大力发展混合所有制经济，一定要克服“国退民进”“国进民退”以及国有企业与民营企业的发展和竞争是“零和游戏”的对立思维和认识误区，明确发展混合所有制经济不是各种资本的简单组合，而是各种所有制资本优势互补、相互促进、战略合作、共同发展。在政策上，要支持国有企业开放股权合作、项目投资、业务联营，鼓励非国有投资主体通过多种形式参与国企改制上市、重组整合、国际并购、受让国有企业转让的股权，允许混合所有制经济实行企业员工持股，形成资本所有者和劳动者利益共同体。要积极有为，使各种资本在更大范围、更广领域交叉持股、相互融合，以充分发挥各类投资主体的优势和积极性，增强企业的内生动力和内在活力。

五、释放非公经济活力

要毫不动摇地鼓励、支持、引导非公有制经济发展，力争培养出一批影响力大、竞争力强的大型民营企业和特色产业集群。要深化开放抓改革，支持非公有制经济发展，构建开放型经济新体制，全面激发经济活力。坚持权利、机会、规则平等，废除对非公有制经济的不合理规定，消除各种隐性壁垒。鼓励民间资本进入基础产业、基础设施、公用事业、社会事业、金融服务等领域，鼓励民营企业以股权、知识产权等非货币方式扩大投资规模，鼓励民营企业进入特许经营领域。健全非公有制企业服务体系，完善民营企业做大做强引导扶持机制，建立“个转企、小升规、规改股、股上市”政策体系，支持民营企业同等获取生产要素和项目资金，支持企业品牌发展、市场融资、技术创新、跨国（境）经营，支持民营企业建立现代企业制度。加强民营企业经营者队伍建设。依法保护民营企业家财产和合法权益。

六、改革投资融资体制

完善政府投资管理体制，建立政府投资项目和资金平衡统筹机制。创新民间投资机制，引导民间资本进入教育文化、医疗卫生、养老健康等领域。推进项目审批分类改革，实行企业投资并联审批。加大投资环境整治力度，建设法制化营商环境。深入推进科技与金融结合试点，争取金融改革先行试点政策。深化城市商业银行和农村信用合作联社改革，支持符合条件的农村信用合作联社组建农村商业银行。允许具备条件的民间资本依法发起设立中小型银行、消费金融公司、金融租赁公司等金融机构。完善金融机构农村存款主要用于农业农村的制度，不断增强金融服务“三农”能力。支持社区银行、小额贷款公司、村镇银行、融资租赁公司、农村资金互助合作社等新型金融组织发展。大力发展多层次资本市场，完善各类债权股权融资机制，建立上市企业梯级培育机制。积极发展私募投资基金，大力发展创业投资、产业投资、股权投资和科技投资基金，加快发展金融中介服务机构和互联网金融等新型金融业态。完善风险投资机制，建立债务融资风险补偿基金。加强信用担保体系建设，健全地方金融监管制度，完善保险经济补偿机制，拓宽政策性保险保障范围和覆盖区域。实施全面规范、公开透明的预算制度，规范政府举债融资制度。金融体制改革要更好地服务于实体经济发展，继续推进利率汇率市场化改革，有序放宽金融机构市场准入，加快发展多层次资本市场，切实防范系统性和区域性金融风险。

七、构建开放经济体制

一是放宽外商投资市场准入。现阶段利用外资不是简单地引进资金，更重要的是吸收国际投资中搭载的技术创新能力和先进管理经验。目前，相对制造业，我国服务业开放程度低，竞争力弱，仍是经济发展中的一块“短板”。壮大和发展服务业需要进一步深化改革、扩大开放。重点是推进金融、教育、文化、医疗等服务业领域有序开放，放开育幼养老、建筑设计、会计审计、商贸物流、电子商务等服务业领域的外资准入限制，特别是鼓励投向绵阳具有优势的高新技术产业和现代服务业。二是建立健全招商引资代办服务、项目跟踪、考核评价机制。加强驻外招商机构建设，建立与京津冀和泛珠三角、长三角、成渝等国内经济区合作机制。拓展与中关村等国家自主创新示范区合作渠道，创新央企合作对接机制。创新国内外市场联动开拓机制，积极融入中印缅孟经济走廊，深化与欧美、日韩、台港澳等国家和地区投资合作。三是搭建开放合作载体，支持合作建设“飞地园区”，支持绵阳出口加工区建设，支持国家级开发区转型升级、倍增跨越，支持有条件园区升级为省级开发区。创新外贸孵化和服务模式，积极发展对外贸易和境外投资，引导绵阳电子信息、汽车及零部件、装备制造和食品等优势产业“走出去”。

八、改革资源配置方式

实行土地要素配置机制改革，建立产业用地节约集约利用准入及绩效评价制度，探索建立存量建设用地盘活、土地产出效益与新增建设用地计划指标分配挂钩制度。推进工业用地弹性出让年限管理改革，建立低效用地退出机制。深化能源、矿产资源、金融、人才、科技、环境容量等资源要素配置改革，优化市场环境的配套改革，建成科学公平的效益综合评价体系，形成资源要素差别化配置和市场化交易两大机制，打造绵阳经济转型升级新引擎。推进公用事业竞争性环节价格改革，推行生产领域阶梯电价政策，争取开展流域用水、区域用水总量控制和水权交易制度改革试点，建立和完善居民生活用气、用电、用水阶梯价格制度。

总之，要按照中央、省委、省政府有关经济建设的相关精神，深入贯彻落实市委六届七次全会报告精神，团结和带领全市各族人民，快马加鞭、奋勇拼搏，奋力推进西部经济强市建设，为绵阳与全国同步建成小康社会而不懈努力。

第四章　围绕政府职能转变，构建规范高效政务服务体制机制

党的十八届三中全会《决定》强调："必须切实转变政府职能，深化行政体制改革，创新行政管理方式，增强政府公信力和执行力，建设法治政府和服务型政府。"显而易见，转变政府职能是行政体制改革的重要内容，也是建设服务型政府的必要环节。

第一节　政府职能转变的成就与存在问题分析

改革开放36年来，政府职能转变顺应了不同时期社会发展的客观需求，其过程艰难而复杂，取得的成就有目共睹，分析问题和解决问题的能力在处理阶段性问题的过程中不断提升。

一、政府职能转变的内涵

政府职能，简单来说是指政府依法对国家和社会公共事务进行管理的职责和功能，包括政治职能、经济职能、文化职能和社会职能。具体来讲，政府的政治职能主要体现在作为政治秩序和

社会秩序的维持者、社会发展的决策者和公共政策的制定者、社会利益的调解者等方面；政府的经济职能主要体现在对市场的培育作用，对经济活动的调节和干预作用以及经济活动的协调者和仲裁人等；政府的文化职能体现在对社会意识形态的倡导和对社会科技、文化、教育等领域公共政策的制定；政府的社会职能主要体现在制定社会保障的法律、制度，建立完善的社会福利和社会保障体系诸方面。

政府职能转变是指政府根据社会经济发展的需要对其职责和作用进行动态调整，以适应新的社会环境，更好地担负起管理社会和服务社会的新的历史使命的行政活动。

二、改革开放以来政府职能转变的进程

总体来看，20 世纪 70 年代末期和整个 20 世纪 80 年代我国政府职能转变的重点是由政治型政府转变为经济型政府；20 世纪 90 年代的重点是由直接管理经济转向间接管理经济；21 世纪初的重点则是由经济型政府转向服务型政府，由“全能型”政府转向“有限型”政府。具体来看，以下几个历史事件在我国政府职能转变的过程中发挥着关键节点的作用。

1978 年党的十一届三中全会提出“把党和国家的工作重点转移到经济建设上来”；1988 年国务院机构改革第一次明确提出政府职能转变这个关键性的问题；1998 年九届全国人大一次会议明确把政府职能定为三项：宏观调控、社会管理和公共服务；2003 年推行的行政管理体制改革强调，完善政府的经济调节、市场监管、社会管理和公共服务的职能，适应深化改革和扩大开放的新形势，转变和规范政府职能的新要求；2008 年党的十七届三中全会首次提出建设服务型政府，为新一轮政府机构改革指明了方向，并明确指出要加快行政管理体制改革，抓紧制定行政

管理体制改革总体方案；2013 年党的十八届三中全会提出建设法治政府和服务型政府，强调全面正确履行政府职能。

三、改革开放后政府职能转变取得的成就

改革开放以来，我国政府职能转变与经济体制改革紧密相连，成就喜人：初步建立了以经济手段和法律手段为主的宏观调控体系；实行政企分开，政府不再直接管理企业，企业实行自主经营、自负盈亏；政府加强对市场的监管；稳步推进社会保障体系的建设；初步形成符合国际惯例的涉外经济体制；改革政府机构，精简机构和人员；初步形成适应社会主义市场经济体制的法律体系。具体可从以下四个方面进行阐述。

1. 政府职能转变深化了行政体制改革

政府职能的转变是行政体制改革的重要内容，行政体制改革必须以转变政府职能为前提，通过政府职能的转变，推动政府管理内容、管理方式以及组织机构的调整。改革开放三十多年来，随着政府职能的转变，政府管理逐步实现了由“全能政府”向“有限政府”的转变；政府的管理方式逐渐由行政性、计划性、直接的、微观的管理模式过渡到经济、法律和行政相结合的，市场化的，间接的，宏观的管理方式；政府组织结构由原来的“部门林立”逐渐转变成具有“综合”职能的大部门。简而言之，伴随着政府职能转变，办事高效、运转协调、行为规范的行政管理体制已然形成。

2. 政府职能转变保障了市场经济体制改革的顺利进行

适应并服务于经济体制改革的需要是我国政府职能转变的重要特点。一方面，以市场化为导向的经济体制改革是基础，它决定着政府职能转变的方向。另一方面，转变政府职能主要是调整

权力掌控的政治体制，而这又恰恰与经济体制改革形成了相互推动的关系。可以说，政府职能转变是政治体制改革和经济体制改革的结合点。在我国，社会主义市场经济道路的发展异常曲折，从最初的提出到最终的确立都引起了社会各界的广泛争议。然而，市场经济体制改革的实践在我国从来没有间断过。毋庸置疑，政府职能转变在其中起到了关键性的作用。

3. 政府职能转变促进了政府机构数量的精简

改革开放30多年来，我国政府职能走过了“初始转变——分化——综合化”的过程。其间虽然有“膨胀——精简——再膨胀——再精简”的循环，但政府机构数量总体仍然呈现不断缩减的趋势，尤其是在市场经济体制确立之后，政府机构由简单的撤并、增减逐渐过渡到适应市场经济体制需要的职能体系和机构设置。机构数量的精简一方面大大降低了政府的管理成本，另一方面也增加了管理的灵活性，便于机构内部的协调。

4. 政府职能转变调动了市场、企业、社会和地方政府的积极性

党的十八届三中全会指出，要让市场在资源配置中起决定性作用和更好发挥政府作用。从权力分配的角度看，政府职能转变的过程是一个适度的放权过程。权力的下放使得企业、社会以及地方政府的自主权限不断扩大，企业的自主经营能力、社会的自治能力以及地方政府组织地区经济建设能力都得到了极大的提高，有效地推动了经济发展。从这个角度讲，政府职能的转变调动了市场、企业、社会和地方政府的积极性。

四、政府职能转变的不足及成因分析

党的十八届三中全会《决定》提出的“让市场在资源配置

中起决定性作用和更好发挥政府作用”的重要理论，暗含着现阶段的政府职能转变还存在不足，需要继续深化改革。

1. 对微观领域干涉过多

当前政府依然承担着大部分本来应该由企业来完成的经济建设职能，存在着政府越位、错位、缺位现象。其中一个很重要的原因是政府很难将自身的利益从企业经营中退出，导致角色定位不够准确。同时，国有企业作为经济组织，还承担着相当一部分社会职能，在对生产要素进行再配置时，受到多种约束，使企业无法对市场做出快速反应，阻碍了企业成为真正意义上的市场主体。

2. 对市场秩序的监管不到位

在市场经济条件下，政府应当是市场秩序的提供者和维护者，但从我国目前状况看，政府在这方面的转变始终未能到位，规范、监管市场秩序的力度仍然不够。究其原因有两点，一是规范市场秩序的法律法规仍不健全；二是一些政府部门守法意识和观念缺失，执法不严，管理松懈。加之地方保护主义和部门条块分割的普遍存在，在破坏市场经济秩序的同时，也阻碍了全国统一市场的形成。

3. 政府公共服务职能弱化

随着一些政治权力、经济权力的不断下放和广泛分散，一些地方和政府部门出现了利益集团化的倾向，比如一些政府部门控制着资源分配审批权等，这种控制权是不愿意轻易让渡给市场的。他们在制定政策、法规、规划和发展战略时，或当地区和部门利益与公共利益和全局利益发生冲突时，往往受部门和地区利益的驱使，做出一些违背公共利益和全局利益的选择和决策。追逐地方和部门利益所带来的严重后果便是这些政府部门的公共服务职能弱化，甚至出现整个部门乃至整个行业的体制性腐败，进而导致社会公共权力沦为谋取个别部门和行业特殊利益的工具。

第二节 新一轮政府职能转变的目标和任务

党的十八大召开后形成的新一届领导集体立足于我国社会主义初级阶段这个最大实际，指出经济体制改革是全面深化改革的重点，核心问题是处理好政府和市场的关系，运用创新性的施政理念为新一轮政府职能转变指明了方向。

一、新一轮政府职能转变的施政理念

施政理念是影响政府职能转变的最直接因素，以习近平总书记为核心的领导集体，其改革思想主要体现在以下四个方面：第一，当前改革已经进入攻坚期和深水区。今天的改革既是十一届三中全会的延续，又是新的历史起点上的改革。我们必须以更大的政治勇气和智慧，不失时机地深化重要领域改革。实践发展永无止境，解放思想永无止境，改革开放也永无止境，停顿和倒退没有出路。要坚持改革开放正确方向，敢于“啃硬骨头”，敢于“涉险滩”，既勇于冲破思想观念的障碍，又勇于突破利益固化的藩篱。第二，当前改革是全方位、综合性的全面改革。今天的改革开放不仅仅是经济体制的，而且包括政治体制、文化体制、社会体制、生态文明体制。我们要更加注重系统性、整体性、协同性。这是系统推进改革的前提，同时是对中央和各级领导干部的要求，也是对于中央和各级领导干部的考验。各项改革要相互促进、良性互动、整体推进、重点突破，形成推进改革开放的强

大合力。第三，当前改革是“摸着石头过河”与加强顶层设计相结合的改革。摸着石头过河和加强顶层设计是辩证统一的，推进局部的阶段性改革开放要在加强顶层设计的前提下进行，加强顶层设计要在推进局部的阶段性改革开放的基础上来谋划。也就是说，我们在“摸着石头过河”的基础上加强顶层设计，在顶层设计的前提下进行阶段性的改革试验。在领导改革的过程当中，不仅仅要加强宏观思考和顶层设计，更要注重改革的系统性、整体性、协同性，同时也要继续鼓励大胆试验、大胆突破，不断把改革开放引向深入。第四，当前改革是遵循中国改革的内在规律来推进的。不仅仅要认识到改革开放的历史必要性，还要认识到改革开放的内在规律性，从而增强我们的职能性。要认识和处理好五大关系：一要认识和处理好解放思想和实事求是的关系；二要认识和处理好整体推进和重点突破的关系；三要认识和处理好顶层设计和“摸着石头过河”的关系；四要认识和处理好胆子要大和步子要稳的关系；五要认识和处理好改革、发展、稳定的关系。

二、新一轮政府职能转变的目标

新一轮政府职能转变的目标是：进一步处理好政府与市场的关系，以科学的宏观调控、有效的政府治理为重点，发挥经济的宏观调控作用，承担起市场监管的作用，执行社会的公共服务的职能，承担起加强社会治理的职能，做好环境保护工作，着力解决市场体系不完善、政府干预过多和监管不到位问题，实现可持续发展，促进共同富裕。为此，政府职能转变要体现三个“凡是”的原则：凡是能由市场形成价格的都交给市场，政府不进行不当干预；凡是市场机制能有效调节的经济活动，一律取消审批，对保留的行政审批事项要规范管理、提高效率；凡是企业投资项目，除关系国家安全和生态安全、涉及全国重大生产力布局、战略性资源开发和重大公共利益等项目外，一律由企业依法依规自主决策，政府不再审批。

三、新一轮政府职能转变的任务

1. 健全宏观调控体系

宏观调控的主要任务是保持经济总量平衡，促进重大经济结构协调和生产力布局优化，减缓经济周期波动影响，防范区域性、系统性风险，稳定市场预期，实现经济持续健康发展。健全以国家发展战略和规划为导向、以财政政策和货币政策为主要手段的宏观调控体系，推进宏观调控目标制定和政策手段运用机制化，加强财政政策、货币政策与产业、价格等政策手段协调配合，提高相机抉择水平，增强宏观调控前瞻性、针对性、协同性。形成参与国际宏观经济政策协调的机制，推动国际经济治理结构完善。

深化投资体制改革，确立企业投资主体地位。企业投资项目，除关系国家安全和生态安全，涉及全国重大生产力布局、战略性资源开发和重大公共利益等项目外，一律由企业依法依规自主决策，政府不再审批。强化节能节地节水、环境、技术、安全等市场准入标准，建立健全防范和化解产能过剩长效机制。

完善发展成果考核评价体系，纠正单纯以经济增长速度评定政绩的偏向，加大资源消耗、环境损害、生态效益、产能过剩、科技创新、安全生产、新增债务等指标的权重，更加重视劳动就业、居民收入、社会保障、人民健康状况。加快建立国家统一的经济核算制度，编制全国和地方资产负债表，建立全社会房产、信用等基础数据统一平台，推进部门信息共享。

2. 全面正确履行政府职能

进一步简政放权，深化行政审批制度改革，最大限度地减少中央政府对微观事务的管理，市场机制能有效调节的经济活动，一律取消审批，对保留的行政审批事项要规范管理、提高效率；直接面向基层、量大面广、由地方管理更方便有效的经济社会事项，一律下放地方和基层管理。

政府要加强发展战略、规划、政策、标准等制定和实施，加强市场活动监管，加强各类公共服务提供。加强中央政府宏观调控职责和能力，加强地方政府公共服务、市场监管、社会管理、环境保护等职责。推广政府购买服务，凡属事务性管理服务，原则上都要引入竞争机制，通过合同、委托等方式向社会购买。

加快事业单位分类改革，加大政府购买公共服务力度，推动公办事业单位与主管部门理顺关系和去行政化，创造条件，逐步取消学校、科研院所、医院等单位的行政级别。建立事业单位法人治理结构，推进有条件的事业单位转为企业或社会组织。建立各类事业单位统一登记管理制度。

3. 优化政府组织结构

转变政府职能必须深化机构改革。优化政府机构设置、职能配置、工作流程，完善决策权、执行权、监督权既相互制约又相互协调的行政运行机制。严格绩效管理，突出责任落实，确保权责一致。

统筹党政群机构改革，理顺部门职责关系。积极稳妥实施大部门制。优化行政区划设置，有条件的地方探索推进省直接管理县（市）体制改革。严格控制机构编制，严格按规定职数配备领导干部，减少机构数量和领导职数，严格控制财政供养人员总量。推进机构编制管理科学化、规范化、法制化。

第三节　绵阳全面深化政务服务改革的战略部署

围绕十八届三中全会《决定》和绵阳市委六届七次全会精神，绵阳依托政务服务中心这一运行模式，着力厘清政府与市场，政府与社会的边界，切实转变政府职能，积极建设法治政府和服务型政府。

一、全面正确履行政府职能

强化政府宏观调控、公共服务、市场监管、社会管理、环境保护等职责，加强政府对发展战略、规划、政策、标准等的制定和实施。推行各级政府及其工作部门权力清单制度，加强政府和部门权力运行监管。积极推广政府向社会购买服务，加快形成社会组织承接政府职能转移和购买服务事项机制，鼓励社会力量兴办公益事业。加强政府投资重大项目全过程监管，建立政府投资项目后评估制度，完善决策责任追究制度。改进发展成果考核评价办法，建立符合功能定位和分区规划的差异化考核评价体系，强化对发展质量、民生改善和生态建设等的考核和考核结果运用。

1. 加强政府的战略规划制定、市场监管和公共服务职能

一方面，需要认真学习贯彻党的十八届三中全会精神，最大限度地减少政府对微观事务的管理职能，从不该管、管不了、管不好的领域中退出来，让市场真正发挥配置资源的决定性作用，从而有效提升市场效率；另一方面，需要政府发挥对经济活动的引导和规范作用，强化政府在战略规划制定、市场监管和公共服务方面的职能，弥补市场本身的不足和缺陷，为市场经济健康发展创造良好环境。政府必须花费更多精力抓大事、议长远、谋全局，加强宏观性、综合性、战略性问题研究，强化发展战略、规划、政策、标准的制定和实施。与此同时，随着市场化程度的提高，维护公平竞争的市场秩序也更加迫切，政府必须加强市场活动监管，完善监管体系。政府还要更加注重公共服务，增强基本公共服务供给能力，建设可持续的基本公共服务体系，满足人民群众对教育、就业、社会保障、医疗等方面公共服务日益增长的多样化需求。

2. 推广政府购买服务

创新政府服务方式，将适合市场化方式提供的公共服务事项，交由具备条件、信誉良好的社会组织、机构和企业等承担，推动公共服务提供主体多元化，这是推动政府职能转变，推进政事、政社分开，建设服务型政府的必然要求，也是提高公共服务质量和效率、办事不养人、建设创新型政府的重要途径。进一步放开公共服务的市场准入，逐步建立比较完善的政府购买服务制度。创新公共服务提供方式，加大施行政府购买服务，按照公开、公平、公正原则，严格程序，竞争择优，确定承接主体，并对承接主体实行优胜劣汰。这不仅有利于解决一些领域公共服务产品短缺、质量和效率不高等问题，也有利于形成与经济社会发展相适应、高效合理的公共服务资源配置体系和供给体系，使人民群众享受到更加丰富、优质、便捷的公共服务。

3. 全面正确履行政府职能

一是严格依法行政。依法行政的本质是职权法定，以法律形式明确政府职能，不能一讲转变职能就想推卸责任，一讲全面履行职能就要扩充权限，权责必须对称。这就要求完善依法行政的制度，坚持用制度管权、管事、管人，严格依照法定权限和程序履行职责，确保法律、行政法规有效执行。二是健全监督机制。全面正确履行政府职能往往受到各种因素制约，只有各方面加强监督，才能形成有效的外部压力。要健全监督机制，强化责任追究，从制度上保证全面正确履行政府职能。要提高政府工作透明度，深化政务公开，创造条件让人民群众更好地监督政府，特别是要接受社会公众和新闻舆论的监督，认真调查核实有关情况，及时依法处理和改进工作。三是完善绩效管理。完善绩效管理制度，从考核、评价、奖惩各个方面增强激励和约束，这是促进全面正确履行政府职能的有效措施。要加强对重大决策部署落实、部门职责履行、重点工作推进以及政府自身建设等方面的考核评估，加强行政问责，严格责任追究，健全纠错制度，不断提高政府的公信力和执行力。

二、深化政府机构改革

完善政府职责体系，优化政府机构设置、职能配置和工作流程。深化大部制改革，最大限度地解决职能交叉和分散问题。严格控制机构编制和财政供养人员总量，严格按规定配备领导干部，减少机构数量和领导职数，精简和规范各类议事协调机构。统筹党政群机构改革，探索建立公共政策跨部门综合协调机制，加快形成市、县市区两级统分结合的规划、建设管理体制。推进乡镇（街道）职能转变，强化公共服务和社会管理功能。推进事业单位分类改革，促进政事分开、事企分开、管办分离。推动公办事业单位与主管部门理顺关系和去行政化，推进事业单位法人治理结构试点。

1. 深化大部制改革，最大限度地解决职能交叉和分散

目前，绵阳的 33 个政府工作部门，是在 2010 年 10 月市政府机构改革工作中，按照精简、统一、效能的原则形成的。该次机构调整，在理顺政府部门职责关系、明确和强化责任、调整优化组织结构方面发挥了重要作用。在新一轮的深化改革中，市政府在解决职能交叉和分散问题方面会进一步深化改革。

2. 统筹党政群机构改革，探索建立公共政策跨部门综合协调机制

改革开放以来，历次政府换届几乎都伴随着机构改革。《决定》部署了优化政府机构的任务，除了继续推进大部门制改革之外，首次提出“除了政府部门，将党务部门和群众团体也一并纳入改革视野”的观念。所谓“统筹”就是发挥党的主导作用，所谓“理顺”就是优化政府组织机构、职能配置、工作流程，完善决策权、执行权、监督权三者之间既相互协调又相互制约的行政运行机制，促使地方大部制建构更加合理。

3. 推进事业单位分类改革

事业单位分类改革的核心是创新事业单位体制机制、改革完善相关制度体系、提高事业单位公益服务能力。从事业单位分类改革的主要任务看，有必要在更好地发挥市场的决定性作用方面进行更加深入的探索。一是大力推进生产经营性事业单位施行转企改制；二是认真研究分析公益类事业单位的职能，明确哪些可以交由市场来承担，通过什么方式交给市场，以利于将更多的资源交由市场来配置；三是创新公益服务的提供方式，加大政府购买公共服务力度，完善政府购买公共服务的机制，提高公益服务的质量和效率。提出建立各类事业单位统一登记管理制度，主要目的是为社会力量公平参与公益事业创造条件；提出推进有条件的事业单位转为社会组织，主要目的是将应该由社会承担的职能交给社会，妥善处理好政府与社会间的关系。

借鉴理论界对国内行政机构改革的对策建议，以下六个方面的改革不容忽视。一是要实行决策、执行和监督机构的分离。打造精良的专家型决策队伍，执行机构逐渐社会化，监督机构需要相对独立。二是要健全规章制度。改革强调立制在先，改革在后，行政机构工作的相关规章制度要不断完善，为机构改革提供制度保障。三是要培育社会组织及中介组织，给它们足够的成长空间，严格制度，为行政执行权的转移创造条件。四是要进一步提升领导的管理能力，不断创新管理模式，探索构建新的行政运行机制。五是要建立权责对等的行政问责制，权力及政务的运行要公开化，民众应该享有知情权、监督权。六是要启动相关配套改革，为机构改革的执行提供相应的环境和氛围。

三、深化行政审批制度改革

进一步简政放权，最大限度地减少政府对微观事务的管理。全面清理规范行政审批事项和行政审批前置条件，逐步取消非行政许可审批项目，严格控制和规范备案事项。加大行政审批事项下放力度，除国家和省明确要求外，其他审批权和经济社会管理事项均下放至县市区管理。建立全市统一的行政审批信息共享平台，向社会公布行政审批办事指南、办理流程和权力运行图。建立行政审批跟踪评估制度，建立审批取消后的监督机制。建立和完善公共资源交易监管体制机制和制度体系，推进公共资源交易集中、规范、高效运行。严格控制各类年检、年审和注册，清理减少行政事业性收费，规范中介服务行为。加强行政审批质量控制和绩效管理，推进政务服务平台标准化建设。

在推进绵阳改革过程中，其他一些省市的部分做法可供借鉴：

1. 设立统一审批机构

按照“集中审批职能、集中审批事项、集中审批人员”的要求，各部门将过去由不同领导分管、不同科室承担的审批服务职能，统一调整到各部门新组建的专职审批管理机构“审批办”，部门其他内设机构不再具有审批服务职能，实现审批职能的相对集中。

2. **清理和减少审批事项**

依据国务院的有关政策，由市政府法制办牵头，市政务服务中心协助，结合本地区的实际情况，对全市范围内具有审批职能的部门承办的行政审批事项，通过下放、取消和转变管理方式等办法进行全面清理。

3. **公开事项内容**

市政务服务中心和部门“审批办”对保留事项的设立依据、事项名称、办事程序、办理要件、收费依据和标准、承办部门、办结时限、咨询电话等内容进行逐一核实，并全面公开。办事人可以通过窗口放置的服务指南了解有关审批事项信息；还可以通过政务服务大厅设置的触摸屏及大屏幕、政务服务中心网站和政府门户网站及时了解事项办理的有关事宜，查询事项办理情况和结果。服务大厅工作人员按照首问负责制、一次性告知制的要求，为公众提供咨询服务。

4. **固化办事流程**

根据简化办事程序，缩短办结时限，最大限度地减少事项办理环节，提高工作效率和服务质量的原则，对进驻综合服务大厅的各类审批、服务事项的办事流程逐一进行梳理和优化，剔除不合理的环节，归纳流程，绘制事项的运行流程图，固化到行政审批平台当中。明确岗位责任和每个事项办理环节的办结时限，加强事项办理过程的监督，切实提高工作效率。

5. **完善政府信息公开查询体系**

市政务服务中心和市档案馆分别设立市级政府信息公开查阅

室，并在社区公共服务站设立便民查询点，有效地扩大政府信息公开覆盖面，将政府信息公开查询服务延伸到每个公民身边，切实提高政府工作的透明度。

6. 打造政务服务文化

通过树立“把您的事当作我自己的事去办”的服务理念，围绕“让政务服务更高效、让群众办事更方便”的工作目标，落实“把小事做成精品、把细节做到极致”的工作要求，努力打造具有时代特色、专业特色的政务服务文化，促进政务服务水平的整体提高。

四、深化财税体制改革

合理确定市、县、区、园区财政体制和范围，规范推进税收属地征收和非税收入按比例分成，建立事权和支出责任相适应的财税制度。改进预算管理制度，健全全口径政府预决算编报体系，建立跨年度预算平衡机制。强化预算监督，推进部门预决算和“三公经费”预决算公开。建立权责发生制的政府综合财务报告制度。加强乡镇基本财力保障。规范政府举债行为，适度控制市、县级政府举债，严格禁止乡镇政府举债，探索编制政府资产负债表。开展专项资金竞争性分配改革。清理规范招商引资财税优惠政策。完善资金跟踪问责机制，推进财政支出绩效评价。严格控制一般性支出，清理、整合、规范专项转移支付项目。深入推进事业单位经费供给模式改革。深化财税体制改革应解决好以下几个问题：

1. 科学把握政府性收入的总规模和总水平

为改善国民收入分配结构，逐步提高居民收入在国民收入分配中所占的比重，增强居民特别是广大中低收入居民的消费能力，推动经济可持续稳定增长，应当规范政府性收入来源，适当控制政府性收入规模，减轻企业和居民税费负担。总的思路应当是：第一，明确规定政府性收入的统计口径，科学把握政府性收入规模；第二，加大结构性减税力度，支持经济结构调整和扩大居民消费；第三，大力压缩非税收入，特别是各项政府性基金和收费占政府性收入的比重。

2. 科学界定政府的支出责任

一方面，要科学界定政府的支出范围。政府的支出责任，应与政府履行的基本职责相适应，与我国经济发展水平相适应，与政府财政能力相适应。按照转变政府职能和构建公共财政的要求，政府支出范围不能太宽，标准不能太高，应主要用于社会稳定、宏观调控、社会保障、公益性事业发展以及政府运行等方面。对于企业发展支出、城市基础设施建设以及经营性事业发展支出等，主要发挥社会和市场的作用，政府可以运用税收手段给予适当扶持，但不宜大量直接投资或补贴。对于改善民生的支出，政府也不宜包揽过多，而应坚持量力而行的原则，充分发挥政府、社会和居民三方面的作用。另一方面，要明确划分政府各部门之间的支出责任。按照转变职能、优化结构、分工合理和权责一致的要求，进一步推进行政管理体制改革，着力解决机构重叠、职责交叉、政出多门等问题。规范和减少财政部门对具体资金、项目的审批，其基本职能应当是做好预算编制、管理、指导和监督等工作。

3. 建立健全与支出责任相匹配的财力保障机制

财力保障是落实政府支出责任的基础条件，也是深化财政体制改革的核心。健全市、县级政府基本财力保障机制。按照市、县级政府承担的支出责任和规范的支出标准，分别测算市、县级基本财力保障的资金需求。凡是市、县级政府财力不足以落实支出责任的，可申请省级财政安排一般性转移支付给予保障；规范基层政府的财力保障机制。通过完善转移支付分配、财政省直管县、乡财县管等具体措施，切实做到财力向基层倾斜，实现财力保障与支出责任相匹配。

4. 严格遵守和执行财税法律

严格遵守和执行法律规定，做到依法征税、依法理财、依法行政，切实履行法律职责。企业和社会民众都要严格履行法律义务，维护自身合法权利，依法纳税、依法监督。

五、建立健全政府信息服务体系

深化政务公开和信息公开，建立公共数据开放机制，统筹推进政府部门信息采集、整理、共享和应用。建立智慧城市建设统一协调机制，加快推进城市“一卡通”，以统一的公共服务门户、大数据平台、电子政务云平台为基础，建成横向联动、纵向贯通、资源共享、业务协同的公共服务信息化应用体系。完善网上政务大厅和移动政务大厅建设，健全政府网上大厅运行及监督机制。整合全市非紧急类政府服务专线，提高公共服务效率。在建立健全政府信息服务体系过程中应倡导以下价值取向。

1. 坚持以人为本

以人为本是现代管理理念的出发点和归宿点。简单地说，“以人为本”就是强调政府管理应该遵循尊重人、关心人、信任人、造就人、发展人的管理模式。主要可从三个方面考察：其一，体现在为民的思想上。在政府信息服务过程中，立足于人民的需求进行政府信息资源收集、整理、加工、开发、服务，一切的政府信息服务动机和行为要体现民众的追求和向往。在信息服务活动中，人既是其主角，又是其最终目标。其二，体现在便民的思想上。政府信息服务应该尽量地方便最广大人民群众，让最广大的人民能较便捷地享受到政府信息服务。行政机关应当将理应主动公开的政府信息，通过政府公报、政府网站、新闻发布会以及报刊、广播、电视等便于公众知晓的方式公开，为公民、法人或者其他组织获取政府信息提供便利。其三，体现在利民的思想上。政府信息服务要把人民群众利益放在首位，把信息服务是否有利于人民群众、是否有利于提高人民群众的满意度作为根本标准。

2. 坚持公开透明

政府信息服务作为构建“透明”政府、“阳光”政府的重要途径，要注重公开化和透明化，实现政府信息公开，尊重和满足公众的知情权。这也是建设廉洁政府、透明政府和诚信政府的需要。腐败总是与秘密为伍，廉洁总是与公开相伴。政府信息公开和行政透明，是防止权力腐败的有效途径。同时，政府只有将其掌握的信息全面、真实、及时地展现给公众，公众才可以根据掌握的政府信息适时安排调整自己的生活，并可以将政府的工作行为置于自己的监督之下，这对于政府树立诚信形象和增强公众对政府的信任感将起到举足轻重的作用，以信息透明还公众知情权，塑造责任政府、诚信政府。政府的信息透明与政府的公信力、社会的凝聚力有着必然联系，尤其在突发事件中，政府信息的高度透明能够安定人心、稳定社会，并为政府工作赢得主动。

3. 坚持便捷高效

政府信息服务，必然要适应政府和公众的便捷、高效互动要求。其一，政府信息服务要实现不同层级、不同地区政府以及政府不同职能部门之间的信息共享与服务，真实全面的信息可以在各层级部门中间直接、快速、自由流动，便于区域和谐、政府协作和部门协调，保证行政行为的统一和连续，避免政府信息的重复收集整理所带来的人力、物力浪费。其二，政府信息服务要实现政府信息及时、准确地传达到公众领域，并接受公众的反馈信息。《中华人民共和国政府信息公开条例》对政府信息公开时限有明确规定："属于主动公开范围的政府信息，应当自该政府信息形成或者变更之日起 20 个工作日内予以公开。法律、法规对政府信息公开的期限另有规定的，从其规定。"其三，对于突发事件的信息服务，更加要注重时效性。《关于改进和加强国内突发事件新闻发布工作的实施意见》明确要求，"要高度重视，依照有关法律和规定，建立和完善新闻发布制度，配合宣传部门，及时、准确做好新闻发布工作。"确保在突发事件中以快捷高效方式向公众传达信息，安定人心。

综上所述，围绕政府职能转变，构建规范高效的政务服务体制机制，是绵阳实现创新驱动发展战略的重要工作部署。推进政府职能转变更能凸显绵阳科技，繁荣绵阳经济，打造绵阳文化，展现绵阳生态，营造优质的行政环境。

第五章　围绕新型城镇化建设，健全城乡发展体制机制

加快新型城镇化建设、健全城乡发展体制机制是破除城乡二元结构、让广大农民共享现代化成果的必然选择。党的十八大、十八届三中全会、《国家新型城镇化规划（2014—2020 年）》明确指出，要坚持走中国特色新型城镇化和农业现代化道路，推动城镇化和农业现代化相互协调。绵阳必须加快构建以工促农、以城带乡、工农互惠、城乡一体的新型工农、城乡关系，推动“四化”同步发展。

第一节　新型城镇化建设的成就与存在问题分析

当前，绵阳正处于新型城镇化建设的关键时期，必须深刻认识新型城镇化对经济社会发展的重大意义，牢牢把握新型城镇化蕴含的巨大机遇，准确研判新型城镇化发展的新趋势、新特点，妥善应对新型城镇化面临的风险挑战。

一、绵阳城镇化发展概况

绵阳六县两区一市，包括 1 个大城市，7 个中小城市，144

个镇，133 个乡，3396 个行政村（含省级新农村人居环境治理试点村 44 个），总人口为 547.38 万，全市共有常住人口 467.64 万，居住在城镇的人口 210.90 万。有 16 个省级试点小城镇，16 个市级试点小城镇，其中，6 个市级示范小城镇。

改革开放以来，绵阳城镇化进展迅速。1982—1990 年，绵阳城镇化率年均提高 0.46 个百分点；1990—2000 年，城镇化率年均提高 0.7 个百分点；2000—2007 年，城镇化率年均提高 0.77 个百分点，城镇化发展不断加快。2012 年、2013 年，绵阳城镇化率分别为 43.64% 和 45.09%。

二、新型城镇化建设取得的成就

近年来，在绵阳市委、市政府的坚强领导下，绵阳新型城镇化建设进展迅速，取得了一系列的成绩，主要表现在以下几方面：

1. 建成区面积不断增加

绵阳主城区建市之初不足 20 平方公里，现已超过 100 平方公里。周边县城规模也在快速发展，如江油市 20 世纪 90 年代初建成区面积不足 10 平方公里，到现在已近 30 平方公里。

2. 镇乡规划编制不断深化

20 世纪 90 年代，绵阳全市镇乡仅有少数几个做过简单的建设性规划，结合灾后重建全市所有镇乡均编制了总体规划，现正有序开展总规修编工作，并启动镇区控规编制。

3. 基础设施逐步完善

中心城区基础设施通过多年努力，已有一定基础。县城城市道路总长 492.48 公里，道路面积 1 101.44 万平方米，供水管道 860.55 公里，排水管道 843.48 公里，绿化覆盖面积 2 813 公顷。镇乡基础设施较为完善。目前，建制镇建成区道路总长达 1

152.86 公里，面积达 848.11 万平方米，集中供水 60.76 万人，集中供气 39.99 万人，年生活垃圾处理量达 19.35 万吨。

4. 城镇承载能力逐步提高

城镇基础设施水平显著提高，交通、供水、供电、供气、电信等基础设施体系不断完善。截止 2013 年年底，全市小城镇生活垃圾处理率达到 91.1%，污水处理率达到 13.7%。人居环境不断改善，保障性住房等惠民工程持续实施，城镇综合承载能力得到提升。

5. 城乡住房质量大幅提升

城镇住房方面，建市初期，绵阳只有少数的厂矿有多层职工住房。目前，成规模商业住宅开发已日渐繁盛，2013 年商品房销售面积达 459.5 万平方米，县城住房也有所改善。农房建设方面，20 世纪 90 年代初，全市农房建房量每年 50 多万平方米，到 2000 年以后，每年以 300 ~ 400 万平方米递增，灾后重建期间，农房建房量已达到 2000 年递增量的 10 倍以上，农房重建总户数 50.3 万户，房屋外观、质量等都有较大的提高。

三、新型城镇化建设存在的不足

绵阳在加快推进新型城镇化建设的过程中，也存在诸如城镇规划缺乏整体统筹、城镇建设资金投入不足、中心城市新区基础和公益设施建设不配套等问题，主要表现在以下几方面。

1. 城镇规划缺乏整体统筹

中心城市发展的空间形态不佳，强市弱县，市区域统筹遭遇瓶颈。园区规划不合理，布局过散，中心单一，服务受限；主导产业定位趋同，项目投资强度不够，“小、散、乱”的情况比较严重，城市枢纽和中心功能不健全，影响了城市的发展速度和质量。部分灾后重建重点镇虽已完成规划编制，但由于县域村镇体系规划滞后，这些镇乡规划只能强调自身发展，无法实现整体联动，资源整合、统筹兼顾。

2. 城镇建设资金投入不足

城镇建设在投入保障方面还存在资金不足、渠道不多、机制单一等问题。一些有效的运作模式还没有大规模运用到城市建设中，如BT模式、市场化运作模式。各县市区投资集团还需做大做强，增强其城建融资保障能力。部分县城、集镇建成区的市政道路、雨污水系统、供水、供气、供电、通信、有线电视等设施都明显跟不上城市发展要求。

3. 中心城市新区基础和公共设施建设不配套

城市建设前瞻性不够，“多中心、组团式”发展理念还需进一步强化，表现在新区区域间以及与中心城区联系不畅、基础设施起点不高，各种设施不配套（尤其像公厕、停车场、垃圾转运设施、电影院、市场、商场、教育卫生设施、休闲场所等），绿化景观水平低于老城区，特色不突出等。旧城改造未为城市承载力有效减负，相反因为高密度建设商品住宅，而道路、停车场等配套设施未有效增加，增大了城市负荷。与一些发达城市相比，绵阳的路网不够完善，地下管网标准偏低。河岸亲水景观偏少，影响了城市持续快速发展和品质的提升。

4. 城镇文化建设重点不突出，缺乏独特的文化元素符号

三国文化和汉文化还没有与城市（镇）有机融合，应成为城市经济社会的有机组成部分。在中心城区文化氛围体现不浓，很难找到可以感知绵阳历史的建筑或景点，普通市民和外地游人还没有能够从生活中感受到绵阳可以独立于其他城市的独特文化体验。

5. 劳动力市场发育不健全

农村劳动力无序流动状况使农村城镇化的人口聚集效应难以

充分实现，城镇化要素和资源的配置难度很大。特别是在土地方面流转不畅、利用低下，从而限制了人口、土地、资金等城镇化要素的有效配置。由于户籍的限制，城乡一体化的社会保障制度尚待完善，进城务工的农民工在住房、医疗、社保等方面没有享受非农业人口的待遇，因此限制了人口向城镇聚集。

6. 产业形态特征不明显，总量偏少

中心城区工业发展滞后，商业发展分布不均衡，现代物流、现代服务业发展不健全。县城中只有江油市能列为工业县城，商业中心只有老城区一带较为繁华。绵阳以农副产品为主的商贸性集镇偏多。全市工业型集镇仅有江油市武都镇、二郎庙镇、厚坝镇、三台县芦溪镇等，为数极少，其余大部分属于农业商贸性质的纯农业型集镇。旅游产业乡镇较少，不成规模。绵阳只有梓潼文昌镇、江油市青莲镇、北川禹里镇、三台县郪江镇等少数镇乡称得上旅游型乡镇。

7. 城镇人口积聚不足

小城镇分布数量众多，但集镇建成区内人口积聚数量、规模不足，全市除武都、厚坝、西平、芦溪、魏城、秀水、富驿、玉龙等建制镇积聚人口上万以外，大多数建制镇均不到 3 000 人，特别是在边远山区，城镇规模偏小的问题突出，北川、平武两县几百人规模的乡镇较多。而据四川省公布的统计数据，2008 年全省城镇（市）密度为万平方公里 40. 76 个，高于全国平均值近一倍。

8. 村镇建设的法律法规和管理滞后，缺乏多元投资渠道

长期以来城乡建设管理仍是城乡分治的二元体系，村镇建设的法律法规严重滞后，村镇建设监督管理缺乏有效的法律依据和手段。绵阳众多小城镇没有城镇建设管理机构，缺乏必要的管理人员。小城镇建设的投入主体相对单一，制约了小城镇的建设发展。

第二节 新一轮新型城镇化建设的目标和任务

在新的发展时期，绵阳正面临国家实施新一轮西部大开发、实施扩大内需发展战略、建设成渝经济区、国内外产业向西部大规模转移和建设绵阳国家科技城等重大机遇。加快推进新型城镇化发展，是推进科学发展、加快转变经济发展方式的必然要求。因此，我们必须认真贯彻落实党的十八届三中全会、十八届四中全会，中央和省委新型城镇化会议精神，坚持绿色发展、循环发展、低碳发展，不断优化城乡一体的空间布局，大力加强城镇基础设施和公共服务设施建设，提升城市综合承载能力，积极推进以人为核心的新型城镇化。

一、时代背景

从国家层面来看，我国正处于发展转型的关键时期，在经济发展方式上，由主要追求 GDP 增长向追求社会、经济和环境的和谐发展转变，落实到城乡关系上面体现为由城乡二元发展向城乡统筹发展转型。在经济增长模式上，我国由投资和出口拉动为主的经济发展模式向以扩大内需为标志的多元拉动经济增长的模式转变，由粗放式的要素投入拉动经济增长向创新型、环境友好型的精明增长模式转变。

从西部地区和四川省层面来看，西部大开发战略正向纵深推进。在西部和四川区域范围，绵阳处于重要的发展区，这是基于绵阳作为西部地区发展水平相对较高的地区，是国家重要的国防工业和科研生产基地，同时还是中国唯一的科技城，是西部地区综合实力较强的城市之一，是四川省第二大城市和成渝经济区第三大城市，也是西部大开发战略的重要载体和战略先锋。绵阳将继续获得政策倾斜和发展关注，这些都有助于绵阳新型城镇化的推进。同时，基于成德绵一体化发展战略推进和四川省重点培养大城市策略的整体布局，四川省在城镇体系构建中明确提出：基本建立以成都平原、川南、攀西、川东北四大城镇群为主体，由一个核心城市、20 个区域中心城市、300 个左右中小城市和重点镇、1 500 个左右小城镇组成的城镇体系。将绵阳、南充、攀枝花、自贡、宜宾、泸州、达州、乐山、遂宁等城市发展成为百万人口以上的区域中心特大城市，将西昌、康定、马尔康等城市培育为辐射周边民族地区的区域性中心城市。

从绵阳自身层面来看，近年来，绵阳中心城市和各个县城聚集速度不断加快。2013 年，绵阳中心城市人口聚集规模已经达到 118 万人。同时，灾后重建对绵阳市社会经济发展和新型城镇化推进产生了深远影响。另外，由于东部沿海地区产业升级，人力成本和劳动力素质要求提高，导致输出劳务人员的回流，这对绵阳新型城镇化的推进既是机遇也是挑战。

二、工作方针

新型城镇化的“新”就是要由过去片面注重追求城市规模扩大、空间扩张，改变为以提升城市的文化、公共服务等内涵为中心，真正使城镇成为具有较高品质的适宜人居之所。从新型城镇化的含义和特征分析，绵阳要走好新型城镇化发展道路，就必须坚持和遵循以下工作方针：一是规划起点高。要科学规划、合理布局，使城镇规划在城市建设、发展和管理中始终处于“龙头”地位。二是途径多元化。不同的发展阶段要求不一样，与工业化的关系处理也应该有多种方式，有的是同步，有的可能要超前。三是聚集效益佳。要在增加城镇数量、适度扩大城镇规模的同时，把城镇做强，不能外强中干。四是个性特征明。每一个城镇都应该有自己的个性，要突出多样性，显示出自己与众不同的特点。五是人本气氛浓。要使城镇具有人情味，能够促进人的自由而全面的发展。六是城乡互补好。新型城镇化一定要体现一盘棋的思想，打破二元结构，形成优势互补、利益整合、共存共荣、良性互动的局面。

三、总体思路

绵阳应当以科学发展观统领全局，抓住国家新一轮西部大开发和规划建设成渝经济区等重大机遇，把握国家的优惠政策，创新城市发展理念和模式，贯彻落实“新型工业化、新型城镇化、信息化、农业现代化”四化同步的战略部署，优化调整市域人口、产业和城镇空间布局。加快建设发展绵阳中心城区，全面推进小城镇建设，以规划为龙头，以项目为抓手，以产业为支撑，以创新为动力，以民生为根本，走出一条区域协调、城乡统筹，资源节约、环境友好，经济繁荣、社会和谐的新型城镇化道路。

四、基本原则

在新一轮新型城镇化建设过程中，要坚持城乡统筹、布局合理、节约集约、以人为本等基本原则。

1. 城乡统筹、协调发展的原则

始终把握“统筹城乡发展”这一主线，建立和形成良性的城乡互动关系，创新城乡协调发展的体制机制，有序引导农村人口向非农产业和城镇转移，以工哺农、以城带乡，推动绵阳城乡二元结构向现代社会经济结构转变，促进城乡协调发展。

2. 合理布局、突出重点的原则

统筹考虑不同区域的发展条件、发展水平、发展潜力以及资源环境承载能力，加强规划对城镇空间布局的科学指导，以城市集群发展为主体形态，明确城镇化推进的重点区域、重点城镇，合理确定不同区域符合实际的发展目标，分类引导、分区推进。

3. 完善功能、提高承载力的原则

不断强化城镇集散、服务、管理和创新功能，深化城镇化发展的体制机制改革，完善与城镇经济和人口规模相适应的公共设施和基础设施建设，加强生态保护与环境治理，提高城镇综合承载能力。

4. 节约资源、集约发展的原则

着力推进城镇化发展由粗放型向集约型方向转变，倡导城镇节地、节水、节能、节材，既要为城镇化加快发展留足空间和提供保障，也要有效化解城镇作为资源消耗中心所带来的负面影响，实现城镇发展与经济效益、环境效益相一致。

5. 以人为本、量质结合的原则

以人口城镇化为核心，正确处理城镇化快速发展时期量与质的关系，以农村人口转移到城镇安居乐业为出发点和落脚点，促进农村人口聚居方式的城镇化、就业方式的城镇化和生活方式的城镇化。

五、发展目标

按照市委、市政府“一核四带”的规划布局，加快构建中心城区、县（市）城区、重点镇、中心村 4 个层次协调发展的现代城镇体系。到 2020 年，将绵阳中心城区建成人口 150 万人、面积 150 平方公里，具有多组团格局、多中心支持、多功能复合的四川重要的区域中心城市和区域性综合交通枢纽的大城市；扩大县域城市规模，将江油市建成城区人口达 40 万人，三台县城区人口达 35 万人，安县、北川、梓潼、盐亭等县域城区人口大幅增加的中小城市；将西平、芦溪、武都、厚坝、魏城、秀水、塔山、桑枣、许州、富驿、玉龙、安昌等16个试点镇建成3万~5万人的小城镇。2020年绵阳市城镇体系规模等级结构如表5.1所示。通过未来五年的建设，初步实现“城乡道路畅通化，城乡环境清洁化，城乡品质宜居化，城乡发展一体化”的目标。

表5.1 2020年绵阳市城镇体系规模等级结构

规模等级	城镇数量（个）	总规模（万人）	规模比例（%）	城镇名称与人口规模（万人）
一级（>100万人）	1	150	42.86	绵阳中心城区（150）
二级（20万~50万人）	2	75	21.43	江油城区（40）、三台城区（35）
三级（5万~20万人）	7	58.5	16.71	梓潼县城（10.0）、北川新县城（11.5）、安县县城（10.0）、盐亭县城（10）平武县城（龙安、古城）（5.0）、芦溪（芦溪、花园）（7.0）、武都（5.0）
四级（1万~5万人）	15	23	9.57	擂鼓；秀水、塔水；厚坝、青莲；魏城、新桥；吴家、龙门；西平、观桥、塔山；嫘祖、富驿；许州
五级（0.1万~1万人）	107	23	9.43	
合计	132	330	100	

六、主要任务

围绕新型城镇化建设，健全城乡发展体制机制是当前绵阳经济社会发展中的战略部署与核心要求。强调推进新型城镇化，健全城乡发展体制机制就是要在推进城镇化和农业现代化相互协调发展的同时努力破解城乡二元制度难题，健全城乡发展一体化的体制和机制。

1. 完善新型城镇化健康发展的体制机制

积极推进以人为核心的新型城镇化，着力构建城镇功能互补、空间布局优化、产业配套协作的城乡一体化发展格局。完善市域城镇体系，建立健全城镇规划与经济社会发展规划、土地利用规划、城乡统筹发展规划等“多规融合”机制。创新城镇建设投融资机制，支持社会资本通过特许经营等方式参与城镇基础设施投资和运营，加快城镇基础设施配套建设。完善产城融合建设机制，优化城镇公共服务设施布局，切实增强城镇综合承载能力。规范拆迁安置行为。建立旧城改建有序推进机制。深化户籍制度改革，全面推进居住证制度，实现常住人口基本公共服务均等化。探索建立财政转移支付、用地指标同农业转移人口市民化挂钩机制。加快培育和发展以中心城区为核心的都市区，着力完善绵江安北同城化发展机制，积极推进县城、小城镇加快发展。推进城镇管理方式创新，完善城镇治理结构，理顺城管执法体制。推进幸福美丽新村建设，支持有条件的地方建设新农村综合体。

2. 创新农业经营体制机制

推进农村土地向规模经营集中，促进家庭经营、集体经营、合作经营、企业经营共同发展和农业经营方式创新，加快形成以农户家庭经营为基础、合作与联合为纽带、社会化服务为支撑的立体式复合型现代农业经营体系。鼓励发展专业合作、股份合作等多种形式的农民合作社，引导农民合作社自愿联合组建联合社，允许财政补助资金形成的资产转交合作社持有和管护。鼓励和引导工商资本到农村发展适合企业化经营的现代种养业及系列开发，向农业输入现代生产要素和经营模式。创新职业农民和农业职业经纪人、职业经理人培养使用认证制度。积极推进生产合作、供销合作、信用合作“三位一体”合作体系建设。稳妥开展供销合作社综合改革试点，完善社有资产管理体制和运营机制。加强新农村现代流通网络和农产品批发市场建设。整合和统筹使用涉农资金，改进农业补贴和奖励政策。

3. 积极推进用地制度改革

在符合规划和用途管制前提下，允许农村集体经营性建设用地出让、租赁、入股，实行与国有土地同等入市、同权同价同责，逐步形成集体建设用地流转收益合理分配机制。深化征地制度改革，规范征地程序，完善被征地农民补偿办法，探索留地安置、留物业安置、入股分红安置等多种方式，建立合理的土地增值收益分配制度。完善农村宅基地管理制度，探索建立农民宅基地自愿有偿规范退出机制。完善土地储备管理机制和绩效评价机制。创新土地供应管理机制，完善差别化供地政策，扩大土地有偿使用范围。建立有效调节工业用地和居住用地合理比价机制。推进农村土地综合整治，推动城乡建设用地增减挂钩。

4. 深化农村产权制度改革

完善城乡统一的不动产登记制度，积极推进以县为单位统筹实施农村集体土地所有权、建设用地使用权、土地承包经营权、林地使用权、房屋所有权等“多权同确”。完善农村产权流转交易服务体系，大力开展农村产权交易政策咨询、信息服务、产权评估、抵押担保、纠纷调处服务，推进农村产权流转公开、公正、规范运行。开展农村集体经济组织成员认定，推进集体资产量化和股份化改革，落实农民对集体资产股份占有、收益、有偿退出及抵押、担保、继承权。稳定农户承包权、放活土地经营权，积极开展承包土地经营权抵押、担保，稳妥推进农民住房财产权抵押、担保、转让试点。

5. 建立市县区协调发展机制

坚持市县区统筹发展，完善支持县域经济发展政策，着力构建差异化区域协调发展政策支撑体系。完善分类指导的金融、土地、产业、投资政策，创新人才、劳动力、资金、资源跨区域自由流动机制，引导更多发展要素向县域倾斜。创新区域联动发展机制，推进区域基础设施建设、产业分工协作、公共服务对接共享。强化重点区域发展保障，推进绵安北、绵江平、绵三绵盐、绵梓特色产业带突破发展。建立项目联合招商、异地开发、税收共享等促进产业融合发展机制。支持扩权县和非扩权县区协调发展，积极开展扩权强镇试点。优化行政层级和行政区划设置，支持有条件的县撤县建区、设市，审慎开展撤乡建镇、撤镇建街道办事处和村改居工作。

第三节 绵阳全面深化城乡发展改革的战略部署

要全面加强城乡规划工作，以加强城乡基础设施建设和产业发展为重点，以体制机制创新为动力，增强绵阳中心城市和县城中心镇的辐射带动能力，形成以城带镇、以镇带村、布局合理、规模适度、设施完善的城乡体系，加快推进各项城乡基础设施建设，打造新型城乡发展平台。

一、完善规划体系，发挥城乡规划引导调控作用

1. 完善城乡规划体系

加大对规划的投入力度，把规划编制经费纳入公共财政预算。拓展规划视野，增强规划科学性、民主性、操作性。按照“科学合理、特色突出、个性鲜明、功能完善”的要求，高起点、高标准修编县域城镇体系规划，尽快编制和完善各工业园区控制性详细规划和城市交通道路、绿化景观、管网铺设、环境保护等各类专项规划。对重要地段、重要节点的城市设计，以及涉及城市整体形象和重要标志物，要科学规划、精心设计。

2. 加强城乡规划的实施和监督

坚持“规划一张图、审批一支笔、建设一盘棋、管理一张网”，对规划实施效果进行评价。城乡规划一经确定，就要严格依法实施，任何单位和个人都无权干预，更不能随意变更，切实维护规划的权威性和严肃性。全面推行“阳光规划”，在规划编制、审批和实施的全过程进行公开，扩大公众参与，广泛接受社会监督，确保城乡规划的科学合理。重点推进产业布局、重要项目、重大设施、土地使用等方面的规划对接，划定禁建区、限建区和适建区，按照共享共建、协作分工的原则，合理规划布局和推进实施市域内重大基础设施和社会事业项目，探索市域基础设施的整体经营管理水平。切实贯彻实施《中华人民共和国城乡规划法》，严格执行城镇规划“五线”管制制度，加大违法建设查处力度，引导城镇化和城乡建设健康有序发展，强化城乡规划的公共政策地位。

二、完善城市基础设施，提升中心城市综合承载能力

加快建设城市道路，密切城市各组团间的交通联系，加强背街小巷和城乡结合部整治，提高路网密度，有效解决交通拥堵问题。借鉴伦敦、米兰、新加坡等地的经验，通过减少内城停车位、提高停车费，在城市中心区划出一个收费区，小汽车高峰期进入要收费，就可使得中心区的交通流量大为减少，引导更多的人使用公交车、自行车等交通工具；增加公交专用道与步行街；规划建设城市绿道、轨道交通和 BRT 系统。

坚持以“畅通工程”为重点，以“新建直通道，改造主（次）干道，畅通迂回线，打通接点，环形连成片，纵横形成网”为目标，形成城市规划区范围内骨架路网系统，用以支撑绵阳多中心、多组团的城市用地布局和“一城三区”“一核四带”的产业发展布局。先主后次、分期实施改造提升主、次干道，形成城市道路亮点；改造安昌、涪江河堤道路，形成防洪、通行、休闲三能合一功能；治理背街小巷和城乡结合部，翻新人行通道，形成一街一貌亮点；加快城市扩容区排水管网配套建设，摸清城区现有排水管网现状，提高排水能力；加快围绕绵阳主城区的周边卫星城建设，打造以老城区为核心，多中心支撑、多功能复合的、具有绵阳特色组团式城市群的区域性特大城市。加强以二环路、飞云大道、涪滨路、绵盐路等道路绿化；在城市组团之间、城市功能分区之间、公铁路及江河沿线、城市进出口通道建设不少于 20 米的城市生态防护林带。

三、实施项目带动战略，创建优美人居环境

按照“拉框架、显亮点、抓完善”的城市建设基本思路，

着力打造“六个绵阳”。纵深推进城南、城西、科创新区建设，抓紧实施老城区配套设施的改造；大力实施一批环保生态工程、框架拉动工程、民生保障工程和公共服务工程，合理布局行政办公区、工业园区、商贸服务区、住宅小区、物流园区和休闲娱乐区等功能区块，以政府引导与市场推动双重力量推进城镇化快速发展。

1. 强化政策和资金支持，增强辐射能力

结合实际，研究制定符合绵阳新型城镇化发展的促进政策，及时掌握国家和省重点支持的产业类型和重点项目，积极对上争取，从制度和政策层面为新型城镇化发展提供有效保障。以金家林总部经济试验区为样板，加大招商引资力度，引进各类大型先进企业进行产城一体开发。扩大资金投入，创新大城建体制机制，加快建设和发展，完善城市功能，提升城市品质。用好园区产业发展引导资金，做到及时拨放，加强监管，提高绩效。进一步加大对县城建设的投入，突出县城对小城镇建设的带动作用。通过做大做强做畅中心城区，辐射带动县域新型城镇化建设，逐步形成以绵阳城区为中心，以江油、安县、北川、三台为支点，以若干城镇为节点的新型城镇网络。同时，各县市区要确立 1 ~ 2 个相对区位条件好、投资环境优、经济基础好、发展后劲足的小城镇，作为市级重点进行培育打造，使其在本区域真正发挥示范和引领作用。

2. 大力推进城市精品工程建设

加强城市策划与城市形象设计工作，牢固树立精品意识，坚持先规划后设计再施工的思路，对城市整体形象及工程项目精心规划、精心设计、精心建设。建立完善建筑设计方案专家咨询审查制度，做好方案选优，切实加强建筑风貌管理，结合人文自然元素，打造具有鲜明建筑语言和地方文化特色，促进城市建筑群体和谐统一，塑造富有文化品位和艺术个性的城市景观。大力开展城市综合节能，重点加强新建住宅和公共建筑节能工作，全面落实建筑节能强制性标准，推广新型墙体等新材料，强化建筑色调管理。

3. 集约发展特色小城镇

按照“科学规划、突出特色、积极建设、规范管理”的思路，以先易后难为原则，科学合理安排城镇各项公共设施建设，以增强城镇综合承载能力为重点，努力建设集约特色小城镇。突出“一镇一特、一街一景、一路一树”，以全省实施“百镇试点行动”为契机，加快全市小城镇建设步伐，重点推进“一核四带”重要节点的城镇和16个省级试点镇、16个市级试点示范镇的规划、建设和管理，使其面貌在短时间内有明显的转变。要科学规划发展方向，宜工则工、宜商则商、宜旅则旅，形成一批专业化特色镇，引导农村人口就地、就近城镇化。坚持“责、权”统一、“责、权”对称原则，对吸纳人口多、经济实力强的镇，要赋予同人口和经济规模相适应的管理权。

四、强化依法管城，加强城镇管理

进一步加强中心城区交通秩序、治安秩序和市容市貌和环境卫生管理，巩固在创建文明城市过程中所取得的成果。继续开展对城区乱停车辆、乱设摊点、乱贴广告、乱养宠物等违规行为的整治。大力实施环境综合治理和“五十百千”示范工程，深入开展城乡卫生、农贸市场、广告市场、建筑市场、文化市场、小城镇改造、交通秩序、食品卫生和生态卫生环境整治，不断绿化、亮化、美化、净化城乡环境，提升城镇形象。切实把县域城镇的镇容镇貌综合整治和专项治理引入纵深，落实长效管理措施，彻底改变城镇交通、环境、安全等方面脏乱差的现象。加强对城镇居民的城镇意识和社会公德教育，规范城镇居民的行为，继续保持和发扬“团结奋进，自强争先，创新实干，富民兴绵”的绵阳精神，提高群众文明素质和自我管理能力。加强媒体宣传、违章处罚力度，逐步营造人人参与的城市管理氛围。

五、健全各类保障要素

1. 创新投融资体制，加快政策资金保障

做强市县两级城市建设投资公司，合理配置资源，提高融资能力。采取政府投入、金融机构信贷、争取国债资金等多种方式，大力吸引社会资本、民间资本和私人资本，多渠道筹措城市基础设施和市政公用设施建设资金。充分发挥财政资金的引导作用，加大对小城镇建设的投入，每年安排一定的专项资金以投资、贴息和补助等方式，用于经济强镇的公共基础设施建设。充分利用土地资源，加强土地开发管理，盘活城镇存量土地，实现以地生财。

2. 创新土地管理机制，加强土地资源保障

要深化节约集约用地的理念，按照土地利用总规和城乡规划，优化产业和城镇发展的空间布局，以规划引领土地的集约使用。积极争取国家投资项目，学习借鉴成都土地整理方面的经验成果，改革完善农村宅基地制度，在符合规划和用途管制的前提下，允许农村集体经营性建设用地出让、租赁、入股，实行与国有土地同等入市、同权同价，建立农村产权流转交易市场，推动农村产权流转交易公开、公正、规范运行。大力推进和规范实施城乡建设用地增减挂钩项目，根据建设发展用地需求，超前做好增减挂钩项目规划，扎实搞好项目报批立项，快速推进项目实施，聚集更多的城镇发展和园区建设用地空间。同时，用好用活土地政策，尤其是国家有关工业用地最低价政策，以优惠的地价鼓励社会资金投入开发未利用土地，建设工业集中发展园区以及旅游和物流园区。

3. 深化户籍制度改革，健全公共服务体制

加快户籍制度改革，放宽中小城市和小城镇户籍限制，解决好在城镇稳定就业和居住的农民有序转变为城镇居民的问题，逐步实现在子女入学、公共卫生、住房购房、社会保障方面与城镇居民享受同等待遇，促进农民工融入城镇，引导人口向城镇集聚。

4. 创新社会保障和促进就业创业体制机制

建设完善社会统筹和个人账户相结合的基本养老保险制度，统筹城乡居民基本养老保险制度、基本医疗保险制度。积极完善扶持创业的优惠政策，完善城乡均等的公共就业创业服务体系，构建劳动者终身职业培训体系。促进以高校毕业生为重点的青年就业和农村转移劳动力、城镇困难人员、退役军人就业。大力实施离校未就业高校毕业生就业促进计划，把未就业的纳入就业见习、技能培训等就业准备活动之中，对有特殊困难的实行全程就业服务。

5. 加强业务培训，提高素质能力

坚持理论与实践相结合，加强对各级党政主要领导，政府分管领导和城市规划、建设、管理部门干部的培训，通过学习借鉴省内外乃至国外的经验，树立现代科学理念，增强抓好城市规划、建设和管理工作的执行力和操作力，提高指导新型城镇化工作的能力和水平。同时，要深入实施农村劳动力转移培训工程，积极开展进城农民工的职业技术培训，规范招人用人制度，消除城乡、行业、身份、性别等一切影响平等就业的制度障碍和就业歧视。创新劳动关系协调机制，畅通职工表达合理诉求渠道，依法维护农民工合法权益，促进人口向城镇聚集。

6. 加强组织领导，建立工作机制

绵阳市政府成立的推进新型城镇化领导工作小组，要重点研究和明确全市新型城镇化的重大基础性、战略性、前瞻性问题，明确全市新型城镇化发展的思路和策略。同时，要加强对新型城镇化工作的综合协调和指导督查，定期研究解决新型城镇化发展中的重大问题，总结提升和推广好的经验做法。市政府对年度新型城镇化工作，要有目标、有任务、有措施、有考核，并纳入各级政府的工作安排。各县市区人民政府要成立相应的领导机构，健全领导机制、决策机制和工作机制，及时研究解决推进新型城镇化工作中的突出矛盾和问题。同时，理顺市县区（园区）、乡镇等各级政府的责权利关系，创建科学协同的推进机制。

7. 建立健全考评机制，加强督查考核

认真培育和发现新型城镇化工作中的先进典型，及时总结推广经验，充分发挥督查考核的导向作用，形成激励机制，更好地推动全市新型城镇化发展。及时制定符合绵阳推进新型城镇化发展的指标评价体系，对县市区（园区）建设行政主管部门推进新型城镇化工作，要有目标、有任务、有措施，将新型城镇化建设纳入各级各部门目标考核内容，逗硬奖惩，严格目标管理，确保新型城镇化建设全面推进。

总之，围绕新型城镇化建设，健全城乡发展体制机制是不断提高绵阳现代化发展水平的根本要求。绵阳必须牢牢把握推进新型城镇化和健全城乡发展体制机制的结合点和着力点，努力提高发展的质量和效益，加快把绵阳建设成为“具有科技核心优势、工业竞争优势、城市品牌优势、区位比较优势，历史传统民族文化与现代科技工业文明交相辉映，天蓝、地绿、水净、人和”的西部经济文化生态强市，从而在全省新一轮发展中走在前列，在“次级突破”中一马当先、率先突破。

第六章 推进法治绵阳建设，完善提升治理能力体制机制

党的十八大提出："法治是治国理政的基本方式。"习近平总书记明确指出，法治是一个国家发展的重要保障，依法治国是党领导人民治理国家的基本方略。实现绵阳经济文化生态强市发展战略，必须有效推进法治绵阳建设，完善有效提升治理能力的体制机制。

第一节 法治绵阳建设的成就与存在问题分析

经过多年的依法执政、依法行政建设，法治绵阳建设取得了众多的成就，但也存在一些问题。正确认识所取得的成就，客观分析存在的问题特别是存在问题的原因，是进一步推进法治绵阳建设的关键。

一、取得的成绩

法治作为世界上普遍认同的理念和价值，近十年来，绵阳市依法行政已经迈出了重要一步，法治政府建设也取得了一些重要

成就，为依法治国基本方略的落实与西部经济文化生态强市建设奠定了重要基础。

1. 有效推进依法执政

目前，绵阳已建立了由党委主要领导任组长的依法治理领导小组，基本做到了人员经费落实。绵阳市人民代表大会制定了《加强司法监督工作规定》《关于设立法治绵阳建设宣传周的决议》。绵阳市政府大力推进依法行政工作，清理行政审批项目，推进行政首长应诉制度，完善公共资源交易平台，规范行政执法。绵阳市政协加强民主监督，围绕重点问题，组织政协委员开展整顿非法营运、规范出租车管理、民生救助等视察调研。绵阳市级各部门强化责任，全面推进本单位法治建设，形成了党委领导的法治绵阳建设局面。

2. 顺利推进依法行政

绵阳市全面清理行政审批和公共服务事项，取消、下放与暂停了一些行政审批事项，取消、免征一批行政事业性收费。绵阳市政府制定了《绵阳市行政首长出庭应诉工作规定》，推行行政首长出庭应诉制度。对行政行为不规范进行治理，实行行政执法人员资格管理与持证上岗制度，组织行政执法人员加强统一的基础法律知识考试，取消了一些聘用人员的行政执法资格。成立行政复议委员会，向社会选任非常任委员，强化对复议工作的监督。绵阳市制定《行政执法行为跟踪制定》《行政执法案件过错追究规定》，以建设法治政府。

3. 大力落实公正司法

绵阳市经常开展维稳风险评估，以消除风险。法院系统加强审务公开三大平台建设，上网法律文书居四川省前列；开展了长期未结诉讼案件与执行案件的专项清理，在媒体公布了失信被执行人名单，有效促使债务的履行。严肃查处重大贪污受贿、渎职等案件。坚持用法治思维和方式化解社会矛盾，引导群众合理表达诉求，依法处理信访案件。

4. 重视基层法治建设

坚持基层治理法治化，开展了反恐禁毒、防邪维稳、非法集资、建设秩序、群众信访、征地拆迁等专项治理工作。县市区和园区积极推进依法治理，结合实际开展专项治理，成功化解一些事件，有效维护了稳定。为落实村社区自治，制定了规范村规民约、居民自治公约等制度，推进城乡社区网格化管理，推进基层治理科学化、法治化。开展社区书记、主任的培训，提升他们知识与服务水平。

5. 法制教育成效显著

绵阳市制定了《深入开展法律七进工作实施意见》，建立了法制宣传教育队伍，明确了责任主体，建立了科学的考核评估制度，使法制教育卓有成效。在全市普遍建立法律顾问制度，推进党委依法执政、政府依法行政和企业事业单位依法经营管理。在主流媒体开展“一把手”谈法治建设活动，开设政务微博普法，向群众发送法治短信。利用公园广场、高速路口、车站机场等人群集中场所，用 LED 显示屏、楼宇电视、单立柱广告牌等设施进行法制教育。在社区开展法治大讲堂，对社区居民开展普法教育。

二、存在的问题

在看到我们取得成绩的同时，也不能回避法治绵阳建设存在的一些问题，这是法治绵阳建设取得进一步成绩的有效保障。

1. 机构职能未全面实现法治建设要求

政府机构职能和提供行政服务时着眼点依然局限在政府的管

理便利之上，尚未做到以公民的需求和公共服务为中心。有的地方推进依法行政工作时制度建设不全，未形成常态化、体系化的运作模式，致使具体工作执行难度大。市区法制机构不健全，致使工作未能保质保量推进。

2. 制度建设与行政决策存在一些不足

一些地区部门对规范性文件监督体系缺失，也有个别城市在行政立法过程中，依法接受监督意识不强；有的地方和部门在规范性文件制定之后便完全了事，缺乏及时更新清理，以致出现规范性文件不能适应新的社会形势变化或出现与新法律法规冲突的情况；一些地方和部门在行政决策中，缺乏相应的程序性规定；一些地区和部门虽有规定，但未结合自身实际情况制定，可操作性不强，难以发挥应有的作用。

3. 行政执法未能完全实现依法行政的需要

行政执法队伍培训存在着只培训未考试现象，导致难以准确衡量培训的效果。一些地方部门没有及时开展执法主体清理或者只对部分执法主体进行清理。一些地区部分仅公布了本部门的职能或者机构设置，与行政执法职权梳理相关度不大，有的公布的信息不够全面，没有达到法律要求的标准。多数地区和部门在接到对违法行为的投诉后，不能及时安排执法人员赶赴现场，即使查处也存在大量治标不治本的情况。

4. 政府信息公开效果有待提升

政府自身对政府信息公开重要性认识不足，将政府信息公开看作是额外增加给政府的负担。政府信息公开没有做到常规化和长效化。政府信息公开的实体场所及网络平台，缺乏日常维护，公开信息更新不及时。依申请公开信息方面，多地政府缺乏负责协调、统筹、监督的统一申请机构，导致申请无门的情况发生；受理申请的单位也大多没有回执或通知，申请人难以对自己的申请处理进程进行查询。

5. 监督与问责存在不力现象

全市没有普遍建立政府的监督与问责制度，已建立的制度也不完备。政府内部监督不到位，几乎未能及时、充分地或者未能定期听取、审查本级政府工作部门和下级政府的执法情况报告，未能公布重点领域的执法情况报告。对政府及其工作人员违法行政责任追究不力。

6. 社会矛盾化解力度不足

据调查分析，群体性事件的数量、规模、性质等都比较严峻，社会稳定压力仍然较大。行政复议工作需要加强，存在群众对复议工作不太满意的现象。在绵阳还存在企业军转复员干部、参战涉核退役人员、下岗失业人员，出租车司机、人力三轮车司机、乡村医生、乡村放映员、民办代课教师等上访事件，修理难度大，可能会影响社会稳定。

第二节　新一轮法治绵阳建设的目标和任务

为建设法治绵阳，必须全面实现依法执政、依法行政，把绵阳经济社会各项建设都纳入到法治化轨道上来。

一、目标

全面深入推进依法治市，必须高举中国特色社会主义伟大旗帜，以马克思列宁主义、毛泽东思想、邓小平理论、“三个代表”重要思想、科学发展观为指导，深入贯彻习近平总书记系列重要讲话精神，坚持党的领导、人民当家做主、依法治国有机统一，坚定不移地走中国特色社会主义法治道路，坚决维护宪法法律权威，依法维护人民权益、维护社会公平正义、维护绵阳和谐稳定，为谱写中国梦绵阳篇章提供有力法治保障。全面深入推进依法治市，必须全面贯彻党的十八届四中全会精神，认真落实依法治国基本方略和依法执政基本方式，深入实施《四川省依法治省纲要》，加快建设法治绵阳。这就是，在中国共产党领导下，坚持中国特色社会主义制度，贯彻中国特色社会主义法治理论，形成保证国家宪法法律有效实施的完备的法规规范体系、高效的法治实施体系、严密的法治监督体系、有力的法治保障体系，形成完善的党内法规体系，实现科学立法、严格执法、公正司法、全民守法，加速推进治理体系和治理能力现代化。

二、任务

法治绵阳建设的任务，就是要经过努力，使法治精神深入人心，公共权力依法规范公开运行，公民依法享有权利和履行义务，基本形成尚法守制、公平正义、诚信文明、安定有序的依法治省新格局，更好发挥法治在国家治理和社会管理中的作用。

1. 法治精神深入人心

各级领导干部学习法律、敬畏法律、尊重法律、崇尚法治，运用法治思维和法治方式的自觉性显著提高。人民群众相信法律、维护法治，自觉学法、遵法、守法、用法，法治观念明显增强。全社会办事依法、遇事找法、解决问题用法、化解矛盾靠法，形成良好法治环境。

2. 公共权力依法规范公开运行

各级党委自觉在宪法法律范围内活动，领导立法、带头守法、保障执法的水平进一步提高。人民代表大会依法行使国家权力，人民民主不断扩大。行政决策、执法、监督、问责等体制机制进一步完善，法治政府基本建成。司法机关依法独立公正行使审判权检察权，司法公信力、监督力有效提升。社会监督机制不断健全，广泛参与监督的局面初步形成。

3. 公民依法享有权利和履行义务

坚持人民主体地位，依法保障全体公民享有广泛的权利，做到法律面前人人平等。坚持依法享有权利和履行义务相统一，自觉遵守法律规定，理性有序表达诉求，善于运用法律武器，依法维护合法权益。人民群众在社会生活各个方面都能感受到公平和正义、自由和尊严。

4. 绵阳经济社会发展各项事业全面纳入法治化轨道

法治理念贯穿于经济建设、政治建设、文化建设、社会建设、生态文明建设各方面，落实于实施绵阳经济社会建设各领域。深化改革、扩大开放的法治环境不断优化。建设法治化营商环境，各类市场主体合法权益平等保护，遵法守法诚信经营者受保护、得发展。

第三节　绵阳全面深化治理能力建设的战略部署

实现绵阳西部经济文化生态强市战略，必须全面深化治理能力建设，把党的执政活动、行政工作、司法工作、社会治理等各项事业，按照法律法规的要求进行。

一、强化依法执政建设

执政党能不能依法执政，对于全面推进依法治国具有重大作用。建设法治绵阳，必须完善党的领导体制与执政方式，加强党内法治建设，改进党对政法工作的领导。

1. 完善党的领导体制和执政方式

紧紧围绕提高科学执政、民主执政、依法执政水平，深化党的建设制度改革。规范各级党政主要领导干部职责权限，科学配置党政部门及内设机构权力和职能。健全党委领导和支持人大及其常委会依法行使职权、政府依法行政、司法机关公正司法的工作制度。完善基层民主制度，建立健全人民群众依法参与管理国家事务和社会事务、管理经济和文化事务的工作机制。领导班子及其成员模范遵守宪法法律，自觉在宪法法律范围内活动，带头依法办事。各级党政机关注重选拔任用法治意识强、善于运用法律手段解决问题的优秀干部，在领导班子中配备具有法律专业背景或者工作经验的成员。把遵守法律、依法办事能力作为考察任用干部的重要条件，严格依照法定程序向国家机关推荐干部。在法治轨道上推进党风廉政建设和反腐败斗争，实行党对党风廉政建设和反腐败工作的统一领导，改革和完善各级反腐败协调小组职能。落实党风廉政建设责任制，实行责任追究制度。推动党的纪律检查工作双重领导体制具体化、程序化、制度化，强化上级纪委对下级纪委的领导。改进巡视制度，做到对地方、部门、企事业单位全覆盖。健全反腐倡廉法规制度体系，完善惩治和预防腐败、防控廉政风险、防止利益冲突、领导干部报告个人有关事项、任职回避等方面法规，推行新提任领导干部有关事项公开制度试点。

2. 加强党内法治建设

严格执行《中国共产党党内法规制定条例》和《四川省党

内法规制定办法》，规范党内法规制定工作，建立健全党内法规制度体系。完善各级党委决策程序，普遍建立法律顾问制度，建立完善重大决策法律咨询、法律支持和合法性审核机制，加强重要政策文件的法律法规把关，把经过法律咨询、具有法律依据、完成合法性审核作为党委做出重大决策和出台重要政策的必经程序。建立健全决策评估、决策失误责任追究及纠错机制，确保党委决策行为目的合法、权限合法、内容合法、程序合法。完善党务公开制度，除涉及党和国家秘密或者依照有关规定等不宜公开事项以外，党委的决策事务都应当通过多种方式公开。

3. 改进对政法工作的领导

进一步明确党委政法委的职能定位，创新政法工作领导方式，提升协调解决事关政法工作全局的重大问题的能力，提升领导政法工作的科学化、法治化水平。进一步理顺党委政法委与政法各单位的关系，改进案件协调督办工作，明确和规范协调督办案件的范围、方式和程序。加强对政法工作的保障和监督，创造良好执法、司法环境，完善对违反法定程序干预司法的登记备案报告、通报和责任追究制度，确保司法机关依法独立公正行使职权。

三、严格依法行政

法律的生命力在于实施。实现依法行政，就必须加快政府职能转变，健全科学民主的决策机制，依法规范政府行政行为，加强政府信息公开，为市场营造一个公平开放的环境。

1. 加快转变政府职能

按照职权法定、简政放权的原则，依法科学界定地方政府公共服务、市场监管、社会管理和环境保护等职能。正确处理政府与市场、政府与社会、政府层级间的关系，推动政府职能向创造良好发展环境、提供优质公共服务、维护社会公平正义转变。深化行政审批制度改革，依法全面清理、精简和下放行政审批事项，依法加强社会管理。完善政务服务体系，提高政务服务水平，从制度设计上解决跨部门审批环节多、审批手续繁杂、审批时间跨度长等问题。推行和完善并联审批、网上审批等，实现提速增效。建立和完善公共资源交易监督管理体制机制和制度体系，建立统一规范的公共资源交易平台，推进公共资源交易公开透明，将工程建设项目招标投标、土地使用权和矿业开采权出让、国有产权交易、政府采购等纳入交易服务平台，加强交易监管，提高交易效率和效益。建立政府购买社会组织公共服务制度，凡属事务性管理服务，原则上都要引入竞争机制，通过合同、委托等方式向社会购买。

2. 健全依法科学民主的行政决策机制

完善行政决策规则和程序，明确决策范围、权限，健全决策机制，把部门论证、公众参与、民主协商、专家论证、专业机构测评、成本效益分析、风险评估、合法性审查和集体讨论决定作为重大决策的必经程序，将决策行为置于法治框架内。完善行政决策风险评估机制，编制重大事项行政决策风险分析的评判标准、指标体系和分析方法，事关经济社会发展和人民群众切身利益的重大政策、重大项目等决策事项，要进行合法性、合理性、可行性和可控性评估，重点进行社会稳定、环境、经济等方面的风险评估，未经评估或者评估未通过的，不予决策。多途径、多渠道了解利益相关方和社会公众对决策实施的意见和建议，全面评估决策执行效果，并根据评估结果决定是否对决策予以调整或者停止执行。建立行政决策监督和责任追究制度，明确监督和责任追究主体、程序和方式。

3. 依法规范行政行为

依法整合执法主体，推进综合执法，提高基层执法效能，建立权责统一、权威高效的行政执法体制。完善行政执法争议协调机制，有效解决各行政执法主体在履职过程中产生的争议。加强执法程序建设，细化执法流程，保障程序公正。建立行政执法自由裁量权基准制度，严格规范行政执法自由裁量权行使，细化量化基层部门行政执法裁量标准，免除执法的随意性和不公平性。坚持管理与服务并重、处罚与疏导结合，推行柔性执法，实现法律效果与社会效果的统一。完善行政执法与刑事司法衔接的工作机制，加大食品药品、农产品质量、环境保护、安全生产、劳动保障、社会治安、公民信息安全等领域执法力度和移送涉嫌犯罪案件力度。建立执法依据定期梳理和公布制度，健全行政执法人员资格管理、行政执法职权核准公告、行政执法岗位责任、行政执法案卷评查、行政执法考评、行政执法责任追究及重大具体行政行为备案制度。发挥行政复议监督纠错、权利救济和化解争议的作用。落实行政机关负责人出庭应诉制度，全面履行生效判决、裁定和调解协议，认真办理人民法院提出的司法建议，完善内部监督制度，改进监督方式。加强诚信政府建设，严格履行行政合同和协议。进一步规范查封、扣押、冻结、处理涉案财物的司法程序。严格遵守罚缴分离和罚没物品依法处理规定，杜绝将行政执法人员福利待遇与罚没收入挂钩。

4. 深化政务公开和信息公开

健全政府信息公开制度，落实政府信息公开责任。推行地方各级政府及其工作部门权力清单制度，依法公开权力运行流程。依法梳理审核行政职权，建立行政职权职责目录、电子政务大厅、行政权力运行基础平台和行政权力运行监察平台，形成统一的行政权力网上运行系统，确保行政权力运行规范化、公开化。定期编制、更新、公布政府信息公开指南和政府信息公开目录。推进财政预算决算、三公经费及公共资源配置、重大项目建设、社会公益事业建设等领域的政府信息公开。完善新闻发布工作和新闻发言人制度，发挥政府网站公开信息、政务服务和政民互动作用。建立健全人民群众申请公开政府信息限期答复制度。

5. 营造公平开放的市场经济法治环境

平等保护各类市场主体的合法权益，推进工商注册制度便利化，放宽市场准入条件，保证各种所有制经济依法平等使用生产要素、公平参与市场竞争、同等受到法律保护。引导各类市场主体依法经营、履行社会责任。

四、推进公正司法

理国要道，在于公平正直。司法改革必须紧紧围绕“公正”这一主线，加强司法规范化建设，完善司法为民的长效机制，提高司法公信力。

1. 深入推进司法改革

认真落实中央关于司法体制和工作机制改革的各项部署，确保审判机关、检察机关、侦查机关依法独立公正行使审判权、检察权、侦查权，发挥司法机关惩治犯罪、保障人权和维护社会秩序的职能。

2. 加强司法规范化建设

坚持实体公正和程序公正并重，以程序公正为基础，提升执法办案的质量、效率和效果。健全错案防止、纠正、责任追究机制，严禁刑讯逼供、体罚虐待，严格实行非法证据排除规则。建立健全司法廉洁制度，进一步深化廉洁风险防控机制建设。规范司法机关自由裁量权行使，促进和保障法律适用的统一。加强检察机关对诉讼活动的法律监督职能。按照执法依据明确、执法程序规范、执法过程公正、执法监督到位的要求，依法公正文明执行刑罚。

3. 提高司法公信力

着力推进阳光司法，在依照法律规定和遵循司法规律的前提下，全面推进立案、庭审、执行、听证、文书、审务以及裁判文书等各方面的司法公开，录制并保留全程庭审资料。加强司法公开信息化建设，综合运用传统媒体和手机、网络等新兴媒体，着力构建面向社会公众的司法公开信息平台，将信息平台建设作为服务社会、化解矛盾、宣传法治、接受监督的重要方式。推行网上立案、信访答询等网上诉讼服务，建立案件流转、执行信息网上查询系统，推进庭审网络直播、录播和裁判文书上网。增强法律文书的说理性，发挥司法裁判对社会行为的积极引导作用。广泛实行人民陪审员和人民监督员制度，提高人民陪审员参与案件审判、执行的比例，扩大人民监督员监督范围，完善监督程序。完善当事人权利义务告知、群众旁听庭审、司法听证、公开司法拍卖、新闻发布等制度。健全和规范司法机关与人大代表、政协委员的各项联络制度。

4. 完善司法为民长效机制

推进法院一站式诉讼服务、检察院综合性受理接待中心等窗口建设。完善巡回审判制度，拓展巡回审判范围。加大生效裁判的执行力度，建立健全执行联动机制，强化执行征信建设，提高执行工作质量和效率。完善司法救助制度和刑事赔偿制度，加强司法救助专项基金管理，做好司法救助与其他社会保障制度的衔接，加大对社会弱势群体和特殊人群的司法救济。落实实名举报答复和举报人保护机制。

五、加强社会法治

法治是社会治理的保障，要在法治的前提下创新绵阳社会治理，建立健全维护群众利益的机制，强化公共安全体系建设，加强征信与法律服务工作。

1. 创新社会治理

坚持系统治理、依法治理、综合治理、源头治理，建立健全党委领导、政府负责、社会协同、公众参与、法治保障的社会治理体制。建立健全居民、村民监督机制，促进群众在城乡社区治理、基层公共事务和公益事业中依法自我管理、自我服务、自我教育、自我监督。加快培育和发展社会组织，形成政社分开、权责明确、依法自治的现代社会组织体制。加强对社会组织和境外非政府组织的管理，引导其依法开展活动。完善志愿服务制度，支持和发展志愿服务组织。健全流动人口服务管理工作网络和公共服务体系。建立健全特殊人群管理服务机制，落实特殊人群管理和帮扶措施。建立舆情汇集、分析、引导机制和建立社会矛盾纠纷排查、法治化解决机制，健全重大群体性、突发性社会事件的预警应急机制。全面贯彻执行党的民族宗教政策，依法管理民族宗教事务。

2. 健全依法维护群众权益机制

保障人民群众政治权益、经济权益、文化权益为主要内容，建立覆盖城乡的群众权益保障体系。坚持权利公平、机会公平、规则公平，依法保障各类社会群体在劳动就业、收入分配、社会保障、医疗教育等方面的民生权利。依法保障农民工的劳动、健康、休息等合法权益，建立农民工工资支付保障机制，确保农民工工资按时足额发放。拓宽社情民意表达渠道，健全公众参与、诉求表达、平等沟通、协商对话平台和机制。加强信访工作法治化建设，完善和落实领导干部接访、下访、联系基层和群众制度，积极回应群众诉求和社会关切。各级党委、政府信访部门对已收到的人大、法院、检察院职权范围内的信访事项，对已经或者依法应当通过诉讼、仲裁、行政复议等法定途径解决的信访事项，不予受理，由有关机关依法按程序进行处理。依法规范信访秩序和行为，引导群众依法理性表达诉求、依法维护权益、履行法定义务，依法处理违法上访。健全法律援助机制，畅通法律援助渠道，为困难群众提供方便快捷的法律援助。建立劳动人事争议调解仲裁机制。完善人民调解、行政调解、司法调解有效衔接的“大调解”工作体系，将调解工作、综治工作、信访工作有机结合，建立调处化解矛盾纠纷综合机制。积极推进诉讼与非诉讼纠纷解决方式的有效衔接。建立资源纠纷、医疗纠纷、交通事故、证券期货、保险合同、劳动合同等各类专业性、行业性调解组织。

3. 加强公共安全体系建设

严格执行食品、药品、食用农产品法律、法规、规章。建立最严格的覆盖全过程的安全监管制度，形成跨部门、跨区域的联动执法长效机制。建立食品原产地可追溯制度和质量标识制度，保障食品药品安全。深化安全生产管理体制改革，建立隐患排查治理体系和安全预防控制体系，严格安全生产源头管理，强化安全生产执法，完善安全生产法规、技术标准体系，加强安全生产基层基础建设，强化重大项目建设、煤矿、交通、危险化学品等行业领域的安全专项治理，坚决遏制重特大安全事故发生。健全突发事件监测和应急体系，提高对自然灾害、事故灾难、公共卫生和社会安全等突发事件的预防预警和应急处置能力。加大依法管理网络力度，加快完善互联网管理领导体制，构建大网络大舆情工作格局，确保国家网络和信息安全。围绕维护社会和谐稳定，深化平安绵阳建设，巩固基层行业平安建设成果，加强社会治安综合治理，健全点线面结合、人防物防技防结合、打防管控结合的社会治安整体联动防控体系。加强群防群治队伍建设，增强公共安全和社会治安保障能力，加强对社区矫正和刑满释放等特殊人员的安置帮教管理教育转化，严密防范和依法打击各种违法犯罪活动。加强流动人口和特殊人群管理服务，建立健全管理服务网络和工作机制，减少危害社会重大突发案件发生。

4. 建立健全社会征信体系

以健全金融、纳税、合同履约、生效裁判执行、产品质量的信用记录为重点，加快建立社会信用体系。建立健全企业信用自律机制和信用风险防范机制，促进企业诚信经营。把企业与劳动者签订劳动合同、依法开展工资集体协商、遵守劳动保障法律法规作为企业信用的重要组成部分。教育引导公民把诚实守信作为基本行为准则。积极培育和发展信用服务机构，加强信用服务市场监管。建立健全守信激励、失信惩戒制度。

5. 加强和规范法律服务

规范律师、公证、基层法律服务等法律服务体系，拓展法律服务领域，整合法律服务资源，增强法律服务能力。建立完善法律顾问团制度，为党委政府依法执政、依法行政和人民团体开展权益维护工作提供法律咨询服务。加强法律服务市场监管，完善行政管理与行业自律相结合的管理体制。完善律师执业权利保障机制和违法违规执业惩戒制度，加强职业道德建设，发挥律师在依法维护公民和法人合法权益方面的重要作用。

六、开展法制教育

为确保法治绵阳建设有效推进，必须加强法制教育，重点做好领导干部和学生的法制教育，提升全民法律素养，在全社会形成宪法至上与守法光荣的良好氛围。

1. 深入开展普法教育

确立普法教育在推进依法治市中的基础地位，全面实施普法规划，教育引导全社会增强法治观念、养成守法习惯、善于依法维权。各级党委宣传部门、政府司法行政部门负责本地普法工作的规划制定实施、协调指导和检查考核。各级人大对普法决议、决定的贯彻落实情况进行监督。完善谁执法、谁普法的工作机制和属地管理的责任机制，强化各地、各部门、各行业、各单位的普法责任。将普法工作纳入各级党委、政府绩效目标考核范围。建立健全普法教育评估考核和激励机制，确保普法教育制度、人员落实到位，相关经费纳入同级财政预算。扎实开展法律进机关、进学校、进乡村、进社区、进寺庙、进企业、进单位活动。

2. 加强对重点对象的法制教育

突出各级干部特别是领导干部学法用法的示范作用，制定加强领导干部学法用法工作实施意见。建立健全各级党委（党组）中心组定期学法制度和政府常务会议学法、专题法制讲座、集中培训等制度，系统制定领导干部年度学法计划并组织实施，确保学法效果。建立领导干部任前法律知识水平培训、考试及公务员录用法律知识测试制度，建立公职人员学法用法考核制度及任期内依法行政情况考查制度。把法制教育列入各级党校、行政学院（校）和各级各类学校教学计划并组织实施，做到教材、师资、课时、经费、考试“五落实”，中小学校100%配备法制副校长、法制辅导员。发挥警示教育基地职能，以真实案例强化法制宣传教育，每个县（市、区）至少建立1个青少年法制教育基地。建立健全企事业经营管理人员学法用法制度，积极推行企业法律顾问制度。按照属地管理和谁用工、谁培训相结合的原则，把法律常识教育列入劳务培训学习计划，流出地党委、政府有计划地开展对外出务工、经商人员的行前法制宣传教育。建立农村普法队伍，开展针对性法制教育，大力培养农村“法律明白人”，深入开展送法下乡活动，扩大法律类报刊书籍在农家书屋中的比重。面向残疾人、失地农民、城市流动人口、下岗失业人员等人群，开展以改善民生、依法维权为重点的法律法规宣传。加强民族地区的法制宣传，加强以民族干部为骨干的法制宣讲队伍建设。支持工会、共青团、妇联等人民团体对所服务群体开展普法工作。

3. 加强法治理论研究和法治文化建设

积极推进社会主义法治文化建设，加强法治文化阵地建设和法治文化作品的创作与推广，完善公共场所法制宣传教育设施，鼓励和引导各类媒体开展形式多样的法治文化传播活动。发挥高等学校、科研院所、法学研究机构和行业协会、学会作用，组织开展重大法治课题研究，为依法治市提供理论支撑。鼓励、支持和引导各级各类文化艺术表演团体创作群众喜闻乐见的法治文化作品，定期在街道社区、农（牧）民聚集点、工业（产业）园区、项目建设工地等开展法治文化宣传。市、县（市、区）主流媒体应当至少开办一档定期的普法节目或者专栏。加强公共场所法制宣传教育阵地建设，推进法制公园、法制广场、法制长廊、法制板报等载体建设。鼓励创办法律网站、法律博客微博、法制手机报等新型普法载体。

4. 坚持法制宣传教育与法治实践相结合

全面开展法治市、法治县（市、区）、法治乡镇（街道）和民主法治示范村（社区）活动，推进学法用法示范机关（单位）、依法行政示范单位和诚信守法企业等活动。将法制宣传融入法律服务之中，探索建立集合法制宣传、法律咨询、人民调解、法律援助等职能的法律服务平台，加强 12348 法律咨询热线建设。

七、提供切实有效的组织保障

法治绵阳建设涉及各个方面的工作，为有效推进这一工作，必须达到组织保障有力。

1. 加强组织领导

依法治市在市委统一领导下进行，各级党委（党组）书记为第一责任人。成立依法治市领导小组，研究解决依法治省中的重大问题。各级党委要加强对本地区法治建设的领导，做出安排部署，强化督促检查。各级人大要适时做出决议、决定，督促“一府两院”贯彻实施。各级政府、法院、检察院要结合自身职能，制定实施意见。各地要把法治建设纳入当地经济社会发展总体规划，按照依法治省的总体目标和阶段性任务要求，结合本地实际，统筹规划、整体推进、有效实施。

2. 健全推进机制

在法治绵阳建设中，要将具体工作任务分解落实到党委、人大、政府、政协、法院、检察院及有关部门和单位、人民团体的任务和责任，明确责任单位和责任人。建立科学的法治建设指标体系和考核标准，制定考核办法，将依法治省工作纳入各地、各部门绩效目标考核内容，并将考核情况作为各级领导班子和领导干部考核和年度述职述廉报告的重要内容

3. 加强队伍建设

加强行政执法队伍建设，加强食品药品、安全生产、环境保护、劳动保障等重点领域基层执法力量，实行持证上岗和资格管

理制度，强化培训考试，提高行政执法水平。加强政法队伍依法履职能力建设，增强民族地区基层政法力量，不断提高法官、检察官、人民警察的思想政治素质、职业道德素质、业务素质和做好群众工作能力，稳定基层政法队伍。加强法制机构及法律服务队伍建设，提高业务素质和法律服务水平。

第七章　围绕反腐倡廉建设，强化权力运行制约监督体系

党的十八届三中全会站在战略和全局高度，将监督制约权力作为深化改革的重要内容，明确要求“要强化权力运行制约和监督体系，构建决策科学、执行坚决、监督有力的权力运行体系”。绵阳当前正处在建设西部经济文化生态强市的关键时期，加快发展的任务十分艰巨，尤其需要一支廉洁务实的干部队伍，需要一个风清气正的政治环境。因此，认真贯彻落实中央和省委深化改革的重大部署，在完善权力运行与监督体制方面积极探索、大胆创新，努力实现干部清正、政府清廉、政治清明，为全市经济社会又好又快发展清障开道、保驾护航，是当前和今后需要认真思考和切实加强的重要理论和现实问题。

第一节　反腐倡廉建设的成就与存在问题分析

一、加强权力运行制约与监督的主要成就

近年来，绵阳市高度重视党风廉政建设和反腐败工作，大力推进惩治和预防腐败体系建设，切实加强对权力运行制约与监

督，取得一定成效。

1. 建立健全民主科学决策机制

近年来，全面实行“三重一大”决策制度，做到凡是重大事项决策、重要干部任免、重要项目安排、大额资金的使用，必须经常委会集体讨论决定，有效防止决策失误；推行任用干部常委会票决制、重要干部全委会票决制，创新采用干部任免电子票决方式，切实保证了干部选任民主；大力实施决策听证制度，使决策成为开门纳谏、集思广益、充分沟通的过程；健全决策纠错机制，适时对决策实施和效果进行评估，通过网络问政、信访举报、调查研究、公开听证等方式，广泛收集社会各界意见建议，主动发现决策实施过程中的问题，及时完善调整决策。

2. 促进权力依法公开透明运行

大力实施党务、政务和村（居）务公开，做到政策规定应该公开的必须公开，群众关注的必须公开，最大限度地满足了党员群众的信息需求。积极推进行政权力依法规范公开运行平台建设，全面清理规范行政权力。截至 2014 年 1 月，共录入行政权力事项 4 620 项，进入平台运行的行政权力事项 4255 项，基本实现与全省行政权力依法规范公开运行平台联网运行。畅通群众诉求渠道，搭建党委政府与群众沟通交流平台，创新开展网络理政，办好阳光政务热线，解决了一大批群众关注的热点难点问题，热线群众满意率连续 3 年达 95% 以上。

3. 大力深化行政审批制度改革

深入推进行政审批制度改革，大力清理砍价行政审批事项。全面建成市县乡村四级“一站式”政务服务平台，全市 9 个县市区、287 个乡镇（街道）和 3 714 个村（社区）全部建立了政务服务中心、便民服务中心和便民服务室。扎实推进“两集中、两到位”，开通政务服务“绿色通道”，开发运用行政审批多媒体评价系统，政务服务效率明显提升。截至2013年年底，市级部门保留行政审批项目211项，减少112项，减少了34.67%，办件平均提速68%，进驻政务服务中心的行政审批项目平均提速75.2%。行政审批流程总共减少申请材料281项，减少办理环节107个。

4. 健全相互制约的权力结构

深化行政管理体制和政府机构改革，加大机构和职责调整整合力度，最大限度地解决职能职责越位、缺位、错位和交叉重叠的问题。据统计，在2010年政府机构改革中，市级部门共取消、转移和下放职能39项，新增和加强职能121项，新组建部门7个，撤销、合并部门16个，调整并规范部门6个，更名部门2个，市政府工作部门减少到33个。开展县委权力公开透明运行试点工作，完善市县委常委分工负责制度。各级纪检监察机关坚持突出主业，转变职能，对纪委书记分工进行全面清理，严格落实市县纪委书记、部门纪检机构负责人不分管与监督职能无关的业务。

5. 增强权力监督的整体合力

立足绵阳实际，加强惩治和预防腐败体系建设，按照“制度+科技”的思路，构建起“7+3”惩治和预防腐败体系基本制度框架。围绕重点行业、重要部门、重点岗位，开展廉政风险防控机制建设，增强了各级各部门和党员干部权力风险意识和管控能力。理顺公共资源交易监管体制，成立市县两级公共资源交易中心，编制“绵阳市公共资源统一进场交易项目目录”，将工程建设、土地矿权、政府采购、经营权出让等6大类百余个项目纳入中心，解决了市场分散、管办不分、监管松散等问题。开展“一评五制三整顿”活动，重点整治软环境问题，狠刹“不花钱、不请客、不送礼就不办事”等歪风。坚持“老虎”“苍蝇”

一起打，加大违纪违法案件查办力度，保持了惩治腐败的强劲势头，对权力腐败行为形成强大威慑。创新领导班子和党员干部考核评价机制，开展党风廉政建设社会满意度测评，创新开展下级党组织负责人向上级纪委全会述责述廉工作，强化责任追究，倒逼各级各部门重视履好职、尽好责，管好权、用好权。

二、权力运行制约与监督中存在的问题

政治体制改革具有渐进性特点，加之思想认识、技术手段运用和权力自身特点等诸多因素影响，权力运行制约与监督还有不少问题需要解决。

1. 监督主体受制

目前大部分监督机构受同级党委、行政首长和上级监督机关多重领导，致使监督主体受制，缺乏独立性和权威性，对同级党政的监督难以实施或较为乏力，对下级的监督有时也会受到同级党政的掣肘，导致上级监督太远、同级监督太软、下级监督太难的现象。现行监督体制，在确保监督权的行使与到位方面都存在缺陷，尤其是同级对同级或同级体制内部的监督效果欠佳。

2. 监督意识淡薄

由于受根深蒂固的封建思想文化影响，加之基层民主政治建设还处于初级阶段，导致部分党员干部群众的民主观念淡薄，监督意识不强，一些党员领导干部官本位思想浓厚，不能正确认识和自觉接受监督。同时，伴随着市场经济的发展，腐败文化滋生蔓延，对人们的权力关、地位观和价值观造成负面冲击，部分党员领导干部将权力当作自己的私产、谋取私利的工具，不少干部群众对权力腐败态度淡漠，有的甚至自觉不自觉地参与其中，这些都很大程度影响了对权力的监督。

3. **监督手段乏力**

一是对权力运行监督与制约内容单一，存在“五多五少”的问题，即：监督违纪违法多，监督决策失误、工作失误少；事后追责多，日常监管少；具体微观事项监督多，全面宏观控制少；对事的监督多，对人的监督少；行使任免权多，行使弹劾权少。二是对权力运行监督与制约方向单一，自上而下监督较为有力，也比较容易实施，但自下而上的监督相对薄弱，特别是对党员领导干部和对重点部门、重点岗位干部的监督难度大，而且权力越大，制约越小，监督越难，导致权力运行个别点位成为监督与制约的盲区。三是对权力运行监督与制约手段单一，对权力监督制约的系统研究不够，法制建设滞后，有的制度法规缺乏相应的配套制度或实施办法，操作性、程序性、规范性不强，事前、事中、事后监督相互脱节，被动应付多，主动预防控制少，外部监督多，内部监督少；过多采取监督检查、事后追责等传统监督方式，运用现代管理科学和技术手段还不多，难以从源头压缩权力寻租空间，导致权力寻租的成本较低。

4. **监督渠道不畅**

监督机构重叠设置、力量分散，有的监督职能交叉重复、职责不清，有时同一事项受不同部门的监督，政出多门、边界不清、多头监管的“九龙治水”现象比较普遍，以致具体监督过程中局限性和弹性较大，监督的综合效果难以发挥，不但导致监督流于形式，有时还让监督成为违纪违规行为的“挡箭牌”。有的监管部门往往既是权力运行的主体，又是监督主体，集“运动员”和“裁判员”于一身，导致“同体监督”现象。“多头监管”和“监管缺位”恶性互动，严重阻碍了对权力运行的监督与制约，为权力设租寻租提供了较大空间。同时，由于在保障公民民主监督权力方面存在不足，公民的知情权、参与权、监督权等不到有力保障，客观上造成人民群众难以监督公共权力。

5. 监督成本过高

专门监督机构在实施监督过程中，往往受到同级党委政府左右，有时囿于政治生态环境制约，出现自我保护的倾向，出现监督选择性失聪失明，特别是对实权在握的重要部门和关键岗位的监督，瞻前顾后、缩手缩脚，不敢大胆主动监督。有的党员干部和社会群众，既是权力不规范运行的受害者，又是受益者，面对权力滥用、以权谋私等不良现象，缺乏监督勇气，甚至想方设法接近权力、利用权力。同时，有的领导干部或利益群体，民主法制观念淡薄，对监督者特别是对普通党员干部和群众的监督极度排斥，甚至恶意打击报复，极大挫伤了人民群众对权力监督的信心。

第二节　新时期反腐倡廉建设的目标和任务

在新的历史时期加强反腐倡廉建设，要坚持以中国特色社会主义理论体系为指导，深入贯彻落实党的十八大、十八届三中全会和习近平总书记系列重要讲话精神，认真落实中共中央《建立健全惩治和预防腐败体系 2013—2017 年工作规划》（以下简称《工作规划》）、四川省委《建立健全惩治和预防腐败体系 2013—2017 年实施办法》（以下简称《实施办法》）和绵阳市委《关于建立健全惩治和预防腐败体系建设 2013—2017 年实施意见》（以下简称《实施意见》）的总体部署，坚持围绕中心、服务大局的总体思路，坚持标本兼治、惩防并举，坚持改革创新、完善机制、分层分类、系统治理，重点突破、整体推进的基本原则，以改革精神加强反腐败体制机制创新，努力实现干部清正、政府清廉、政治清明，把建设廉洁绵阳与建立健全惩治和预防腐败体系的各项任务有机融合。

一、深入推进党的作风建设

坚持“全心全意为人民服务”的宗旨，坚持理论联系实际、密切联系群众、批评和自我批评的优良作风，依照党章从严治党，采取坚决有力的措施，痛下决心，排除阻力，克服各种腐败现象，恢复和发展党和人民群众的血肉联系。

1. 坚持党组织从严抓党风

各级党组织要把管党治党作为主要职责和根本任务，扎实推进党的作风建设，牢记“务必”，大力弘扬理论联系实际、密切联系群众、批评与自我批评及艰苦、求真务实的优良作风。认真履行抓党风建设和工作责任，一级管好一级、一级带着一级。坚持把从严要求贯穿于领导班子和干部队伍建设的全过程，建立健全从严监督管理干部责任制，加强对下级党组织及组织从事部门落实责任制情况的检查。各级领导干部要讲党性，带头清正廉洁。

2. 全面落实中央八项规定，省委、省政府十项规定和市委市政府七项规定精神

切实纠正“四风”，不断巩固和扩大作风建设成果。坚持集中督查、定期检查和随机抽查相结合，盯住重大节假日开展廉政提醒和明察暗访，一个时间节点和一个时间节点地抓，及时发现问题、督促整改。加强日常管理，执行制度政策规定做选择、打折扣、搞变通行为，坚决防止反弹。各级领导干部要带头落实作风建设各项要求，把遵守和执行情况纳入述职述德述廉的重要内容。严肃查处和通报、曝光违纪违规行为

3. 建立健全作风建设长效机制

继续把党的群众路线教育实践活动融入中心工作，联系本地、本部门实际，以党章为镜，对照党的纪律、群众期盼、先进典型，查摆问题，把教育实践活动中的好经验、好做法长期坚持下去，健全作风建设常态化。深入推进肃风正纪。专项整治“文山”“会海”，检查评比泛滥，公款送礼、公款吃喝、奢侈浪费，违规配备和使用公车，超标准使用办公用房，违规建设楼堂馆所，“三公”经费违规支出，统计数据弄虚作假，搞不切实际的“形象工程”和“政绩”，政绩分割群众利益行为等突出问题。

4. 严明党的纪律

各级党组织和广大党员干部要自觉学习党章、遵守党章、贯彻党章、维护党章，自觉反对特权思想、特权现象，自觉按照党的组织原则和党内政治生活准则办事，牢固树立党的意识和组织纪律观念。严格执行党的政治纪律、组织纪律、财经纪律、工作纪律和生活纪律等各项纪律，坚决克服组织涣散、纪律松弛问题。坚持把严明党的政治纪律放在更加突出的位置，加强对中央省市重大决策监督检查，确保政令畅通、令行禁止。加强执纪监督，强化纪律刚性约束，严肃查处违反党的纪律行为。

二、坚决有力惩治腐败

当前正处于全面深化改革关键时期，环境复杂多变，滋生腐败的土壤依然存在，反腐败形势依然严峻复杂，要把坚决遏制腐败蔓延势头作为全面推进惩治和预防腐败体系建设的重要任务，保持惩治腐败的高压态势。

1. 保持惩治腐败的高压态势不变

坚持“老虎”“苍蝇”一起打，以零容忍态度坚决惩治腐败，既坚决查处领导干部违纪违法案件，又切实解决发生在群众身边的腐败问题。坚持党纪国法面前没有例外，不管是什么人，不论其职务多高，只要触犯了党纪国法，都要一查到底，绝不姑息。以猛药去疴、重典治乱的决心，刮骨疗毒、壮士断腕的勇气，严格审查和处置党员干部违反党纪政纪、涉嫌违法的行为。坚决查办大案要案，严肃查办领导干部贪污贿赂、权钱交易、腐化堕落、失职渎职案件；严肃查办执法、司法人员徇私舞弊、枉法裁判、以案谋私的案件；严肃查办严重违反政治纪律案件；严肃查办群体性事、重大责任事故背后的腐败案件；严肃查办发生在重点领域和关键环节的腐败案件；严肃查办商业贿赂案件，加大对行贿行为的惩处力度。对发生重大腐败案件和严重违纪行为的地方和部门实行“一案双查”，既追究当事人责任，又倒查追究相关人员领导责任。

2. 严肃查处干部选拔任用上的腐败问题

坚持正确的用人导向，选好用好干部，让弄虚作假，不干实事，会跑会要的干部没有市场、受惩戒，形成风清气正的用人环境，加强对《党政领导干部选拔作用工作条件》等党内法规执行情况的监督检查。坚持和完善立项督查制度，认真查核心群众举报的选人用人方面的不正之风和腐败问题，对违反组织人事纪律，跑官要官，拉票贿选、跑官卖官等问题依纪依规严肃处理。加大“带病提拔”倒查和用人失察责任追究力度，查处当事人，追究当事人。

3. 加强查纠不正之风力度

坚决纠正损害群众利益的不正之风，整治社会保障、教育医疗、食品药品、安全生产、保障性住房、征地拆迁、环境保护、扶贫救灾等涉及民生的突出问题；坚决查处发生在群众身边的以权谋私问题，治理乱收费、乱罚款、乱摊派等问题；认真落实领导干部廉洁自律规定，坚决纠正违规收送礼金、有价证券等问题。开展不正之风专项整治，强化责任追究，深化“阳光政务”政风行风热线，健全查纠不正之风工作长效机制。

4. 理顺腐败问题运行机制

建立健全反腐倡廉预警机制。畅通举报渠道，健全信访举报线索及时受理和问题线索主动发现机制，强化网络举报的快速处理。完善案件线索管理机制。坚持抓早抓小，治病救人，对反映党员干部苗头性、倾向性问题，早发现、早提醒、早纠正、早查处，防止小问题变成大问题。对发现的问题线索，及时采取约谈、函询等方式向本人和组织核实，加强诫勉谈话工作。健全查办案件组织协调机制，加大对重要、复杂案件的协调、指导和督办力度。健全涉刑案件移送司法前审查制度。完善基层办案指导督办机制。严格查办案件程序，严明办案纪律，依纪依法、安全文明办案，提高办案质量、效率和效果。建立反映失实情况及明澄清制度，保护干部干事创业的积极性，支持干部大胆改革，勇于担当。

三、科学有效预防腐败

认真落实省纪委《关于建立“积极预防、系统治理”工作机制的意见》和市纪委《关于建立反腐倡廉预警机制的意见》，建立“积极预防、系统治理”工作机制，推进廉政风险防控机制建设，探索社会领域预防腐败工作，分级实施预防腐败创新项目，探索推进科技防腐平台建设。

1. 加强廉政教育

坚持将党风廉政教育纳入学习型党组织建设，作为党委中心组学习、专题民主生活会和三会一课的重要内容，作为各级党校、行政学院（校）和其他干部培训机构的必修内容。分级举办廉洁从政专题研修班，定期举办市管新任职干部岗前培训。坚持新提拔领导干部廉政知识测试和廉政谈话制度。深化“廉政教育大讲堂”活动，各级党政主要负责同志和纪委负责同志要带头讲廉政党课、作廉政报告。

加强警示教育，办好市级媒体“党风廉政建设项目——我们在行动”，加大公开点名通报曝光典型案件力度。完善反腐倡廉警示教育常态机制，全面推行“会前学纪学法”。强化示范教育和岗位廉政教育。建立“以案明纪、以案预警”警示教育机制。加强典型案件的深度剖析，分专题、分领域、分岗位制作一批警示教育专题片。开展新任职领导干部、后备干部、案发地区干部集中警示教育活动，强化教育的针对性。

2. 推进廉政文化建设

深入挖掘我市廉政文化资源，将培训崇廉尚洁价值理念融入国民教育、精神文明建设和法制教育之中。发挥廉政教育基地、文化馆和纪念馆等的作用。开展廉政文化创建活动，全面推进廉政文化“八进”工程，打造一批廉政文化示范点。把廉政题材纳入种类艺术创作及报刊、图书计划，打造具有绵阳特色的廉政文化精品。

加强宣传和舆论引导工作。深化全市反腐倡廉“大宣教”格局，把党风廉政建设和反腐败宣传教育工作纳入党委宣传教育工作纳入党委宣传教育工作总体布置和年度安排。大力宣传党风廉政建设和反腐败工作的方针政策、决策总署和工作成效。党报党刊、电台电视台和重点网站和新媒体平台要办好反腐倡廉专栏和专题，建立网、报、台、新媒体联动机制，完善反腐倡廉网络传情信息工作机制，正确引导反腐倡廉热点问题和突发事件舆论。健全新闻发布制度，严肃宣传纪律，加强对外宣传工作。

3. 完善反腐倡廉法规制度

制定《绵阳贯彻党政机关厉行节约反对浪费条件实施意见》，进一步建立健全国家工作人员因公临时出国、党政机关国内公务接待管理、党政机关楼堂馆所建设、办公用房清理、因公出差管理和公务用车配备使用管理等方面的制度规定，规范并严格执行领导干部工作生活保障制度，切实解决违反规定和标准享受待遇等问题。完善领导干部报告个人有关事项制度，试点推行新提拔领导干部有关事项公开制度，制定配偶已移居国外的国家工作人员任职岗位管理办法实施意见。督促引导党员公私分明、克己奉公、严格自律，从源头上杜绝“四风”问题。

强化反腐倡廉法规制度执行力。完善法规制度的审议审核、即时清理和备案审查机制。加强反腐倡廉法规制度执行情况的监督检查，严肃查处随意变通、拒不执行制度的行为。

4. 实施各级预防腐败战略

以主要领导干部和权力部门、资金密集领域为重点，开展系统化防治腐败工作，实施预防腐败创新项目，推进一批市级创新项目，深化廉政风险，防止利益冲突，强化科技防腐。推进党务、政务、司法和各领域办事公开，深化财政预算决算、部门预算决算、重大项目和社会公益事业信息公开。探索建立对县市区主要领导离任生态环境审计和评估机制。加强对国有企业、事业单位和金融机制落实“三重一大”制度情况的监督。

四、强化权力运行监督

权力过分集中、缺少制约和监督，必然滋生腐败。制约和监督权力，必须加快建立决策权、执行权、监督权既相互制约又相互协调的权力结构和运行机制，强化权力的内部制约和外部监督，促进权力规范行使。

1. **加强党内监督**

健全民主集中制，完善党委领导班子议事决策规则，常委分工负责等制度。强化对民主集中制执行情况的检查监督，落实集体领导和分工负责、重要情况通报和报告、述职述廉、民主生活会、信访处理、谈话和诫勉、询问和质询、特定问题调查等监督制度，加强和改进对主要领导干部行使权力制约和监督。健全地方党委常委会定期向全委会报告工作并接受监督的制度。探索全委会提名推荐重要职位干部制度。推进地方党委讨论决定重大问题和作用重要干部票决制。加大对重点地区、重点部门和重要岗位领导干部的经济责任审计问责制度。

2. **加强法律监督**

支持人大及其常委会依法加强对“一府两院”的监督和对法律实施情况的监督。健全法律监督机制。保证审判机关依法独立公正开展行政审判活动，强化检察机关对立案侦查、审判和执行活动的监督。推进审判公开、检务公开。

3. **加强行政监督**

强化对政府职能部门履行监督职责情况的监督。建设行政权力依法规范公开运行平台和监察平台，实现全程监督、实时监控、预警纠错和效能评估。健全权力清单制度，动态调整权力清单。全面规范自由裁量权，依法公开权力运行流程图。建立行政监察和审计监督联运机制，加大行政问责力度。

4. **加强民主监督**

听取人民政协和民主运动党派、工商联、无党派代人士的意见、建议和批评。发挥工会、共青团、妇联等人民团体的监督作用。加强和改进特邀监察员工作。支持和保证群众监督。

5. 加强舆论监督

支持新闻媒体依法监督，运用和规范互联网监督，充分发挥“科技城廉政网”门户网站、“绵阳清风”政务微博等平台的作用。完善信息发布、舆情会商、舆论引导、风险评估、应急处置等机制，提高网络涉腐涉舆情应对能力。

五、深化改革和转变政府职能

转变政府职能，就是要解决好政府与市场、政府与社会的关系问题，通过简政放权，进一步发挥市场在资源配置中的基础性作用，激发市场主体的创造活力，增强经济发展的内生动力，把政府工作重点转到创造良好发展环境、提供优质公共服务上来。

1. 深化行政审批制度改革

坚持简政放权，清理、取消和调整行政审批事项，市场机制能有效调节的经济活动一律取消审批，对保留的行政审批事项要规范管理，对取消的审批事项要加强后续监管。

2. 深化行政执法体制改革

完善行政执法体制，规范行政执法程序，减少行政执法层级，强化行政执法监督，全面落实行政执法责任制，做到严格规范公正文明执法。

3. 深化干部人事制度改革

健全选人用人机制，完善选任制和委任制干部选拔方式。加强干部跨条块、跨领域交流。建立政绩差异化考核和综合评价机制，科学考评领导干部和领导干部。强化对选人用人的过程监督，提高公信度。

4. 深化司法体制和工作机制改革

推动司法廉洁公正，维护司法公平正义。着力解决影响司法公正的深层次问题健全司法权力运行监督机制，落实执法、司法人员办案质量终身负责制，健全冤假错案追究机制。

5. 深化公共资源配置市场化改革

深化公共资源交易平台建设推行公共资源交易电子化和服务标准化。健全公共资源交易领域监管投机。

6. 推进财税、金融、投资体制和国有企业改革

完善省以下分税制财政体制。健全现代金融企业制度，深化国有企业股份制改革，完善政府投资决策和监管机制。

六、加强廉政建设和反腐败工作的组织领导

全面贯彻落实四川省委《关于落实党风廉政建设党委主体责任和纪委监督责任的意见（试行)》和《绵阳市落实党风廉政建设党委主体责任纪委监督责任改革试点工作实施方案（试行)》，完善惩防体系建设领导小组及办公室工作机制，增强工作合力。

1. 严格落实各级党委的主体责任

健全反腐败领导体制和工作机制。各级党组织要切实担负党风廉政建设和反腐败工作的主体责任，当好廉洁从政的表率。各级党政主要负责同志要自觉履行第一责任人职责，班子其他成员严格落实“一岗双责”。健全市委反腐败协调小组机制，充分发挥发挥纪委组织协调作用。各县市区、园区、市级部门、市属国有事业单位主要负责同志每年向市委提交述廉报告。按照各类型单位、局面与口头全覆盖的要求，深化县市区、园区、市级部门主要负责同志向市纪委全会委述责述廉工作。

各级党委、政府要把贯彻落实中央《工作规划》、省委《实

施办法》和市委《实施意见》列入重要议事日程，与经济社会发展同步署、同落实、同检查；支持和保证纪委履行职责，发挥监督执纪作用。各级领导班子主要负责同志要履行党风廉政建设和反腐败工作第一责任人职责，做到重要工作亲自部署、重大问题亲自过问、重点环节亲自协调、重要案件亲自督办。领导班子其他成员根据分工抓好职责范围内的党风廉政建设和反腐败工作。完善党风廉政建设责任制考核办法，加强监督检查，加大问责力度。各级党组织要动员和组织人民群众有序参与党风廉政建设和和反腐败工作，发挥社会各有关方面的积极性。

2. 建立健全协调协同配合的工作机制

各地、各部门要加强分类指导，抓好组织实施，整体推进作风建设、惩治和预防腐败各项工作。惩治和预防腐败体系建设要落实责任，健全联席会议制度，相互支持，相互配合。组织部门要加强对干部经常性的管理监督，坚决纠正选择人（用人）上的不正之风；宣传部门要抓好党风廉政建设和反腐败斗争宣传；纪检监察、司法机关和行政执法等部门要充分发挥发挥纪律约束、法律制裁、经济处罚市场监管、科技支撑作用。

3. 深化社会评价

充分利用少党风廉政建设和社会评价结果，定期开展政风行风群众满意度测评，强化评价结果综合分析，加大考核结果运用力度，深入推进惩治和预防腐败体系建设。

七、改革党的纪律检查体制

党的纪律检查机关，在党内监督中起着重要作用。改革和完善党的纪律检查体制，对于进一步发挥党的纪律检查机关的监督职能具有重要作用。

1. 严格履行制度规范

各级纪委要认真落实加强党风建设和组织协调反腐败工作职责，切实担负惩治腐败责任。坚持和完善约谈制度，建立健全下级纪委负责人向上级纪委及纪检监察派驻机构负责人向派出机关报告工作、定期述职、汇报等制度。

2. 深化党的纪检体制改革

坚持改革精神，按照工作要求和时间节点，全面落实纪检工作双重领导体制具体化、程序化、制度化有关规定，明晰上级纪委对下级纪委的领导责任。进一步健全线索处置、案件查办向上级纪委报告制度，以及上级纪委会同组织部门提名和考察下一级纪委书记、副书记等制度。加强对同级党委特别是常委会成员的监督，更好地发挥党内监督的专门机关作用。进一步明确纪检监察工作职责定位，强化对监管者的监督，逐步实现纪检监察工作治理能力现代化。

3. 强化派驻机构统一管理

认真落实中央纪委规定，全面落实市、县（市、区）各级纪委向党和国家机关派驻纪检机构的制度，实行统一名称、统一管理。规范工作职责，建立工作统筹协作机制，探索分片开展作风巡查、联合办案、协作查信等工作模式，完善派驻机构工作经费保障、考核和问责等机制。在市县级部门开展科（股）室以及直属单位负责人向派驻纪检组述职述廉工作。派驻机构对派出机关负责，切实履行监督职责。驻在部门要自觉接受监督，落实派驻机构人员政治、经济待遇，提供工作保障。

4. 统筹监督资源力量

加强地方纪检监察机关与中央、省驻绵单纪检监察机构在执纪监督、案件查办、政风行风建设等方面的统筹联动。探索建立纪委委员和特邀监察员定期述职制度，进一步明确纪委委员、特邀监察员职责和要求。健全重大事项征求意见、重要情况通报、重点工作调研、重大活动参与等制度，为纪委委员、特邀监察员作用发挥创造条件。理顺市属高等院校、医院、国有企业纪检监察工作管理关系，推进纪检组织规范化建设充分发挥发挥监督制约、风险防空等职能，对市属高等院校、医院、国有企业反腐败工作的组织协调和督促指导。完善市县两级巡视联络机构，认真做好巡视对接、督促指导。

5. 转职能、转方式、转作风

把不该牵头或者参与的协调工作交还给主要责任单位，集中精力抓好党风廉政建设和反腐败工作，做到不越位、不缺位、不错位。加强和改进行政监察工作，注重发挥行政监察的职能作用，形成党政监督的整体合力。

6. 加强纪检监察机关自身建设

教育和引导广大纪检监察干部牢固树立“打铁还需自身硬”“信任不能代替监督”的意识，做到正值人先正己，执好纪、问好责、把好关。健全纪委书记下基层、纪检监察干部定期接访下访制度，开展“纪委开放日”活动，深化纪检监察系统作风巡察，树立忠诚可靠、服务人民、刚正不阿、秉公执纪的良好形象。

第三节　全面深化权力运行制约和监督体系改革的战略部署

加强权力运行制约与监督，最根本的是要坚持用制度管权管人管事。让人民监督权力，让权力在阳光下运行。必须以极大的政治勇气、改革创新精神和务实的举措，科学谋划，统筹推进，不断完善权力运行制约与监督体系。

一、深化纪检监察体制机制创新，提升监督效力

全面落实反腐败体制机制改革各项任务，健全反腐败领导体制和工作机制，确保在党的统一领导下，逐步实现纪检监察工作治理能力现代化。

1. 要强化“两个责任”

深入推进落实党风廉政建设党委主体责任和纪委监督责任改革试点工作，鼓励基层先行先试，创新突破，积极探索落实“两个责任”行之有效的载体和制度机制，在全面清理责任、落实责任的基础上，严格责任追究，深化下级党委（党组）主要负责人向上级纪委全会述责述廉，对重大腐败案件实行“一案双查”，健全责任分解、检查监督、倒查追究的完整链条。研究制定加强纪委对同级党委特别是常委会成员监督的制度办法。

2. 要强化“两个为主”

推动党的纪律检查双重领导体制具体化、程序化、制度化，提高纪检监察机关开展监督工作的权威性和相对独立性，制定查办腐败案件以上级纪委领导为主，各级纪委书记、副书记的提名和考察以上级纪委会同组织部门为主的具体操作办法。

3. 要强化“两个全覆盖”

完善派驻机构统一管理，按照“分类派、全覆盖、统一管”的要求，建立派驻纪检机构工作统筹协作机制，完善考核激励、责任追究、工作保障机制，充分发挥派驻机构对驻在部门的监督作用。完善市县两级巡视联络机构，继续巩固深化党风廉政建设季度巡查。

二、严明党的组织纪律，强化党内监督

严格执行党的政治、组织、工作、财经和生活纪律，是杜绝特权思想、特权现象的重要前提。

1. 要严格落实党的组织制度

严格执行民主集中制、党内组织生活制度等各项组织制度，完善党委领导班子议事决策规则，继续完善地方党委讨论重大问题和任用重要干部票决制，推行“三重一大”民主决策全程纪实，实行决策终身负责制。加强和改进对领导班子及主要领导干部行使权力的制约和监督，健全地方党委常委会定期向全委会报告工作并接受监督，落实集体领导和分工负责、重要情况通报和报告、述职述廉、民主生活会、谈话和诫勉等监督制度。

2. 要从严加强组织管理

切实强化组织管理责任，认真落实领导干部个人重大事项报告制度和个人财产申报制度，切实加强对领导干部特别是主要领导干部的日常监督管理，促进各级领导干部自觉执行组织决定、服从组织安排，正确履职、秉公用权，防止出现不受组织监督约束的特殊党员。

3. 要从严执行组织纪律

把纪律执行情况纳入对党员干部的日常培养、选拔管理和使用全过程，进一步细化违反纪律行为的处理办法，开展常态化监督检查，严格执纪问责，使纪律真正成为带电的“高压线”。

三、切实转变政府职能，推进简政放权

精简权力是转变政府职能的突破口，是有效监督与制约权力

的“当头炮”。

1. 要深化行政审批制度改革

继续做好行政审批事项清理，进一步取消下放行政审批事项，凡是市场能有效调节的经济活动，一律依法取消审批；凡是能精简合并的行政审批事项，一律精简合并，不得违规新设审批事项。清理减少行政事业性收费，规范中介服务行为，有效压缩权力寻租空间。

2. 要推进行政权力依法规范公开运行

管好用好行政权力依法规范公开运行平台，将行政审批系统纳入运行平台，对行政权力事项及运行流程进行集中清理、统一规范，科学编制权力清单，确保内容全面、权责清晰、公开透明。进一步做好政务公开，深化行政审批、公共资源交易等十大领域的信息公开，全面推进决策公开、管理公开、服务公开、结果公开，提高权力运行的透明度。

3. 要严格规范行政执法行为

深化行政执法体制改革，建立健全责权统一、权威高效的行政执法体制，完善行政执法的程序制度，制定行政执法自由裁量权规定，加强对行政执法行为的监督，促进严格规范公正文明执法。

四、规范权力运行程序，强化全程控权

建立健全科学完备的权力运行程序，是有效监督制约权力的关键。

1. 要科学配置权力

对权力进行适当分解，排斥绝对权力，做到分工负责、权责

相符、相互制衡，对一些重要权力，如直接掌管人财物、资金项目审批、公共资源交易，涉及公民、法人及其他组织的利益、人身自由的权力，必须加以分解，交由不同的部门和人员交叉分工行使，改变由同一部门或同一个人多项职权揽于一身的做法。

2. 要规范运行程序

健全细化权力运行流程，加强决策、执行、监督等关键环节制度机制建设，让权力在制度程序框架下有序运行。在重大项目实施、重大资金使用、重大行政事项审批等方面实行流程管理，让权力运行各环节环环相扣、相互制约、无缝衔接、留下痕迹，形成有效的内部监督机制。综合运用现代管理科学和网络信息技术，构建“制度+科技”的权力运行模式，强化对权力的刚性约束，最大限度压缩自由裁量权，从程序和手段上防止“暗箱操作”。

3. 要强化风险防控

围绕腐败问题易发多发的重点领域、重点部门和重要岗位，查找廉政风险点，分析评估廉政风险及其危害程度，科学评定风险等级，建立健全集风险评估、风险控制、风险预警于一体的风险防控措施，将权力运行的廉政风险控制在最低限度。围绕工程建设、城乡规划、公共资源交易等重点领域，组织实施一批预防腐败市级试点项目。建立反腐倡廉预警机制，对反映党员干部苗头性、倾向性、普遍性问题，不构成立案标准的，早发现、早提醒、早纠正、早处置，防止小问题变成大问题。

五、有效整合监督力量，实现多维限权

加强权力运行监督与制约，需要各个监督主体共同参与、协同配合、齐抓共管。

1. 要健全权力监督体系

强化纪检监察机关的监督主体作用，纪检监察部门要对各监管部门进行协调、管理和监督，综合运用法律监督、审计监督、民主监督、舆论监督和社会监督，形成条块结合、整体联动、各司其职的大监督格局。

2. 要落实监督责任

针对“九龙治水”的问题，理顺监管体制，按照“谁监管、谁负责，谁牵头、谁负责”的原则，明确职责分工，厘清事前、事中、事后监管责任，切实增强监督实效。

3. 要畅通监督渠道

建立健全权力运行情况通报、沟通交流制度，利用反腐败协调小组、惩治和预防腐败体系建设领导小组平台，加强信息沟通，促进信息资源共享。建立健全党的民主制度和人民民主制度，切实保障党员民主权力和人民民主权力，深入开展网络理政，继续深化阳光政务，畅通党员群众信访举报渠道，让人民积极监督党委政府和党员干部。

六、健全考核评价体系，促进廉洁用权

把加强权力运行制约与监督作为落实党风廉政建设责任制的重要内容，纳入责任制考核和综合目标考核，并全面扩大社会参与度，把考核结果与干部任用用机结合。

1. 统筹党风廉政建设和惩防体系建设

把党风廉政建设和惩防体系建设的部署、督查、考核结合起来，建立健全主体责任机制和台账管理制度，定期开展专项督查，对进展迟缓的项目、单位，督促整改落实。建立工作进展情况通报制度，及时报告有关事项，每半年通报一次有关情况。适

时对各地、各部门贯彻落实中央《工作规划》、四川省委《实施办法》和绵阳市市委《实施意见》情况开展抽查检查。

2. 深化党风廉政建设社会评价工作

要创新评价方式，细化评价标准，完善评价内容，提高评价的针对性、科学性和客观性，并将其作为党风廉政建设责任制考核的重要指标。

3. 强化考核结果运用

将考核结果作为单位及干部个人评先评优、提拔任用的重要依据，加大责任追究力度，对履行党风廉政建设责任不到位、监督制约权力不力、发生违纪违法问题的，要严肃追究领导班子和相关责任人的责任。

第八章　围绕中国西部文化强市建设，创新文化发展体制机制

文化是民族的血脉，是人民的精神家园，是地方凝聚力和创造力的重要源泉。加快文化发展，培育魅力独特的绵阳文化，是绵阳国家科技城提升软实力、增强竞争力的迫切需要，是发挥文化引领风尚、教育人民、服务社会、推动发展作用的重要保障，是尊重人民群众基本文化权益、促进人的全面发展和文化事业可持续发展的重要途径。为大力发展社会主义先进文化，满足绵阳人民日益增长的多层次精神文化需求，绵阳市委市政府围绕“建设西部文化强市”目标，提出了创新文化发展体制机制的改革任务。

第一节　文化强市建设的成就与存在问题分析

近年来，绵阳市高度重视文化发展，培育和践行社会主义核心价值观，以激发文化创造活力为中心环节，深入扎实推进文化建设，文化体系逐步形成、文化生活日益丰富、文化事业和文化产业稳步发展，同时也存在文化发展同经济社会发展、人民日益增长的精神文化需求还不完全适应，文化体制机制还不能释放发

展潜能等问题。

一、文化强市建设取得的成就

1. 文化体系逐步形成

一是文化产业体制改革稳步推进。先后实施了全市文化市场综合执法改革和文化、广播影视、新闻出版部门整合，完成了国有文艺院团和经营性文化单位转企改制，成立了绵阳市艺术剧院有限责任公司、绵阳市非物质文化遗产保护中心和绵阳新报广告传媒有限责任公司，初步建立起有利于文化产业发展繁荣的体制机制。二是文化产业促进体系初步形成。出台了《关于加快文化改革发展，建设西部文化强市的决定》《关于进一步加快服务业发展的意见》《关于实施“千英百团”聚才计划加快推进高层次人才队伍建设的意见》等政策文件，确立了“建设西部经济文化生态强市”的发展定位，各县市区相继制定出台了文化产业发展规划。三是文化事业政策体系逐步形成。制定出台了《中共绵阳市委关于加快文化改革发展，建设西部文化强市的决定》《中共绵阳市委关于建设西部经济文化生态强市的决定》《绵阳市优秀作品和文艺创作扶持管理办法》等一系列重要政策文件；设立了每年 1 000 万元市级文化事业发展专项资金；对转企改制国有文化企业提供财政专项资金支持，落实了税收优惠政策；结合文化遗产保护和服务业发展工作，对文化创意产业发展和文化遗产保护工作提供了有力的政策支持。四是公共文化服务体系基本建成。灾后投入资金 20 多亿元，基本完成文化基础设施建设任务。新建了广播电视大楼、报业大楼、博物馆（在建），拓展了市图书馆、市文化馆等文化阵地功能，基本形成县有“两馆”，乡镇有综合文化站，村有文化活动室、广播站和农家书屋，城市社区有文化中心和社区书屋的市、县市区、乡镇、行政村（社区）

的四级文化基础设施体系。

2. **文化产业和文化事业稳步发展**

一是文化产业园区建设顺利推进。以推动文化产业集聚发展为目标，实施了一批重大文化产园区建设项目。游仙区丰泰印刷包装产业园、中国科技城文化艺术广场、“天之和”太极文化产业园、盐亭县嫘祖故里文化产业园、江油市李白故里文化产业园、梓潼县七曲山风景区、安县调元文化产业园、羌王城文化产业园，涪城区126文化创意产业园等一批重点项目正在规划建设中，一些项目已经取得较好成效。二是广播电影电视事业健康发展。以“有线、无线”传输覆盖为手段，已建成比较完备的广播电视网络体系。目前，全市已建成8个地面数字电视前端，地面数字电视“村村通”工程已覆盖近5万用户。广播影视数字化取得突破性进展，市级广播电台、电视台基本实现台内数字化、网络化；有线电视数字化发展迅速，在推进整体转换的同时，加快了双向化改造进程；移动多媒体广播电视、网络电视、IP电视等新媒体发展迅速。三是新闻出版事业蒸蒸日上。截至2012年，全市共有报刊出版单位19家，其中报纸出版单位3家、期刊编辑部16家（其中非法人单位编辑部15家）、出版物发行单位529家，全市报纸期刊业、出版物发行业获得较大发展。全面完成3 347个行政村农家书屋建设任务，实现100%覆盖全市行政村的建设目标，成功举办一系列全民阅读活动。全市社区书屋建设全面启动，已建成社区书屋290个。四是文化遗产得到有效保护。全市拥有国家级文保单位18处，博物馆10座，馆藏文物1.3万余件；拥有400余项非物质文化遗产名录，其中省级非物质文化遗产代表性项目名录33项，市级非物质文化遗产代表性项目名录123项；现有国家级非物质文化遗产代表性传承人2人，省级代表性传承人32人，市级代表性传承人116人。羌族文化生态保护实验区各项工作逐步展开，有力地推动了羌族文化保护事业的健康发展。五是文艺创作与对外文化交流成果丰硕。成功推出大型舞蹈诗剧《大北川》、方言话剧《咱们的牛校长》、川调歌舞剧《黄颜色·绿颜色》、音乐剧《七彩云朵》、羌族歌舞剧《禹羌部落》等一大批优秀文艺作品。《大北川》两度荣获四川省“最佳剧目奖”，在第二届全国戏剧文化奖评选中夺得原创剧目大奖、编剧金奖等9项大奖。六是哲学社会科学事业蓬勃发展。已建立市级社科组织（学会、协会、研究会）近100个、县级社科联9个、高校社科联7个、省市级社科宣传研究组织130多个、社科骨干近3万人，形成了比较完整的哲学社会科学组织体系与工作体系。

二、文化强市建设中存在的主要问题

1. 城市公共文化服务设施偏少

绵阳市市级公共文化设施大多建于20世纪80年代，容量不足，装备落后，远离中心城区，难以为市民提供便捷、充分、高效的公共文化服务。城市社区公共活动场所不足，导致社区书屋等公共文化服务设施建设项目落地困难，社区文化设施普遍缺乏，制约了基层公共文化服务的有效供给。必要的发展平台和经费保障的缺乏，使绵阳市社科组织和社科专家为地方发展服务的积极性受到影响。

2. 文化发展资金投入不足

各级财政文化事业资金投入绝对数逐年增加，但文化事业投入占财政支出比重仍然偏低。相比其他事业费占财政支出比重的大幅增长，文化事业费占财政支出比重一直在相对回落，文化事业与其他社会事业保障水平的差距逐渐拉大。优秀哲学社会科学研究缺乏扶持资金，人文社会科学讲坛专项资金尚未落实，市县两级社科普及基地缺少经费支持。

3. 文化遗产保护工作亟待加强

在文化遗产保护观念上，不能正确认识和妥善处理文化遗产保护与经济建设、社会发展的关系，把文化遗产保护视为经济发展的负担。对于列入名录的非物质文化遗产项目，缺乏科学保护计划和具体保护措施。由于经费投入不足，非物质文化遗产保护工作得不到充分保障，非物质文化遗产珍贵实物资料流失现象还未得到有效遏制，破坏性开发现象还较为突出。

4. 文化人才短缺矛盾突出

绝大多数乡镇综合文化站未落实专职兼职工作人员，众多文化站的建设与维护依赖为数不多的民间志愿者，制约着文化站服务功能的发挥；一些县级文物博物馆没有专业技术人员；基层群众文化活动缺少足够的人才保障。在高层次人才、行业领军人物、应用型人才、复合型人才等高素质文化人才的发现、培育、引进和使用机制等方面面临诸多不足，文化人才工作亟待进改进和加强。

5. 文化事业发展效率偏低

文化事业发展效率评价结果表明，近年来，我市文化事业建设虽然取得了许多可喜成绩，但总体效率仍然偏低。由于没有形成有效的规划与实施，虽然各级财政对文化事业建设的投入逐年增多，但文化事业建设仍然存在着资源浪费现象，全市公共文化服务总体上还无法充分满足市民日益增长的文化需求。

第二节　新一轮文化强市建设的目标和任务

我市围绕建设“西部经济文化生态强市”总体目标，以国家新一轮西部大开发和成渝经济区区域规划实施为机遇，在客观分析绵阳文化强市建设的优势和机遇的基础上，制定新一轮文化强市建设的目标和任务。

一、文化强市建设目标

1. 文化产业发展目标

到 2020 年，将文化产业培育成为全市国民经济支柱产业，形成空间布局合理、产业结构合理、优势特色鲜明、规模效益并重的文化科技产业发展格局。文化产业自主创新能力大幅提升，文化科技基础环境条件得到改善，文化资源与科技资源共享得到增强，文化与科技融合在深度和广度上取得实质性突破，推动我市建设成为经济发展有活力、产业结构水平高、经济社会相协调的国家级文化用品制造基地、国家级科技文化产权交易中心，西部文化科技创意中心和西部文化科技体验中心。

产业整合阶段（2013—2015 年）：到 2015 年，全市文化产业增加值达到 100 亿元，占 GDP 比重达到 5%，从业人数占总就业比重达到 4%，文化产业专项资金支持每年增加 10%，培育重点园区 5 ~ 8 个，骨干企业 10 家，后备上市文化企业 1 ~ 3 家，引进大师级文化人才 5 ~ 8 位，文化产业成为全市国民经济支柱产业。“一核辐射、两带串联、三区联动”发展空间轮廓逐步显现，基本形成以文化创意设计业、文博会展业、数字文化用品制造业、文化休闲娱乐业、现代传媒业、文化艺术培训业等六大行业为主导的文化产业体系，培育一批空间布局合理、辐射带动力强的国家级文化和科技融合示范园区和地方特色文化产业集群，形成现代与传统融合、区域布局合理、组织体系健全、资源集约利用的区域文化产业发展新格局。

跨越发展阶段（2016—2020 年）：到 2020 年，全市文化产业增加值达 250 亿元，占 GDP 比重达到 7%，从业人数占总就业比重达到 6%，文化产业专项扶持资金年均增长 15% ~20%，培养后备上市文化企业 3 ~5 家，打造国际文化博览品牌 1 ~2 个，培育国家级重点园区 1 ~2 个，创建国家级文化品牌 4 ~6 个，培养引进大师级文化人才 10 位，壮大骨干文化企业 40 家，集聚一批在全省乃至全国处于龙头地位的战略投资者。“一核辐射、两带串联、三区联动”发展空间轮廓完全实现，文化与科技融合不断深化，产业结构不断优化，产业链不断完善，产业附加值不断提升。城市文化软实力和影响力充分彰显，形成文化要素集聚、文化创新活跃、文化英才荟萃、文化交流频繁、文化生活多彩的生动局面，成为中国具有影响力的文化科技之都。

2. 文化事业发展目标

根据绵阳城市总体规划确定的区域功能定位，加大对文化建设和发展的资金支持，构筑与人民群众文化需求相适应的公共文化服务体系，全面完成国家公共文化服务体系示范区创建任务，建立起与经济社会发展要求相适应的文化发展格局，形成有效保护、合理利用、展示风貌的历史文化名城保护格局，营造有利于出人才、出精品、出效益的文化发展环境，实现文化与科技的协同创新、传统与现代的融合发展。

稳步发展阶段（2013—2015 年）。全面完成绵阳市“十二五”文化建设各项任务，推进公共文化服务体系建设深入开展，完善公共文化服务体系网络建设，提升公共文化服务体系服务水平，力争全面完成国家公共文化服务体系示范区创建任务。积极推进国家级文化和科技融合示范基地、历史文化名城保护示范区、羌族文化生态保护实验区等建设，搭建文化事业三大发展平台。通过提升公共文化服务水平、繁荣文化艺术精品创作、加强文化遗产保护、推动广播电视新闻出版事业发展、开展文化交流合作、深化文化体制改革以及创新文化市场管理模式，构造文化事业七大支撑体系，全面提高绵阳文化事业发展水平，增强绵阳文化综合竞争实力，使绵阳文化发展主要指标和综合实力跻身西部城市前列。

全面繁荣阶段（2016—2020年）。全面提升文化事业整体素质，全面建成覆盖全市的现代公共文化服务体系，人民群众能够公平、便捷、充分地享有公共文化服务。历史文化与现代文化相得益彰，群众文化与精品文化互相依托，文化和科技协同创新，形成沟通城乡文化、辐射周边区域、连接国内外市场的多层次文化事业发展格局，绵阳城市文化品牌得以彰显。

二、文化强市建设任务

1. 构建具有绵阳特色的文化科技融合产业体系

一是根据现状环境解析、战略目标梳理、产业路径分析，按“空间集聚”原则有机整合资源，与传承城市特色文化相适应，与城市总体空间布局相协调，形成“一核辐射、两带串联、三区联动”文化产业总体空间格局，积极打造国家级文化用品制造基地，国家级科技文化产权交易中心，西部文化科技创意中心，西部文化科技体验中心。二是依托绵阳“中国科技城”和“国家级文化和科技融合示范基地”，积极拓展创意设计业、文博会展业两大新兴产业，优先发展数字文化用品制造业和文化休闲娱乐业两大主导产业，加快培育现代传媒业、文化艺术培训业两大支撑产业，形成“2+2+2”产业发展格局。三是通过实施“羌藏风情”“蜀道怀古”“人文瑰宝”“创意之都”四个重点建设工程，构建绵阳文化产业在民族文化、三国文化、历史文化和科技文化方面的创新路径。

2. 构建能全面提升绵阳文化软实力的事业体系

一是完善公共文化服务体系。依托高新技术推动文化发展，促进文化与科技深度融合，积极提升公共文化服务体系中的科技含量，全方位提高公共文化服务效率与质量，建成具有创新性、智慧性、系统性、公平性、长效性、群众性的城市文化形态。健全以公共文化产品生产供给、设施网络、资金人才技术保障、组织支撑和运行评估为基本框架的覆盖全市的公共文化服务体系。到2020年，基本建成设施完善、运行高效、管理科学、技术先进的公共文化服务体系，更好地满足群众基本文化需求。二是繁荣文化艺术创作。组织实施好“五个一工程”、重大革命和历史题材创作工程，扶持重点舞台艺术作品、重点文学艺术作品和优秀少儿作品创作。以内容创新为核心，以科技创新为动力，建立文艺创作基地，鼓励精品文艺作品和重点文艺作品的创作生产，打造具有地域特色和时代特征的优秀文艺作品，形成一批具有绵阳特色的文化艺术节庆活动、文化品牌活动、优秀剧目和优秀产品。推进文化精品工程建设，促进文学、戏剧、音乐、美术、舞蹈等艺术门类全面繁荣。三是加强文化遗产保护。加强文物工作，力争原真性呈现历史文物、文物古迹和文化遗址，打造绵阳历史文化传承保护网络。完善非物质文化遗产保护制度和工作机制。开展非物质文化遗产普查工作，加强非物质文化遗产名录体系和数据库建设，完善非物质文化遗产代表性传承人保护机制，鼓励非物质文化遗产文化代际传承。借助非物质文化遗产项目展示传承网络和各种各类非物质文化遗产节庆活动，传承弘扬非物质文化遗产。完善文化遗产资源数据库建设，全面实现文化遗产数字化存储和应用，多渠道、多途径宣传、弘扬、传承绵阳文化遗产。进一步加强国家级文物保护单位和国家级非物质文化遗产项目申报工作，到2020年，争取全国重点文物保护单位达到20个，国家级非物质文化遗产达到10项。四是创新文化传播方式。

健全覆盖城乡的广播电视新闻出版公共文化服务体系，完善广播电视“村村通”工程，提高“农家书屋”和“社区书屋”利用率，优化公益性文化内容传播方式。积极运用数字、网络技术等现代科技手段，与绵阳公共文化云平台建设相结合，实现广播电视新闻出版“全媒体”发展模式，提升文化传播能力。加强广播电视内容安全监管，提升应急管理能力，实现广播电视新闻出版动态长效管理。不断提高主流媒体舆论引导能力，构建定位准确、特色鲜明、功能互补、覆盖广泛的舆论引导新格局。五是开展文化交流合作。拓展民间交流合作领域，鼓励表演团体、民间组织、民营企业和个人从事对外文化交流，提升绵阳文化知名度和影响力。加大国内外优秀文化产品引进力度，借鉴吸收世界各地优秀成果和先进理念，丰富绵阳文化内涵，发展提升绵阳文化软实力。打造一批可常年承担对外宣传与文化交流业务的艺术精品，组织开展系列文化展演、交流品牌活动。多渠道、多形式、多层次、全方位参与国内外文明对话，促进不同文化之间的相互借鉴，增强绵阳文化感召力和影响力。六是深化文化体制改革。加快政府职能转变，着力改善政府公共文化管理方式，建立新型文化行政管理体制。充分发挥科技优势，创新文化行政管理思路，建立文化管理网络平台，推进文化管理现代化。实行文化事业单位分类管理，针对不同文化事业的性质和不同文化单位的特点，制定相应的管理措施，将有营利能力的文化单位推向市场，给非营利性文化单位一定的政策倾斜。七是创新文化市场管理机制。继续加大文化市场监管力度，优化文化市场监管模式。发挥政府主管部门对文化市场的宏观调控职能，引导社会资本进入，完善文化市场投融资体制，建立公平、有序、繁荣的文化市场。制定政策措施，推动连锁企业发展，解决文化企业经营分散、不利管理的问题。创新文化市场监管机制，切实发挥文化行政管理部门对于文化市场的宏观调控职能。建立绵阳文化市场监管信息系统，推进文化市场电子政务工作，实现文化市场监管信息化、科学化和规范化。不断加强文化市场综合执法机构组织建设和思想建设，更好地服务于绵阳文化市场建设。八是文化事业重点建设工程。通过文化印迹、文化印象和文化创新，实施绵阳文化建设三大系列工程，构建我市文化事业过去、现在和将来的发展历程和创新路径。

第三节　绵阳全面深化文化发展体制机制改革的战略部署

为深入贯彻落实党的十八届三中全会和四川省委十届四次全会、十届五次全会精神，根据《中共中央关于全面深化改革若干重大问题的决定》和《中共四川省委关于贯彻落实党的十八届三中全会精神全面深化改革的决定》的部署，中共绵阳市委结合绵阳实际，以科学发展为主题，以转变文化发展方式为主线，以构建社会主义核心价值体系为根本任务，以注重社会效益为首要追求，以满足人民精神文化需求为出发点和落脚点，坚持文化事业与文化产业并重，坚持加大投入与体制改革并重，坚持发展繁荣与加强管理并重，切实提升绵阳文化整体形象，努力实现绵阳文化新跨越，创造绵阳文化新辉煌。

一、文化发展战略部署

1. 文化产业发展战略

一是坚持具有绵阳特色的战略定位。立足“富乐之乡，诗意山水；科技之城，智慧绵阳”的城市文化定位，基于丰厚的文化、科技资源，结合文化产业发展宏观环境和市域文化资源、经济社会特征、发展基础与态势等因素，将我市文化产业发展定位确定为文化科技之都，包括国家级文化用品制造基地、国家级科技文化产权交易中心、西部文化科技创意中心、西部文化科技体验中心四大支撑平台。二是坚持基于现代技术的发展战略。坚持数字化、网络化、信息化的融合发展方向。积极利用数字技术、网络技术和信息技术，推动一批全局性、战略性、关键性基础技术突破，大力推动文化与科技深度融合，改造提升传文化产业，大力发展新型文化业态。三是坚持服务文化、服务内容、服务群众的融合发展目标。坚持科技创新、“内容为王”，大力促进多样化、高品质文化产和文化服务的生产；坚持服务群众，增加人民群众的文化选择和文化享受，提供更加丰富的高层次文化消费产品。四是坚持政府引导、企业主体、市场驱动的融合发展原则。充分发挥政府对于文化产业的服务、扶持和引导功能，充分发挥文化企业的主体作用，充分发挥市场在文化资源配置中的决定性作用，打造具有强大竞争力的产业集群，推进文化产业规模化扩张、集群化发展。五是坚持集成技术、创新模式、打造品牌的融合发展策略。综合运用数字、网络和信息技术，改造传统文化产业，催生新兴产业业态。积极探索文化和科技融合相关产业的新型商业模式，注重培育一批具有核心竞争力的园区和企业，打造绵阳文化科技品牌。六是坚持双轮驱动、双向跨界、园区集聚的融合发展路径。以文化创新和科技创新为两大基本动力，鼓励文化企业应用最新科学技术，引导科技企业跨界进入文化产业，依托园区（基地）打造重点产业集聚区，构筑产业发展高地。

2. 文化事业发展战略

一是坚持以人为本、社会效益优先原则。始终坚持把社会效益放在首位，努力实现经济效益和社会效益双赢，发挥市场在文化资源配置方面的决定性作用，提供更多更好的公共文化产品和公共文化服务，增强文化对经济社会的渗透力和影响力。二是坚持统筹规划、全面协调发展原则。科学规划，正确反映和兼顾不同地区、不同部门、不同方面的群众利益，统筹城乡文化、区域文化、精品文化与群众文化建设，统筹协调文化事业和文化产业发展，把握好文化产品的生产与传播、文化资源的存量改革和增量发展，全面繁荣社会主义文化。三是坚持特色引领、整合创新发展原则。注重传统特色文化的挖掘和保护，弘扬绵阳人文精神，进一步加强资源整合开发力度，制定出切合绵阳实际、体现绵阳特色的文化发展策略。创新文化发展思路，深化对文化发展地位、方向、动力、思路、格局和目的认识，加强新形势下文化事业和文化产业发展战略研究，始终把创新作为文化建设的前进动力，努力推进文化内容形式、体制机制、传播手段创新，不断增强绵阳文化发展活力。四是坚持转变方式、加快转型发展原则。适应国家经济社会从“生存型”向“发展型”转变的战略调整，按照“加速发展、加快转型”新要求，结合新型城镇化和社会主义新农村建设，进一步转变文化事业和文化产业发展方式，推动文化建设跨越发展，不断提高文化为社会服务、为群众服务质量和水平，最大限度地发挥文化引导社会、教育人民、推动发展的功能。

二、基于战略部署的体制机制改革

1. 健全文化管理体制机制

一是调整充实绵阳市文化体制改革和文化产业发展领导小组及其办事机构，由市委、市政府牵头，成立跨行业、跨部门、跨领域的绵阳文化建设领导小组，建立高规格、高效能的指挥协调机制，统筹全市文化事业规划和管理。建立绵阳文化产业发展工作联席会议制度，召开一年一度的绵阳市文化产业发展大会，形成各级联动推进机制，提升产业一线指导能力。二是对公益性文化事业单位实行分类管理。对党报、电视台等重要新闻媒体和图书馆、博物馆、文化馆（站）、艺术院团等公益性文化事业单位，要加大投入、改善服务，积极推进劳动人事、收入分配和社会保障三项制度改革，同时采取多种形式面向群众、面向市场，利用市场机制激发自身活力。对事业体制中允许经营的资产和业务，要面向市场转制或重组。三是按照政企分开、政事分开原则，推动政府部门由办文化向管文化转变。完善管人、管事、管资产、管导向相结合的国有文化资产管理体制。深化文化单位法人治理结构改革。健全正确舆论导向的体制机制，加强和改善对新闻媒体的监督。推进市属媒体实施全媒体发展战略，推动传统媒体和新兴媒体融合发展。健全文化市场监管和综合执法运行机制。完善互联网管理体制机制，完善舆论导向管理联动机制、突发舆情应急处置机制。健全新闻发布机制，加大新闻发布频次。建立健全哲学社会科学繁荣发展体制机制，增强服务地方发展能力。围绕城市形象建设和影响力提升，加强重点媒体建设和重大主题对外宣传。充分发挥重要文化节会平台作用，推进文化对外交流。完善基层文化管理体制，创新乡镇文化站发展机制。建立文化发展协调机制。四是按照政府扶持、面向市场、增强活力的要求，创新文化事业单位管理运营机制，探索事业体制企业化管理方式，整合盘活社会文化资源，充分发挥高等院校、研究机构、国有文艺院团的资源优势，引导社会文化资源向公共文化服务领域合理流动。五是制定科学可行、符合绵阳本地实际、兼具前瞻性和可操作性的文化工作综合考核体系，形成量化考核硬指标，定期对各级文化建设工作（镇、街道、村、社区）进行督促、检查，开展“基层文化建设考核”，在此基础上增加对资金投入、文化活动组织、文化资源整合利用等方面的考核，全面评估文化事业单位建设达标情况和发展、创新情况，完善相应的奖惩制度。

2. 完善公共文化服务体系

完善政府主导、社会参与、机制灵活、政策激励的公共文化服务供给模式。建立公共财政保障机制，把主要公共文化产品和服务项目、公益性文化活动所需经费纳入财政预算。建立公共文化协调机制，优化城乡公共文化资源配置。积极培育文化非营利组织，引导和鼓励社会力量、社会资本参与公共文化服务建设。创新社会科学组织和社会文艺团体管理，建立政府资助机制，推行政府购买服务。完善文化惠民长效机制，建立文化惠民项目群众评价和反馈机制。完善历史文化遗产保护管理和传统艺术、传统工艺美术的保护传承机制。建设基层综合性文化服务中心，积极开展社区群众健康文化体育活动，推动农村乡土特色文化健康发展。盘活城乡文化资源，加快完善城乡公共文化服务设施，大力发掘和培育乡土人才。

一是加大财政投入。加大文化事业投入力度。加大财政对文化事业的经常性投入，将政府每年投入公益性文化事业的财政预算比例法定化，确保每年文化财政投入的增幅不低于当年财政收入增幅。逐步增加对文化事业发展、文艺精品创作、社科研究规划、社科优秀成果评奖、人文社科讲坛、社科普及基地、文物保护、非物质文化遗产保护等专项资金投入。加大对基层文化设施建设、文化队伍教育培训等工作的经费投入。对文化馆、图书馆、乡镇综合文化站、非物质文化遗产保护中心等公益性文化事业单位日常工作给予必要的经费保障，保证重大群众文化活动的经费投入。实施文化服务价格补贴政策，对文博会展、文化艺术节等实行票价补贴，让市民以低票价享受高雅艺术。设立文化事业发展专项资金。设立市级、县市区两级财政文化事业发展专项资金，研究制定专项资金支持方向、支持方式和管理方法。文化事业发展专项资金纳入公共财政经常性支出预算，并根据市、县市区文化事业发展实际需要统筹安排。拓宽文化事业发展融资渠道。调整政府投入结构，改革政府投入方式，鼓励文化企业参与文化事业建设，建立多元化投入体系。实行直接投资与间接投资相结合，日常财政拨款与项目资助相结合，实现由“养人头”向“养事业”转变，形成政府投入为主、社会力量积极参与的稳定的公共文化服务投入机制。

二是推进人才建设。强化人才激励保障机制。完善各类人才奖励制度，形成以政府奖励为导向、用人单位和社会力量奖励为主体的人才奖励体系。研究制定奖励标准、办法，建立健全与工作业绩紧密联系、鼓励人才创新创造的分配机制，形成融利益、荣誉为一体的多元激励机制。构建人才发展投入机制。建立健全政府适当投入为引导，用人单位和个体投入为主体，社会投入为补充的多元化人才开发投入机制。建立人才开发专项资金，建立人才计划绩效目标，加强财政人才投入的跟踪管理，加强对人才开发专项资金使用情况的评估，切实发挥人才专项资金的效益。推进文化人才工作创新。改革创新是推动文化人才发展的动力源泉，是文化人才工作保持生机活力的必由之路。围绕文化人才工作关键环节，推进人才工作创新突破，最大限度地激发各类人才的创新激情和创造活力。

三是搭建服务平台。建设公共文化服务组织体系。按照增加投入、转换机制、增强活力、改善服务的要求，深化公益性文化事业单位制度改革，优化内部组织结构和运行模式，建立健全竞争激励约束机制，提高公共文化服务能力和水平；按照“集成、综合、联网”要求，整合基层各类公共文化设施和内容，在接收站点上实现有效对接。加强各级宣传文化阵地管理，提高运行质量和效能，扩大文化服务共享面。充分发挥绵阳高等院校和培训机构作用，形成一支由专业骨干、专兼职服务人员、群众文化积极分子组成的公共文化服务队伍，开展“菜单式”“订单式”公共文化服务，提供个性化公共文化服务，提高针对性和实效性。推进公共文化服务数字化建设。依托现有信息化建设成果和基础资源，进一步提升公共文化服务信息网络能力。扎实推进文化信息资源共享工程、公益性电子阅览室建设，提高数字图书馆、数字博物馆、数字文化馆、数字剧院建设水平。建设完善公共文化内容配送系统等信息平台，有效发挥传统公共文化阵地和各类新兴媒介在公共文化服务中的作用。推进面向基层乡镇文化站、村文化室的信息化建设，实现文化信息内容、信息服务和信息终端进入社区、乡村，缩小城乡数字鸿沟，促进公共文化服务均等化。加快建设完善文化遗产（文物和非物质文化遗产）基础资源库，推进数据资源跨行业应用。搭建多元化公共技术服务平台。搭建数字设计制作、三维数字模拟等公共技术平台，推进信息技术在旅游休闲、民族民俗民间文化以及精品文化工程中的广泛应用。推进基于云计算架构的新型数据中心建设，建成按需服务、弹性扩展的云计算服务平台，构建支撑云计算发展基础设施环境，提高公共文化服务效能。依托省、市高校和研发机构，开展新一代移动通讯技术和无线网络技术研究，积极探索高新技术在文化信息传播、文化网络服务等领域的服务应用；搭建信息管理、展示交易、国内外交流合作等公共服务平台，保障平台建设运营的共享性、有效性和可持续性，提高公共文化服务效率。

3. 构建文化产业发展新机制

完善文化市场准入和退出机制，建立公平竞争和优胜劣汰的市场化机制。加大资源整合和政策扶持力度，加快培育文化要素市场。实施文化品牌战略，推动绵阳国家级文化与科技融合示范基地建设。加强政府财政支持、项目扶持和优先采购文化产品服务，充分运用国家支持文化体制改革的税收、土地等政策措施，支持各类文化企业做大做强。继续推进国有经营性文广新单位转企改制，加快公司制、股份制改造。积极拓展创意设计、文博会展等新兴产业，优先发展数字文化用品、文化休闲娱乐等主导产业，加快培育现代传媒、文化艺术培训等支撑产业。建立健全旅游管理综合协调机制，健全文化旅游产业投融资服务体系，推动文化与科技、金融、旅游、生态、城乡建设融合发展。

一是推进体制改革。巩固发展国有文艺院团和经营性文化单位转企改制成果，深化国有文化企业产权制度改革，探索国有文化企业事业单位资产管理改革。以繁荣发展为目标，创新发展理念，加快文化管理体制改革，在资金、项目、人才引进等方面给予国有文化企业充分的政策支持。加强文化创意产品和要素市场建设，积极打造大企业、大集团，培育、引进战略投资者，鼓励非公有制经济参与产业发展，加快形成统一、开放、竞争、有序的现代文化市场体系。加强文化产业统计工作。对照国家统计局《文化及相关产业分类（2012）》，结合绵阳实际，考虑 GDP 核算需要和数据摸底取样的可行性，补充吸纳地方特色文化产品与服务，建立科学准确的、与国家和四川省有关考核体系相衔接的、创新规范的文化产业统计指标，制定科学准确、便捷高效的文化产业统计调查方法。开展行业协会建设。围绕“政产学研用”，充分发挥文化产业领域各方面作用，发挥代表、沟通、协调、监督、统计、研究、服务等综合职能。充分体现行业协会沟通、协调、自律与助推作用，使之成为连接政府和企业的纽带桥梁，成为沟通经济管理层和社会投资者的向导，成为良好市场秩序、公平市场关系的监督与维护者。放宽市场准入。按照“非禁即入”原则，鼓励和引导非公有资本以独资、合资、合作、联营、参股、特许经营等多种形式公平进入文化产业领域。

二是创新投融资政策。加大财政投入，打造投融资平台。设立每年500万元市级文化产业发展专项资金（专项资金），主要用于支持重大文化产业项目、重点文化产业园区建设和重点文化企业发展。各县市区要建立和增加文化产业发展专项资金。凡获得国家、四川省文化产业发展相关资金资助的项目，市、区两级按照有关规定予以配套支持。积极探索打造绵阳投融资平台，适时组建绵阳文化产业投资公司。鼓励创新信贷服务。引导和鼓励金融机构开发和创新适应文化产业发展需要的金融产品，加大对文化产业的有效信贷投入。按照政府引导、社会参与、市场运作要求，引导各类投资公司参与文化产业项目建设，引导产业投资基金、创业投资机构以及担保机构面向中小文化企业开展业务。支持商业银行和小额贷款组织探索实施知识产权质押贷款及其他非抵押类贷款新模式，对文化自主创新产品或服务出口所需贷款重点支持，实行贷款利率优惠政策。鼓励金融创新，引导风险投资进入文化产业领域，鼓励发展担保服务，鼓励多渠道融资，推动成立专业基金。

三是促进文化和科技融合。鼓励原创文化产品生产。鼓励文化企业自主创新，将文化产品和服务纳入政府采购范围，支持拥有自主知识产权的文化产品与服务参与政府采购招投标；鼓励原创文化项目研发；支持核心技术研发；加强产学研资合作；培育新兴业态。

四是推动集聚发展。提高产业园区集聚度。遵循优化布局、彰显特色原则，重点打造影视制作、创意设计、数字出版、现代传媒、动漫网游、文化旅游等园区。建立和完善重点园区、基地认定制度，实行动态管理。保障园区土地供给，加大入园企业支持力度；盘活社会存量资源；鼓励创建示范园区（基地）；构建公共技术平台。

五是优化发展环境。加强品牌建设，支持文化企业创优创牌；支持举办文化活动；鼓励支持会展业发展；加强知识产权保护；简化行政审批手续，制定《绵阳市文化产业投资指导目录》，对文化经营单位改制、改组，投资兴办文化企业，在政策许可范围内简化审批手续，涉及文化企业的所有企业登记事项全部进入政务服务中心办理，开通绿色通道，实行一条龙服务。

4. 健全弘扬社会主义核心价值观的体制机制

坚持把培育和践行社会主义核心价值观融入国民教育的全过程、落实到经济发展实践和社会治理中，把倡导反映全市人民“最大公约数”的社会主义核心价值体系和核心价值观，通过教育引导、舆论宣传、文化熏陶、实践养成、制度保障等，使之内化为人们的精神追求，外化为人们的自觉行动，使之成为新常态。建立完善政策评估和纠偏机制，鼓励、扶持主旋律正能量文艺作品创作，弘扬主旋律，传播正能量，激发全社会团结奋进的强大力量，理直气壮地唱响网上主旋律，敢抓敢管、敢于亮剑，有理有礼有节地开展舆论斗争，使网络空间清朗起来，成为新常态。建立弘扬社会主义核心价值观常态化实践机制，广泛开展道德实践活动、学雷锋志愿服务活动、群众性精神文明创建活动、节俭养德全民节约行动。坚持以诚信建设为重点，加强社会公德、职业道德、家庭美德、个人品德教育，形成修身律己、崇德向善、礼让宽容的道德风尚。深入开展群众性爱国主义教育及和谐兴家活动，大力弘扬以改革创新为核心的时代精神，弘扬创新创业文化，弘扬伟大的抗震救灾精神和感恩奋进文化。健全优秀传统文化传承体系，大力弘扬作为我们民族“根”和“魂”的中华文化，继承中华民族优秀文化传统，加强对传统文化的创造性转化、创新性发展，不断汲取各种文明养分丰富和发展中华文化。

第九章　围绕保障和改善民生，推进社会事业改革创新

党的十八届三中全会《决定》和《公报》分别提出：“实现发展成果更多更公平惠及全体人民，必须加快社会事业改革，解决好人民最关心最直接最现实的利益问题，努力为社会提供多样化服务，更好满足人民需求。”“要深化教育领域综合改革，健全促进就业创业体制机制，形成合理有序的收入分配格局，建立更加公平可持续的社会保障制度，深化医药卫生体制改革。”

第一节　保障和改善民生的成就与存在问题分析

在近些年的发展中，绵阳高度重视社会事业建设，在保障和改善民生方面也取得了显著成就。但是，面对全面深化改革的新要求，同样还存在着许多问题与不足。

一、教育领域的成就与存在的问题

近年来，绵阳教育领域发生了深刻变化，教育发展步入新的阶段。但绵阳教育如何在全面深化改革的进程中实现新突破，值

得认真思考。

1. 教育改革和发展取得的新成绩

2011年以来，《绵阳市中长期教育改革和发展规划纲要(2011—2020年)》颁布实施，教育发展重大项目强力推进，教育体制改革试点全面铺开并取得阶段性成果，素质教育全面深入实施初见成效，优质普惠的学前教育资源放量增长，义务教育均衡发展取得实质性突破，普通高中教育领先优势进一步巩固，职业教育基础能力建设日益加强，高等教育办学水平全面提高，教师队伍整体素质显著提升，人民群众受教育权利得到充分保障。绵阳教育在改革的浪潮中步入了内涵发展的新阶段，教育品牌的影响力、辐射力和吸引力不断扩大，为地方社会经济发展做出了突出贡献。

2. 深化教育改革面临的主要问题

当前，绵阳已经进入全面深化改革、建设西部经济文化生态强市、实现科技城突破性发展的关键时期，依靠教育提供更有力的人才支持和智力支撑，依靠教育促进产业转型发展方式的转变，依靠教育提升城市综合实力和竞争力比以往任何时期都显得更为重要、更为迫切，人民群众对特色化、多样化、优质化的教育需求更加强烈，人民群众对教育公平和教育质量的要求更加迫切，全市教育改革和发展过程中一些矛盾和问题还比较突出，这些成为制约教育发展的重要瓶颈。一是素质教育实施有待深化。教育质量评价方式单一，学生发展不够全面，艺术和体育教育有待加强，中小学生课业负担仍然较重，课程改革推行缓慢，教学方式陈旧，教育科研亟待创新，优质教育资源供给不足。二是推进教育公平任务艰巨。义务教育有待进一步均衡发展，学前教育“入园难、入园贵”问题和义务教育“择校热”问题还比较突出，民办教育发展不够平衡。三是职业教育服务地方经济能力不强。校企合作深度不够，中职与高职脱节，职教资源分散。四是教育保障能力有待强化。教育投入保障机制需进一步完善，教育信息化可持续发展长效机制尚未建立，农村教师队伍不够稳定，地区、学校教师缺乏流动性，教师队伍素质需进一步提高。五是考试招生存在诸多弊端。中考加重考生学习负担，招生学校间“生源大战”造成招生秩序混乱、成本上升，生源地地方保护主义严重。六是办学活力不强。学生适应社会和就业创业能力不强，教育服务经济社会发展的能力有待增强，办学理念、学校管理、教育模式和教育督导机制有待进一步健全。

二、就业创业工作的成就与存在的问题

近年来，绵阳出台了一系列促进就业和完善就业创业服务体系的政策措施，全市就业创业服务体系建设得到较快发展，但同时也伴随着一些突出问题。

1. 就业创业工作取得的成就

一是人力资源市场服务体系初步建立。绵阳共有依法成立的人力资源服务机构 89 家：人才服务机构 13 家（市级 3 家，其中 2 家为民营人才中介机构；区县 10 家），公共就业服务机构 12 家（市级 1 家，区县 11 家），民营职业介绍服务机构 60 家（市区 53 家，县 7 家），外派劳务公司 4 家。建设高校毕业生就业见习基地 50 个（其中国家级 2 个）。全市基本形成了以县级以上公共就业服务机构和人才服务机构为主体，社会开办职业介绍机构和人才服务机构为补充，基层劳动保障工作平台为延伸的四级人力资源市场服务体系。由公共机构、民营机构和社会团体等组成的多层次、多元化的人力资源市场服务体系逐步形成，各种引进人才服务保障政策和人才流动机制进一步健全，人才服务业蓬勃

发展。全市人力资源市场服务功能不断健全，法规逐步完善。全市出台了《绵阳市人力资源市场建设规划》《基层就业和社会保障公共服务机构信息化建设指导意见》《进一步加强公共就业服务管理信息平台建设的通知》等文件，以落实科学发展观和构建社会主义和谐社会为统领，以人本服务为核心，以促进充分就业、统筹城乡就业为目的，按照“制度化、专业化、社会化”和“有形市场上移，无形市场全覆盖”的要求，逐步建立了一批市、县两级不同类别和标准的人力资源有形市场和覆盖乡镇社区的无形市场，初步建立起“统一、开放、竞争、有序”的人力资源市场体系，市场就业主渠道作用日益明显。二是公共就业与创业政策体系初步完成。目前，绵阳已经初步形成了由党中央国务院、省委省政府、市委市政府及相关部门等出台的政策文件构成的公共就业与创业政策体系。代表性文件汇编有《绵阳市就业创业工作文件汇编》（2009—2012）、《绵阳市公共创业服务工作流程》（试行）、《关于加快科技型中小企业发展的决定》等。为加快推进全市创建国家级创业型城市工作，市委、市政府制定出台了多个政策性文件，放宽市场准入，提供税收优惠，加大财政投入，加强创业服务等创业扶持政策，为创业者开通创业“绿色通道”，积极促进创业带动就业，并有针对性的对各种创业人员解决融资瓶颈、增加创业场地，开展创业服务，切实把开展全民创业活动、创建创业型城市作为推进科技城建设和“保增长、保民生、保稳定”的重要抓手，创造一切有利条件，采取一切有效措施，掀起全民创业热潮。三是公共就业与创业信息网络服务平台全面搭建。目前，市、县、乡（街道）各类公共就业服务机构前台服务都使用了计算机，安装和使用了四川省公共就业服务信息系统，部分县区还将网络延伸到了社区，基本实现市级联网，信息共享的目标。市就业服务管理局、市人力资源市场开设了绵阳公共招聘网，开展网上信息发布和招聘。全市各级公共人才服务机构均使用了全市统一开发的人才服务管理系统。四是公共创业服务机构建设已经起步。目前，绵阳已挂牌创业指导中心263个、建设创业服务示范窗口25个。先后命名了5个创业教育示范基地，14个创业培训示范基地、4个创业实训基地，创业孵化基地20个（其中省级高校毕业生创业孵化基地4个）。成立了绵阳市创业促进会和YBC（中国青年创业促进国际计划）绵阳创业办公室及工作站。创业促进会建立了创业指导专家队伍——YBC导师委员会。200余名导师在开展经常性的创业指导服务。市级建立了创业项目库，搜集、整理、推荐项目1 738个。

2. 就业创业工作存在的主要问题

一是全市公共就业与创业服务存在“城乡二元结构”，城镇与农村之间差异较大。城乡身份差别是制约公共就业与创业服务均等化的关键因素，农村富余劳动力转移就业和进城务工农民工在享受公共就业创业服务方面还存在不足，比如就业困难认定、小额担保贷款等。二是公共就业创业服务机构发展不平衡。从全市来看，市、县两级人才服务机构和公共就业服务机构还未实现整合，统一规范、竞争有序的人力资源市场还未真正形成，就业创业服务的“制度化、专业化、信息化”实施困难。从服务机构建设方面来看，各地发展不平衡，经济条件好以及当地党委政府重视的地区，公共就业和创业服务体系建设相对较好，在服务场地、人员编制、工作经费都能给予保障，比如安县、盐亭等地；反之，其建设相对滞后，服务机构在其他平台上挂牌，工作人员兼职，一人多岗位现象比较突出。从服务场所方面来看，安县、平武、北川、江油、盐亭、梓潼的县级和乡镇级服务场所建设明显好于市本级和涪城区、游仙区的县、乡（街道）两级。绵阳市城市规划区内缺乏一个符合相关标准要求，能满足城乡劳动者求职和用工单位招聘以及公共就业创业服务机构提供服务的综合性场所。全市所有创业指导中心均为挂牌，编制、人员、经费、场地等方面还未做实，创业指导职能未充分发挥。三是全市公共就业与创业服务经费总量规模不够大，在公共财政开支中占比偏低，基层公共就业管理与工作机构经费比较紧张。四是全市公共就业创业服务信息化建设滞后。全市的远程见工系统还未建设。业务软件开发能力较弱，现有系统使用中问题较多，制约了服务工作的有效开展。信息网络延伸社区（行政村）还不普及。五是全市公共就业与创业服务机构工作人员中有职业指导、人力资源管理等职业资格证书的人员占比偏低，能够熟练运用计算机和熟悉网络技术的专业技术人员较为缺乏，队伍建设亟待加强。公共就业与创业服务的群众满意度尚不够高，服务效果尚不够理想，服务质量与效率尚有较大改进空间。

三、社会保障体系建设方面的成就与存在的问题

绵阳社会保障体系虽然取得一些成就，但总体上看发展还很不平衡，一些基本保障制度覆盖面较窄，迫切需要加强制度整合与衔接，加快实现管理服务一体化。

1. 社会保障体系建设现状

绵阳社会保障体系的构建依托于国家的顶层设计，主要包括社会保险、社会救助、社会福利、社会优抚、社会互助、个人储蓄积累保障等内容。政府主导的面向全民的社会保障主要有社会保险、社会救助、社会福利这三大块，这几项社会保障相互联系、相辅相成，构成全市社会保障体系发展目标的基本制度框架。

目前全市社会保障制度基本包括两大部分：一是完全由国家财政支撑的项目，包括对社会弱势群体的救助，对军人及其军烈属的优抚安置，对无依无靠的孤老残幼、残疾人员以及社会大众举办的社会福利和有关的社区服务，完全属于国民收入再分配范畴，充分体现社会公平；二是由用人单位、职工个人共同缴费、国家给予适当补助的三方共同筹资的项目，包括养老保险、医疗保险、失业保险、工伤保险和生育保险等，属于社会保险范畴，其中养老保险和医疗保险实行个人账户与统筹相结合，其他三项保险属于完全统筹的项目。与前项内容比较，现行社会保险是在劳动者与用人单位建立劳动关系的基础上实行的，既体现公平与效率，又注重权利与义务相结合。

（1）养老保险制度。它主要包括城镇职工基本养老保险和城乡居民社会养老保险，实行社会统筹和个人账户相结合的办法，在全市范围内建立了职工基本养老保险个人账户。城镇职工基本养老保险制度经过10多年的发展改革，已渐趋成熟，由原来单一的企业职工基本养老保险扩大到农民工养老保险、征地农转非人员养老保险、城乡居民社会养老保险。养老保障制度覆盖全市所有16周岁以上城乡居民，包括外来务工人员，人人都有养老保障。基本养老金由经办机构委托金融机构社会化发放，养老保险基金在市财政专户储存。自2012年7月1日起，绵阳市新型农村社会养老保险和城镇居民社会养老保险制度合并实施，统称为城乡居民社会养老保险。这项制度的实施，意味着全市养老保险不再有城市、农村之分，城乡居民参保缴费标准一致，待遇标准一致，这将进一步加快城乡居民社会养老保险制度实现全覆盖进程，有利于促进社会公平正义，逐步实现基本公共服务均等化。截至2013年年底，全市共有236.29万名符合条件的城乡居民参保，覆盖率99.03%。全市城镇职工基本养老保险参保93.02万人（其中退休人员34.88万人），完成省上下达基金征缴全年目标任务的141.54%。全市养老保险参保和基金征缴总体情况较好，增长趋于稳定，但仍有部分达到参保法定条件人员因政策覆盖面、经济状况、维权手段薄弱等多方面原因而应保未保，养老保险未能达到100%覆盖。

（2）医疗保险制度。1994年经国务院批准，我国开始职工医疗制度改革，明确提出职工医疗保障制度改革的目标是建立社会统筹医疗基金和个人账户相结合的制度，逐步规定基本医疗保险费由用人单位和职工共同缴纳。1997年1月，绵阳市被国家确定为第二批全国57个职工医疗保障制度改革扩大试点城市，政府组织力量在全市范围内对150多个行政事业单位、1 030户企业，40万名职工近三年医疗费用支出情况进行了摸底调查，在此基础上形成了医改初步方案，启动了绵阳市市本级城镇职工基本医疗保险工作。2008年，全市实现了城镇居民基本医疗保险的市级统筹。2011年，全市实现了城镇职工基本医疗保险的市级统筹。截至2013年年底，全市城镇职工参保62.8万人，城镇居民参保74万人，参保率覆盖率均达到96%以上，年度人均筹资标准480元，其中政府人均财政补贴280元，职工医保、居民医保政策范围内统筹基金最高支付限额分别达22万元、13万元。

（3）失业保险制度。1999年1月22日国务院在1986年和1993年待业保险规定的基础上，再次发布了《失业保险条例》，该条例进一步扩大了失业保险的范围，调整了失业保险基金的来源。按规定，城镇企业事业单位及职工都要参加失业保险，城镇企业事业单位按照本单位工资总额的2%缴纳失业保险费，城镇企业事业单位职工按照本人工资的1%缴纳失业保险费。失业保险基金在直辖市和设区的市实行全市统筹。截至2013年12月月底，全市参加失业保险人数为23.7万人，全年基金征收1.79亿元。

（4）工伤保险制度。2003 年 4 月 27 日国务院颁布《工伤保险条例》，规定所有企业及其职工都要参加工伤保险制度，由用人单位缴纳工伤保险费，工伤保险实行社会统筹，设立工伤保险基金，对工伤职工提供经济补偿和实行社会化管理服务。该条例对工伤的范围及其认定、劳动鉴定和工伤评残、工伤保险待遇、工伤保险基金的管理和使用等问题都作了具体规定。截至 2013 年年底，全市工伤保险参保 37.33 万人，基金征缴 1.14 亿元，完成省上下达基金征缴全年目标任务的 106.36%。

（5）生育保险制度。1994 年 12 月，劳动部颁发了《企业职工生育保险试行办法》，规定生育保险按属地原则组织，生育保险费用实行社会统筹。生育保险基金由企业按照其工资总额的一定比例向社会保险经办机构缴纳生育保险费，建立生育保险基金。全市生育保险自 1999 年开始施行。生育保险费提取比例一般不超过企业工资总额的 1%。女职工在生育期间可享受生育待遇。截至 2013 年年底，全市生育保险参保 31.86 万人，基金征缴 0.67 亿元，完成省上下达基金征缴全年目标任务的 138.88%。

（6）社会救济制度。全市初步建立和完善了防灾减灾体系、社会救助体系、社会福利体系、社会慈善体系等基本民生保障体系，全市符合条件的城市困难群众 6 万余户 12 万余人，农村困难群众 9 万余户 18 万余人，已全部纳入最低生活保障范围。2014 年，全市城市低保人员累计月人均补助标准拟从 2013 年的 195 元提高到 200 元，农村低保人员累计月人均补助标准将从 2013 年的 95 元提高到 100 元，并加大实施分类救助制度，对有特殊困难的低保对象给予重点救助，全市城乡困难群众在政策范围内住院自付医疗费用救助比例不低于 55%。还实施临时生活救助制度和社会救助标准与物价上涨挂钩联动机制。在物价上涨到一定程度时将启动联动机制，向城乡低保对象人员、农村五保对象等困难群体发放一定标准的临时价格补贴，减轻困难群众因物价上涨因素带来的生活负担，并将进一步完善覆盖城乡居民的社会救助体系，确保困难群众的基本生活保障水平不断提高。

2. 社会保障制度面临的主要问题

一是参保人数不均衡化的问题。国家已经制定《城乡养老保险制度衔接暂行办法》，规定从 2014 年 7 月份开始，实现参加城镇职工基本养老保险、城乡居民基本养老保险可以实现相互转变。从当前全市城乡居民基本养老保险现实情况看，缴费 100 元和 2 000 元，政府补贴仅仅相差 40 元，“多缴多得”的优势并不明显，基础养老金仅为 60 元，与城镇职工养老保险对比，又没有调待机制，也缺乏丧葬费、抚恤金等相关待遇的补充，还有受被征地农民的影响，这些都导致城乡居民基本养老保险参保积极性不高，政策吸引力不够。新政策的实施可能出现部分原城乡居民基本养老保险参保人向城镇职工基本养老保险倾斜的一面，导致两个险种的参保人数严重失衡。同时城镇职工基本养老保险缴费随着省平工资的逐年递增而递增，导致部分群众缴不起保费，断保、脱保的现象时有发生，这部分人如果不愿及时补充到城乡居民基本养老保险，可能会造成新的不稳定。二是事业单位工作人员参保问题。考虑历史遗留的问题，目前对不同时间参加工作的事业单位工作人员采取了不同的办法来计发养老金，也即所谓“新人新办法、老人老办法”。以 2002 年参加工作为界进行划断，由于“老人”在过去的传统制度下并没有养老金的缴费积累，所以他们也就无法凭借现在的个人账户领取养老金，事实上是领取的退休金。“老人”的账户是空的，“新人”的账户需要单位和自己共同缴纳，造成一些单位采取各种手段逃避或拖延缴费，“新人”感觉和“老人”待遇不同，不愿意缴费，这就使得部分个人账户变得有名无实。如果空账继续维持，将会在未来若干年后造成养老保险金的支付危机。三是就业与失业保险问题。就业是民生之本，扩大就业关系到改革发展和稳定的大局。在今后的若干年内，就业将成为影响我国社会发展最大的难点。目前绵阳同全国的形势一样，就业面临着来自城乡的双重压力。全市每年城镇新增就业岗位就4.6万个左右，2013年全市平均城镇登记失业率控制在3.86%以内，低于省市4.0%的控制目标，但未登记的实际失业人员，远远超过这个比例。今后10年，还将有大量的农村劳动力需要向非农行业和城镇转移。提高失业保险待遇水平，保障失业人员基本生活，建立失业动态监测点，积极探索建立和完善失业动态监测预警机制，及时兑现符合条件的高校毕业生生活补助金等等。四是医疗保险制度改革相对滞后问题。基本医疗保险险种未统一问题。当前我国基本医疗保险有三个险种，且由不同部门分管，导致管理职能相互重叠，经办资源分布不均，政府补贴涉及重复参保补贴和政策不统一带来的医疗待遇不均等问题。城镇职工基本医疗保险制度、医药卫生体制和药品生产流通体制三项改革没有同步进行，实现“用比较低廉的费用提供比优质的医疗服务”的改革目标尚待时日。当前我国基本医疗保险大部分采用“属地征缴、财政兜底”的方式，不利于参保人员的跨统筹地区流动，增加了异地报销的手续和难度。各地统筹层次未统一。我国东西部社会经济发展差异较大，地区不平衡，导致全国医疗待遇重心向发达地区和大城市倾斜，导致中西部及广大基层医疗机构医疗待遇普遍较低。五是工伤保险制度尚待完善。《工伤保险条例》关于工伤认定事项规定较为笼统，缺乏进一步的操作细则，导致认定实践中界限问题难以把握。工伤调查难度大。行政执法硬件设备缺乏，没有相应资质的执法人员承担该职责。“老工伤”遗留问题依然存在。目前有一大批在工伤保险统筹前已一次性解决工伤问题的老工伤人员信访问题，要求按照现有工伤保险政策解决一次性待遇。六是生育保险需要加强。各地统筹差异较大，各地区生育保险按照属地原则，定额报销金额差异较大。如女职工离职前往外地工作，生育保险缴费年限难以接续，影响报销。在支付方式上，社保经办机构回拨给企业，职工向企业领取生育基金费用的方式，会导致企业因效益不好而难以及时足额支付的情况出现。七是城镇贫困人口问题。改革开放以来，在人民生活水平全面提高的同时，社会贫富差距也在扩大。目前我国人均 GDP 已超过 1 000 美元，但收入差距不但没有缩小，而且在快速扩大。衡量收入不平等的基尼系数已达到 0.45 左右，而且居高不下，城镇 20% 的富裕家庭拥有全部金融资产的 67% 以上，城乡实际收入和福利差距接近 6∶1，城乡平均有 20 年的收入增长距离。目前，全市已建立起了城市居民最低生活保障制度，但目前最低生活保障制度仍存在一些问题，如资金来源不足，保障的标准较低。八是基层社会保障服务平台建设尚待加强。由于没有上级关于经办机构标准化建设的明确文件，各级在机构设置、人员编制、硬件系统配置各方面参差不齐，个别地方人员、资金、设备紧缺，与其承担的工作量不相适应；部分地方档案资料管理不规范，档案的完整性和保密性不能完全确保；很多乡镇设置了村级代办点，聘请的协理员基本为兼职，待遇偏低，年龄偏大，积极性不高。水平适度、持续稳定的社会保障网建设亟待加强。

四、医药卫生体制改革的成就与存在的问题

绵阳医改实施近 5 年，取得了明显进展和初步成效，为下一步改革打下了好的基础。同时也还存在一些亟待解决的问题，需积极采取有效举措，把改革推向深入。

1. 绵阳医药卫生体制改革特点和成效

一是以灾后重建为契机，让城乡群众有地方看病。绵阳约占

四川省卫生系统“5·12”特大地震灾后1/3的381个卫生重建项目，现投用率达98.7%，投用后项目运行良好，无不良经营现象发生；市直属五个医疗机构、98个县级医疗卫生机构、275个乡镇卫生院全部进行重建或改扩建，并报请市政府同意、在全省率先推行乡村卫生服务一体化管理，实行“六统一”措施筑牢医疗卫生服务“网底”（统一机构设置、统一人员聘用、统一业务指导、统一药械配送、统一财务管理、统一绩效考核）；四个极重灾县县直医疗卫生单位服务能力全面提升，北川县医院2012年业务量与2007年同期相比增长300%；全市设立社区卫生服务中心19个、社区卫生服务站64个，初步实现让群众就近就地就医。二是以强化保障为基础，让城乡群众有钱看病。绵阳着力推进新农合、基本药物制度等各项改革措施，在增强城乡群众就医保障能力的同时，进一步降低医疗成本和药品费用；新农合基金最高支付限额已达20万元（是2009年的7倍），参合农民住院实际补偿比达到60.81%（较2009年提高20.52%）；基本药物制度实现全覆盖后，2012年与2009年同期相比，基层医疗机构门急诊和住院次均药费同比分别下降了45.6%和28.1%；将终末期肾病（尿毒症）、儿童白血病等22类重大疾病纳入了保障和救助试点范围；在全市二级及以上医院深入开展临床路径试点工作和临床检验结果互认，有效降低了群众就医费用。三是以提升服务为抓手，让城乡群众看得好病。绵阳深入推进重建成果转化提升，9个县（市、区）的县医院已有8个创建成为“二级甲等”，两个创建成为“三级乙等”综合性医院；市、县五所妇幼保健机构分别创建成国家“三级乙等”和“二级甲等”妇幼保健院；全市9个县（市、区）已有8个成为国家中医药工作先进县；绵阳被国家卫生部确定为全国居民健康卡“第二批”试点城市；市中心医院被确定为四川区域医疗中心；在全系统大力倡导和实施主动服务、承诺服务、上门服务、追踪服务、限时服务，“5·12”特大地震后四年多来全市无一例重大突发公共卫生事件发生；无一例重大医疗纠纷发生；无一例重大医疗安全事故发生。四是以公共卫生为载体，让城乡群众少生疾病、重病。在全省率先采取公共卫生服务机构进医院、管理机构到乡镇、健康教育进家庭工作等措施，全市传染病报告发病率持续下降；2013年年底省政府发出书面通报，表彰全市包括食品安全在内的公共卫生服务工作；对全市疾病控制、社区卫生服务和“120”紧急救援机构实行了标识、风格、标准和信息发布的“四统一”；全国市州中唯一承担的国家“十一五”重大科技专项——传染病综合防治示范区项目已滚动进入“十二五”，从中完成了102万城乡群众免费体检及建档工作。积极推动健康产业发展，协同相关力量支持九院医疗设备和同位素治疗试剂研发，目前该院的牙科CT和乳腺CT已进入包装定型阶段（拥有独立知识产权、在同类型产品中处于世界领先水平）。五是以行业作风建设为根本，让城乡群众放心看病。我市创新实施“廉政文化进医院”活动，在全系统全面推行主动服务、上门服务、承诺服务、限时服务、延伸服务，深入开展创新型、学习型、服务型和廉洁型团队建设；贯彻落实《卫生系统领导干部防止利益冲突的若干规定》的活动，邀请市纪委、市检察院领导集中对全市36家二级以上医疗机构人事、财务、设备、药剂、基建、临床等重点、敏感岗位干部176人，进行反腐倡廉专题培训和渎职侵权犯罪警示教育。选派30名临床科室主任参加省卫生厅的反腐倡廉专题教育培训。深化服务好、质量好、医德好的“三好一满意”活动，全市卫生行业作风进一步改善，病人满意率达到95%以上。

2. 进一步推进医药卫生体制改革面临的重点问题

一是基本医疗保障制度仍需不断完善。由于城乡二元分割、传统户籍制度及人口流动等因素制约，少数人群仍然没有参加基本医疗保障。新农合、城镇居民医保的实际报销水平受起付线、封顶线、药物目录等影响仍然偏低，保障范围也还有提升空间。由于医疗过程中的重复检验、大处方、过度医疗等现象还未完全遏制，城乡居民就诊总费用呈现上升趋势，群众就诊负担依然较重。同时，城乡医保制度的分割降低了保障的公平性，加大了政府开支成本，并且由于制度、政策的双轨，出现部分人员既参加新农合又参加城镇医疗保险的重复参保现象，增大了监管难度和增加了政府开支。二是基本药物制度改革压力较大。现有的基本药物生产配送供应机制尚不能完全满足群众就医需求和基层医疗机构用药需求，调查中基层医疗机构低价药、廉价药、常用药供应不足达100%，甚至肾上腺素、安定、可拉明等急救药品供应也难以保证，对基层医疗机构医疗质量和安全的保障带来严重挑战。此外，受地方财政制约，部分基层医疗卫生机补偿不到位，影响基本药物制度的可持续发展。三是基层卫生人才队伍建设相对滞后。虽然我市出台了各项政策保障卫生技术人才下基层，但因为报酬、地理、生活环境等，毕业学生不愿意来，培养的优秀人才千方百计想调离乡镇。乡镇希望培养医生，但又怕培养后留不住。由于人才缺乏，乡镇卫生院服务能力，服务项目和功能被制约，直接影响了为城乡群众做好基本健康医疗保障的能力。四是医疗资源结构性分布尚不均衡。全市医院设置结构尚不十分均衡，突出表现在城市新区未设置与其满足生产生活功能相适应的医疗机构，近20年来，绵阳城市人口已从30万发展到近100万，城区面积扩展了2/3，而城市内市级医疗机构数量保持20年前的水平，仍仅4家，且全部集中分布在旧城区。同时，部分专科医院缺失，民营医院设置较少，规模较小；医疗资源配置不合理，特别是我市80%优质医疗资源主要集中在城市大医院和人口密集的区域，优质医疗资源的配置和医疗服务能力与技术水平在城乡之间差距较大的状况仍未得到根本改观，医疗资源利用效率不均衡，基层首诊、双向转诊的有序服务格局尚未充分形成，人力资源不足、素质不高的问题在基层医疗机构尤为突出，城乡医疗机构之间的联动机制需要进一步完善。五是公立医院改革需进一步加大力度。虽然我市在公立医院改革上做了很多探索，取得了一定成效，但是目前还停留在一般性改革措施上，触及改革“深水区”不够。尤其是城市公立医院长期以来财政投入不足，受“市场化”的影响，逐利机制依然存在，公益性不足；同时，医疗服务需求的增长使医院的业务量较快地增加，客观上使就医的便捷性降低；医学的发展使新设备、新药品、新技术不断出现，使医疗消费趋高性不断上升，患者感觉就医麻烦、花费较大的压力并未完全缓解。而目前医院管理措施在构成要素快速变化的复杂形势下，从形成速度上具有明显的滞后性，服务流程的优化、诊疗行为的规范、诊疗费用的控制、医疗安全的保障依然是医院内部管理有待进一步强化的重点环节。

第二节　新一轮保障和改善民生的目标和任务

坚持统筹兼顾、突出重点、尽力而为，把保障和改善民生作为社会事业的出发点和落脚点，着力解决困难群众最迫切、最急需的现实问题。

一、坚持教育优先发展

积极发展学前教育。加强学前教育统筹规划，探索建立公办主导、民办参与、公办民办并举的幼儿园办园体制，建设合作办园试点幼儿园。根据人口分布情况合理规划、调整和建设幼儿园，实现学前三年入园率达到95%以上，基本满足适龄儿童的入园需求。均衡发展义务教育。优化学校空间布局，完成校安工程建设。强化师资能力建设，全面提高义务教育普及水平和教育质量。进一步优化高中阶段教育结构，高水平普及高中阶段教育，毛入学率不低于95%，培育品牌高中，保持高中教育在全市的领先地位。

支持发展职业教育。整合职业教育资源，利用科研院所和实力企业的优势资源，办好特色实训基地。探索职业教育教学合作模式，提高职业教育整体规模与水平。

二、创造更多的就业创业机会

实施积极就业政策。稳定就业与扩大就业并重，城镇登记失业率在国家控制范围内。贯彻实施省、市有关就业政策，加强创业培训，实施创业带动就业，提高创业成功率。着力解决就业困难人员的就业问题，动态消除零就业家庭。完善公共就业服务体系，促进充分就业。发挥创业基金实效，开通创业小额担保贷款绿色通道，鼓励创办中小微企业。重点做好高校毕业生、农村转移劳动力、城镇困难人员、退役军人就业，2014年新增城镇就业4.5万人。

三、完善社会保障体系

建立完善以最低生活保障制度为基础、以专项救助制度为补充的社会救助体系。加快发展以老年人、残疾人、妇女儿童为主要对象的社会福利和慈善事业，积极应对人口老龄化，探索发展社区养老服务体系。积极落实优抚安置政策。建立社区服务体系，改善社区服务设施，创新社区服务机制。加强群众性社会事务服务体系建设。促进社会组织健康有序发展。建立健全困难群体、特殊群体、优抚群体的社会保障机制，实现共享发展成果。构建和谐劳动关系，鼓舞劳动者用勤劳双手创造美好新生活。发展老年协会组织，扶持民办养老院，整合老龄学校、卫生服务站等资源，提升社区养老服务能力。健全城乡居民基本医疗保险制度，提高社会保障水平。

四、提高医疗卫生水平

健全基本公共卫生服务体系，提高公共卫生和基本医疗服务的水平和质量，稳步推进基本公共卫生服务均等化，满足群众基本医疗卫生需求。加强医疗卫生服务体系建设，力争实现社区卫生服务人口覆盖率达 100%，90% 以上常住居民和 100% 的 65 岁以上老年人以及有康复需求的残疾人建立健康档案。坚持计划生育基本国策。进一步落实独生子女父母奖励和计划生育家庭特别扶助政策。加强流动人口的计划生育管理。实现出生人口政策生育率稳定在 90% 以上。

第三节　绵阳全面深化社会事业改革创新的战略部署

社会事业改革创新，是群众最为关注、最能直观体现公平正义程度的改革领域。实现发展成果更多更公平惠及全体人民，必须解决好人民最关心最直接最现实的利益问题，努力为社会提供多样化服务，不断提升民生福祉。

一、深化教育领域综合改革

深入推进素质教育和均衡教育改革，制定和完善绵阳市中小学教育质量绿色评价指标体系。完善学校德育评价机制，全面推广德育教材，积极推行校内表现、校外成长多元评价方式。完善学前教育办园体制，探索“公办园”+“民办园”协作机制，加快提升乡镇办园水平。深化义务教育评价机制和体制改革，严格执行义务教育免试就近入学，探索九年一贯制对口招生试点，有效解决进城务工人员子女入学问题。探索推行教师“县管校用”制度改革，建立健全义务教育公办学校教师校长交流制，建立职务职称、薪酬待遇向农村倾斜机制。推进考试招生制度改革，推行初高中学业水平考试和综合素质评价。健全高等教育质量保障和评估体系，支持在绵高校综合改革。加强教育园区建设管理，完善名校集团化、城乡学校互助共同体办学机制。完善职业教育产教融合制度，整合职业教育资源，加强现代职业教育体系建设，鼓励市内企业与职业院校推行订单培养，加强校企合作，推进产学研有机结合，逐步形成若干有影响力的职业教育集团。完善教育投入保障机制。完善政府促进民办教育发展政策，规范民办教育办学行为，在民办学校中推进混合所有制。简化教育督导评估程序，建立第三方教育评估监测制度。规范校园医务管理，加强校园警务建设。

二、深化医药卫生体制改革

统筹推进公立医院改革，逐步建立现代医院管理制度，建立科学的医疗绩效评价机制和适应行业特点的人才培养、人事薪酬制度。完善中医药事业发展机制，巩固完善基本药物制度，建立医疗机构药房管理新机制，稳步实施“医药分开”。深化基层医疗卫生机构综合改革，完善城乡三级卫生服务网络，建立乡村医生准入和退出机制，建立公立医院资源向农村倾斜和城镇医师乡村挂职制度。探索建立医疗服务联合体，加快城市新区医院配套建设，优化医疗资源布局。探索建立基层首诊、分级诊疗和双向转诊制度，完善合理分级治疗模式。推进“绵州通”健康卡应用，探索建立可共享的区域影像和检验信息中心。鼓励社会办医，社会资金可直接投向资源稀缺及多元需求服务领域、多种形式参与公立医院改制重组。有序开放个体诊所设置，有序推进医师多点执业，扩大民办医疗机构纳入医保定点范围。大力推进医疗责任保险，建立完善医疗责任追究机制，努力构建和谐医患关系。坚持计划生育基本国策，依法实施“单独”两孩和计划生育奖励政策，深入开展计生特困家庭抚助关爱活动。

三、健全创业就业体制机制

建立经济发展和扩大就业的联动机制，健全政府促进就业责任制度，建立经济政策对就业影响的评价机制、政府投资和重大项目促进就业的考核评估机制。多渠道开发就业岗位。建立完善以公共就业、创业服务体系为牵引、市场调节就业为主导、鼓励全民创业和社会诚实劳动的就业工作机制。加强人力资源市场建设，建立统筹城乡就业服务网络，健全完善创业项目开发、征集、论证、展示和推介工作体系。加强服务载体建设，完善促进高校毕业生等重点人群就业创业的激励机制和扶持政策。完善城乡就业困难人群就业援助机制，发挥好政府公益性岗位对城镇困难人员和退役军人的就业促进作用。建立完善公平就业机制和劳动保障监察执法体系，消除城乡、行业、身份、性别等一切影响平等就业的制度保障和就业歧视。完善就业失业监测统计和职业技能培训制度，构建劳动者终身职业培训体系。健全劳动者工资收入正常增长机制和分配调节机制，建立工资支付信用标准，严厉打击欠薪行为。健全协调劳动关系三方机制，加强企业劳动争议调解，促进劳动者体面劳动，实现劳资共赢。

四、健全城乡社会保障体系

建立健全基本养老金多缴多得激励机制，加快建立基础养老金正常增长机制。完善流动就业人员养老、医疗保险转移接续政策，完善工伤、失业、生育保险制度改革，着力扩大城镇就业人员社会保险覆盖面。严格执行被征地农民社会保障政策，有效解决失地未参保农民的社保问题。建立全民社保登记制度，整合城乡居民基本养老保险。发展企业年金、职业年金、商业保险，构建多层次社会保障体系。推进城乡居民基本医疗保险制度整合，全面开展城镇职工补充医疗保险和城镇居民大病保险，逐步提高统筹基金住院费用支付比例。建立低保标准、社会救助和保障标准与本市经济社会发展水平和物价上涨挂钩联动机制。加强保障性住房制度建设，健全住房保障标准动态调整机制，完善住房保障资格审核机制。建立公开规范的住房公积金制度，改进公积金提取、使用、监管机制。探索公办养老机构改革，建立社会力量参与养老体系建设的激励机制。

五、健全困难群众帮扶机制

建立精准识别和帮扶机制，加强困难群众动态监测，落实精准帮扶措施，健全教育、就业、科技、产业等扶贫长效机制。健全特困人员专项救助制度，落实对城乡低收入家庭、计划生育特殊困难家庭、残疾人等困难群体的住房、医疗、社保等救助帮扶措施。健全城乡困难人群救助体系，建立健全经济困难的高龄、独居、失能等老年人补贴制度，完善孤儿基本生活保障制度，建立困难残疾人生活补贴和重度残疾人护理补贴制度，健全农村留守儿童、妇女、老年人关爱服务体系。建立扶贫资金投入稳定增长机制，探索扶贫资金使用和项目监管新办法，加快建立行业和社会组织参与扶贫开发的新机制。

为了实现发展成果更多更公平惠及广大人民群众，必须紧紧围绕保障和改善民生，加快社会事业改革创新，解决好人民最关心最直接最现实的利益问题，努力为社会提供多样化服务，更好地满足人民需求。

第十章　围绕和谐绵阳建设，构建科学有效的社会治理体制机制

改革开放特别是党的十六大以来，面对前所未有的机遇和挑战，面对复杂的国内外形势，中国共产党提出了和谐社会建设的新目标，不断探索、完善并丰富我国社会治理理念、体制机制、方式方法的理论与实践。近年来，绵阳党委政府团结全市人民勠力同心，立足市情实际，解放思想、改革创新、统筹兼顾，不断发展与完善绵阳社会治理体制机制，切实有效地推进了和谐绵阳建设。

第一节　和谐绵阳建设的成就与存在问题分析

一、和谐社会建设是我国社会建设的新目标

新中国成立后，中国共产党人领导中国人民对我国社会主义建设进行了艰苦卓绝的探索，经历了从“以阶级斗争为纲”到“以经济建设为中心”的社会转型，提出了和谐社会建设的新目标，实现了从社会管理向社会治理的转变，形成了经济、政治、文化、社会、生态及法治建设六位一体的社会主义建设总体

布局。

1. 从两位一体走向五位一体：新中国成立以来我国对社会建设规律的探索

社会进步与发展是维系社会共同体的存续的必要前提，是社会管理的目标。社会建设就是以推动社会发展为目的而促进社会事业发展、提供社会性公共服务的活动。夺取了全国政权后，中国共产党领导中国人民对中国特色社会主义建设规律进行了艰苦卓绝的探索。

以毛泽东同志为核心的党的第一代领导集体，解决道路选择的问题，提出了社会主义建设及实现农业、工业、国防、科学技术四个现代化的社会主义建设目标；以邓小平同志为核心的党的第二代领导集体，提出了社会主义建设的目标是实现总体小康——主要是经济上的小康和数量上的小康，形成了经济建设、政治建设和文化建设“三位一体”的社会主义建设总体布局；以江泽民同志为核心的党的第三代领导集体，继续推进并不断完善和充实了“三位一体”的社会主义建设总体布局；以胡锦涛同志为总书记的党中央提出了社会主义建设的目标是实现全面小康，并先后形成了经济建设、政治建设、文化建设、社会建设和生态建设“五位一体”的社会主义建设总体布局；以习近平同志为总书记的党中央提出了社会主义法治国家建设的目标，形成了“新三步走战略”与“四个全面”战略布局。

2. 从管理走向治理：新中国成立以来社会管理的体制演变

社会秩序是维系社会共同体的存续的必要前提，是社会进步与发展的基础。社会管理就是以维护社会秩序为目的而规范和协调社会关系、社会组织和社会行为的活动。新中国成立 60 多年来，我国社会管理体制演变经历了传统社会管理体制形成巩固阶段（1949 年到 1978 年）、传统社会管理体制趋于解体阶段（1978 年改革开放开始到 1992 年）、现代社会管理体制奠定基础阶段（1992 年党的十四大到 2002 年）、现代社会管理体制自觉构建阶段（2002 年党的十六大后）四个阶段。

在传统社会管理体制形成巩固阶段，我国建立了“国家——单位——个人”的一元主体社会管理格局；在传统社会管理体制趋于解体阶段，政府唯一的社会管理主体的地位受到严重冲击，人民公社体制、政治—身份性阶级分类体制先后解体，运动式、批斗式的管理方式被新的法制化管理方式所取代，城乡分割的户籍制度日益松动，作为社会控制细胞和福利供给者的单位逐渐变为比较单纯的工作场所；在现代社会管理体制奠定基础阶段，过于强调商业化和社会化的资源动员机制，过于强调职工个人和企事业单位所应担负的责任，政府有意无意地淡化自身在提供社会性公共服务或公共服务中所应担负的责任；在现代社会管理体制自觉构建阶段，我国现代社会管理体制建设进入自觉构建的阶段，以构建社会主义和谐社会为目标，将社会秩序与社会发展贯通起来，实现社会建设与社会管理并举；2013 年 11 月，党的十八届三中全会将“社会管理”改为“社会治理”，标志着我国社会管理体制走向了第五阶段——“社会治理阶段”。

3. 和谐社会：问题导向型的思考方式

社会和谐是人类社会追求的美好理想，也是中国共产党坚持不懈的奋斗目标。改革开放以来，伴随着经济社会的进步，财富积累与分配使得利益诉求日益多元化，我国进入社会矛盾问题多发期，群体性事件与个人暴力事件多发期，严重影响了社会和谐与稳定。为了有效调节利益冲突，化解社会矛盾，回应社会诉求，应对社会危机，中国共产党人提出了和谐社会的社会主义建设新目标，自觉、理性地更新了管理社会的理念和内容，变革了公共事务管理模式。

2004 年 9 月，党的十六届四中全会正式提出“社会管理创新”，明确要求“深入研究社会管理规律”，“加强社会建设和管理，推进社会管理体制创新”。2006 年 10 月，党的十六届六中全会做出了构建社会主义和谐社会的决定，并指出“加强社会管理，维护社会稳定，是构建社会主义和谐社会的必然要求”。2007 年 10 月，党的十七大进一步明确指出：“必须在经济发展的基础上，更加注重社会建设，着力保障和改善民生，推进社会体制改革，扩大公共服务，完善社会管理，促进社会公平正义，努力使全体人民学有所教、劳有所得、病有所医、老有所养、住有所居，推动建设和谐社会。”并强调要“建立健全党委领导、政府负责、社会协同、公众参与的社会管理格局”。2010 年 3 月，全国人大十一届三次会议要求：“要适应新形势，推进社会管理体制改革和创新，合理调节社会利益关系。”2011 年 2 月，胡锦涛总书记在省部级主要领导干部社会管理及其创新专题研讨班发表的讲话中强调，要“扎扎实实提高社会管理科学化水平，建设中国特色社会主义社会管理体系”。2011 年 3 月，“社会管理创新”一词首次以重要篇幅写入《政府工作报告》，并在国家“十二五”规划纲要中单独成篇。2011 年 7 月，我国第一份关于创新社会管理的正式文件《中共中央国务院关于加强社会管理创新的意见》出台。2013 年 11 月，党的十八届三中全会明确指出社会治理创新“必须着眼于维护最广大人民根本利益，最大限度增加和谐因素，增强社会发展活力，提高社会治理水平，维护国家安全，确保人民安居乐业、社会安定有序。”

二、和谐绵阳建设的成效

“和谐绵阳”于 2005 年开始成为绵阳城市精神的新内容。在其后的数年中，和谐绵阳建设先后经历了发轫时期、地震导致的社会建设停滞时期、灾后社会恢复与重建时期及社会建设持续发展时期四个阶段，每个阶段都在市委、市政府的领导下取得了较好的成效。

1. 和谐绵阳建设的发轫之年

2005 年是绵阳发展的重要转折之年。年初，“和谐绵阳建设”由“圌山会议”发轫、后经市委全委会通过形成决定。这一年也是绵阳市民获得较多实惠的一年。市委、市政府全部兑现了为民办 10 件实事的承诺；加大财政投入解决了 800 户农村贫困户和 1 000 户城市特困户住房难问题；制定了 18 条措施，挤出 6 000 万元资金专项解决特困群众看病难看病贵问题；出台了 27 条政策措施着力解决失地农民问题……2006 年，绵阳市委、市政府确定了继续为民办 10 件实事，继续打好扶贫攻坚战，巩固扩大解决群众看病难、上学难问题成果的工作思路。

2. 社会建设的困难时期

2008 年“5·12”特大地震的发生打乱了绵阳社会建设的正常进程，抗震救灾与社会恢复与重建成为绵阳全市的中心工作和头等大事。绵阳人民在市委、市政府的领导下，克服地震带来的重重困难，充分发挥主观能动性，不等、不靠，高效投入到灾后的社会恢复与重建之中。抗震救灾完成后，绵阳市委、市政府提出了“民生优先，和谐重建”的灾后恢复重建指导思想，在灾后重建的过程中坚持以科学发展观为统领，坚持艰苦重建、务实重建、科学重建、和谐重建，推动对口援建向对口合作转变，有力有序有效地推进了灾后社会恢复与重建工作。

3. 灾后社会恢复与重建时期

2009 年，绵阳灾后重建取得阶段性胜利，社会管理水平不断提高。2009年，绵阳连续三年在平安综治目标考核中获全省第一名，全市人民群众对社会治安满意率高达94.7%，绵阳在世行公布的全国主要城市构建和谐社会排行榜中高居第12位。2010年1月，绵阳市委五届十二次全体（扩大）会议指出，“保障和改善民生是发展的目的，也是发展的动力。要把改善民生作为扩内需、调结构的重点，强化公共服务，完善社会管理，促进社会公平正义!”2010年5月，按照中央提出的“三年重建两年基本完成”的目标，绵阳灾后重建取得了阶段性胜利，基本实现了家家有房住、户户有就业、人人有保障、设施有提高、经济有发展、生态有改善。

4. 和谐社会建设持续发展时期

三年重建，两年基本完成后，绵阳社会于2010年5月开始回归正轨，和谐绵阳建设再次发力，并取得显著成效。

2012年，惠民利民成效初显。绵阳全市累计投入资金94.9亿元，圆满完成132个省市民生工程项目：城区80座公厕全部免费；开工建设保障性住房2.3万套、竣工1.8万套，廉租住房政策受益家庭达1.4万户；新增人行天桥13座、绿道35公里，批量更换废旧公交车528辆，改造公交站台640座，投放公共租赁自行车800辆；农副产品零售价格保持平稳，改造升级城区31个菜市场，建成运行111家“放心菜”“放心肉”连锁直销店，在居民家门口新开23家直销菜市；城镇新增就业4.8万人，农村转移就业136.6万人；城乡居民社会养老保险覆盖率达86.8%，城市最低生活保障标准由原来的每人每月260元提高到300元，农村最低生活保障标准由原来的每人每月130元提高到150元……市信访总量下降22%。

2013年民生持续改善，社会事业全面发展。一是民生工程深入实施。“十大民生工程”投入资金100.4亿元，完成省市民生项目 189 个。最低工资标准提高 20%，城乡最低生活保障标准上调 15%。压缩行政经费提高环卫绿化工人待遇，补贴 1 000 万元支持空调公交车执行 1 元票价。办理便民自行车 IC 卡 1.6 万张，200 余万人次使用公共自行车。新增城镇就业 4.6 万人，城镇登记失业率控制在 3.9% 以内。开工保障性住房和改造棚户区 15 244 套、竣工 13 323 套，发放廉租住房补贴 7 395 户、共计 734 万元。"7·9"洪灾灾区恢复重建总体规划全面实施，累计安排救灾重建资金 2.5 亿元。北川、平武扶贫开发深入推进，全市减少贫困人口 10.1 万人。二是公共服务均衡发展。学前教育三年行动计划深入实施，新（扩）建公办幼儿园 28 所。素质教育不断推进，高考连续 13 年全省"双第一"。新增高校 1 所，西科大成为省部共建高校、取得博士授位权资格。医药卫生体制改革走在全省前列，新农合实现全覆盖，"十二五"国家重大传染病综合防治示范区项目加快实施，全国中医药先进市顺利验收，7 家新增三级医院通过评审。食品药品监管机构改革全面完成，查处食品药品违法案件 561 起。群众看病就医费用负担进一步减轻，截至 2013 年 12 月月底，共让利于民约 1 700 万元，惠及 514 万人次。公益性文化事业单位改革稳妥推进，城乡公共文化服务体系逐步健全，被评为全国第二批文化和科技融合示范基地。人口素质明显提高，自然增长率控制在 1.96‰以内。广播电视、档案、信息化、老龄、气象、水文、地方志、红十字、残疾人、妇女儿童、防震减灾等工作有力推进。三是社会管理全面提升。绵阳志愿服务总队被中国志愿服务联合会聘为首批理事单位，全国城市文明程度指数测评在 50 个文明城市中较 2012 年上升 21 位。网络理政深入开展，荣获全国首批网民留言办理工作示范市称号。领导干部下访和包案化解信访积案制度全面推行，重大决策社会稳定风险评估机制逐步健全。平安建设活动积极开展，群众满意度全省第一。市公安局获公安部"4·20"芦山地震抗震救灾嘉奖，市拘留所荣立公安部集体一等功。“六五”普法扎实开展，“绵阳司法”获评全国十大司法行政微博。1至10月，绵阳全市各类人民调解组织成功调解矛盾纠纷33 772件、涉及当事人94 335人，调解成功率98.2%、协议履行率99%以上，防止民转刑案件、群体性上访和械斗事件973件。城市管理水平显著提升，首批设置完成24个便民服务区。安全社区和企业安全生产标准化建设不断强化。国防教育和国防动员持续深化，后备力量建设切实加强。统计、工商、税务、邮政、住房公积金、国安、民族、宗教、保密等工作积极推进。

2014年1月，绵阳市六届人大五次会议提出了经济社会建设的总体要求，号召全市上下全面贯彻落实党的十八大、十八届二中全会、十八届三中全会、中央经济工作会议，省委十届三次全会、省委经济工作暨城镇化工作会议以及市委六届六次全会精神，坚持科学发展、加快发展工作指导思想，把握稳中求进、改革创新工作基调，以科技城集中发展区建设和战略性新兴产业为主要抓手，推进科技城建设取得更大突破，围绕建设中国西部经济文化生态强市，继续实施“两化”互动和城乡统筹、创新驱动、开放合作、文化引领、民生优先、绿色低碳“六大发展战略”，促进全市经济持续健康发展、社会和谐稳定。

2014年7月，中共绵阳市委六届七次全会围绕国家科技城、西部经济强市、政府职能转变、城乡统筹、法治绵阳、反腐倡廉、西部文化强市、保障和改善民生、和谐社会、西部生态强市、党的建设等方面，对绵阳全面深化改革做出了全面部署，并强调“必须最大限度增加和谐因素，增强社会发展活力，提高社会治理水平”。

2014年，绵阳民生持续改善，社会持续稳定，和谐绵阳基础进一步得到夯实。一是民生工程项目顺利推进。截至3月月底，102 个省级项目，除 4 个项目因国家投资计划未下达外，其余 98 个项目均按进度有序实施。76 个市级项目，绝大部分按计划顺利推进。二是覆盖城乡居民的社会保障体系不断完善。截至 5 月月底，全市养老、工伤、生育保险参保总人数为 164.24 万人，其中城镇职工基本养老保险参保 93.44 万人、工伤保险参保 36.87 万人、生育保险参保 33.93 万人；城乡居民养老保险已参保人数 235.48 万人。城镇职工基本医疗保险参保人数 62.24 万人；城镇居民基本医疗保险参保人数 74.81 万人。失业保险参保人数 23.6 万人。截至 2014 年 10 月，绵阳已将全市符合条件的 157 970 户、289 782 人全部纳入城乡最低生活保障，累计保障人数 3 012 925 人次，2014 年累计支出城乡低保金 42 573 万元。自 10 月起，正式上调城乡居民每月最低生活标准，其中城市居民最低生活保障标准由每人每月 300 元调整为每人每月 350 元，农村居民最低生活保障标准由每人每月 150 元调整为每人每月 180 元。三是住房保障体系进一步完善完善。截至 1 月月底，开工保障性住房和棚户区改造 14 713 套、竣工 9 000 套。四是就业工作成效显著。就业重点做好高校毕业生、农村转移劳动力、城镇困难人员、退役军人就业，新增城镇就业 4.5 万人。仅高校毕业生，截至 10 月，我市已接收高校毕业生超过 1.4 万人，创历史新高。五是进城务工人员子女入学难问题妥善解决。2014 年，绵阳城区重点接收随迁子女的学校达 42 所，较去年增加了 10 所，确保了进城务工人员随迁子女“应读尽读”。六是扶贫工作成效显著。2014 年 1 至 6 月，全市已有 3.7 万农村贫困人口通过扶持，顺利实现脱贫致富目标，项目区群众生产生活设施得到有效改善。七是社会治理能力全面提升，人民调解优势充分发挥。截至 2014 年 1 月，绵阳劳动社会保障服务中心调解组织建设率达 50% 以上。截至 7 月月底，深入社区开展“五进”法律便民活动 773 次，化解“‘积、难、老’三案”1 579 件，调处矛盾纠纷 22 949 件，服务群众 57 681 人次。

三、和谐绵阳建设存在的问题

正如绵阳市委六届六次全会报告中指出，“在肯定成绩的同时，我们也清醒地看到，前进道路上还存在不少矛盾和困难”。具体到和谐绵阳建设，主要存在以下几方面的问题。

1. 经济发展总体水平不高

从与西部与省内市州的对比来看，绵阳发展差距明显：从西部看，绵阳经济总量曾在西部 128 个地级市中位列第 5 位，但 2011 年，已下滑至第 16 位，工业增加值、地方公共财政收入两个指标更是排在 20 位以后。除去省会城市外，绵阳 GDP 也只排第 10 位。从省内看，绵阳经济总量不到成都的 1/5，拉开其他市州的差距也微乎其微，工业增加值、财政收入等指标早已不是第 2 位。2013 年，绵阳全市地区生产总值 1 445. 12 亿元，排在四川全省第二位，比排位第一的成都少 7 653. 77 亿元（见图 10. 1）。因此，如果要与全国同步全面建成小康社会，对照十八大提出的地区生产总值和城乡居民人均收入 10 年翻番目标，扣除价格因素，今后 8 年经济年均增速需要达到 9. 7%，比全国高 2. 8 个百分点；城镇居民人均可支配收入年均增速需要达到 8. 1%，农民人均纯收入年均增速需要达到 4. 5%。

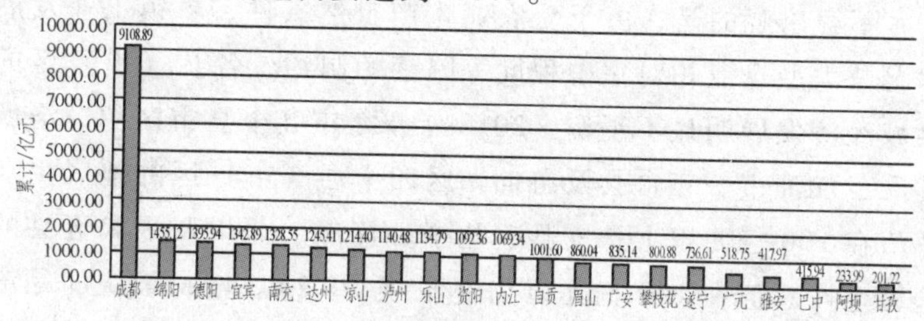

图 10. 1　2013 年我市地区生产总值在全省的排位情况

2. 县域经济发展不平衡

绵阳下辖地区涪城、游仙等2区，三台县、安县、盐亭县、梓潼县、平武县、北川羌族自治县6县及代管江油1个县级市。2006年，绵阳虽然人均GDP高于全省平均水平，但其县域经济明显滞后于全国百强县平均水平及省内的德阳（见表10.1）。2011年，四川全省县级经济综合评价排序前20强，绵阳仅占1席，成都占8席，德阳占4席。值得庆幸的是，这一状况在2014年有了显著的改观。2014年7月，四川省委、省政府对全省涌现出的35个县域经济发展先进县（市、区）予以通报表扬，绵阳的江油、涪城、平武、三台三个县（区）榜上有名。成为除成都外，上榜区县数量最多的地级市。

表10.1 2006年绵阳市县域经济发展水平横向比较

	人均GDP（元）	农民人均纯收入（元）	地方财政收入（元）
全国百强县域	24 540	4 980	2 134
四川省县域	8 479	4 343	554.4
绵阳县域	11 360	3 461	51.12
德阳县域	14 686	3 906	54.86

资料来源：根据2006年《四川年鉴》有关资料计算。

不容乐观的是，由于受农业生产自然条件、乡镇工业发展状况及大型企业相对集中程度等因素的制约，各县（市）区的县域经济发展明显不平衡。2013年，全市九个县市区中，涪城辖区、江油市、三台县及游仙辖区四个县（市）区的地区生产总值在100亿元以上；安县、盐亭、梓潼、北川及平武五县的地区生产总值在100亿元以内（见表10.2）。增长最快的是涪城辖区，增速为13.5%；增长最慢的是盐亭，增速为-0.5%。

表 10.2　2013 年绵阳各县市区地区生产总值、增速及排序及情况

地　区	累计（亿元）	名次	增速（%）	名次	目标完成率（%）	名次
全市	1 455.12		10		95.1	
涪城辖区	539.48	1	13.5	1	100.6	1
江油市	268.71	2	11.8	2	97.7	5
三台县	178.05	3	1.3	8	84.0	8
游仙辖区	160.12	4	11.2	3	98.8	4
安县	93.92	5	10.1	4	98.9	3
盐亭县	75.13	6	−0.5	9	82.6	9
梓潼县	73.95	7	9.8	5	96.0	7
北川县	34.48	8	9.7	6	97.1	6

注：涪城辖区包括涪城区、高新、科创、原经开、市本级。高新区含长虹；游仙辖区包括游仙区、原农科、仙海。

3. 城乡发展不均衡

我国城乡二元结构的形成由来已久。这种结构的负面作用主要表现为农村得到的公共资源明显滞后于城镇，农民享有的基本公共服务明显滞后于城镇居民，农民不能平等参与现代化进程、共同分享现代化成果。从而导致了城乡发展不平衡，严重制约了城乡发展的一体化。事实上，绵阳的城乡发展不平衡、不协调的问题也很突出。农村居民在人均纯收入、人均可支配收入、消费水平、交通与住房、耐用消费品等方面都还与城市居民有很大的差距（见表 10.3）。

表 10.3　2008—2012 年城乡居民家庭基本情况

指标	单位	2008	2009	2010	2011	2012
城乡居民收入						
农村居民家庭人均纯收入	（元）	4 752	5 152	5 940	7 183	8 213
城镇居民家庭人均可支配收入	（元）	12 200	13 701	15 516	17 998	20 755
消费水平						
居民人均消费水平	（元/人）	7 197	8 801	8 654	10 157	11 227
农村居民	（元/人）	4 605	6 714	5 326	6 344	6 668
城镇居民	（元/人）	11 361	12 029	13 679	15 680	17 335
农村居民家庭人均生活消费支出	（元/人）	3 924	6 051	4 607	5 513	5 772
城镇居民家庭人均消费性支出	（元/人）	9 959	10 664	12 232	14 070	15 717
交通、住房						
城镇居民每百户拥有家用汽车	（辆）	6.7	5.8	7.7	10.5	15.2
商品房屋销售面积	（万平方米）	148.17	263.06	358.06	415.78	309.38
城镇居民人均现住房建筑面积	（平方米）	33.0	32.6	31.8	32.9	32.8
农村居民人均使用房屋面积	（平方米）	38.5	42.4	42.8	39.5	40.2
耐用消费品						
城镇居民每百户拥有彩色电视机	（部）	133.4	133.8	135.5	135.1	138.9
城镇居民每百户拥有空调器	（台）	102.9	100.9	95.3	103.3	114.8
城镇居民每百户拥有电冰箱	（台）	94.8	92.8	94.8	96.7	99.1
城镇居民每百户拥有洗衣机	（台）	97.2	96.9	98.2	98.9	101.1
农村居民每百户拥有彩色电视机	（部）	96	102	106	114	112
农村居民每百户拥有摩托车	（辆）	45	53	50	58	58

注：资料来源《绵阳统计年鉴 2013》。

4. 绵阳人口老龄化问题严重

为控制人口的急剧增长，30 多年来，绵阳严格推行计划生育政策。这不仅控制绵阳人口增长 175 万人，也加快了绵阳自身的人口老龄化进程。据 2010 年第六次人口普查初步汇总，截至 2010 年 11 月 1 日零时，绵阳全市户籍人口为 537. 5 万人，其中常住人口为 461. 3 万人。根据市人口计生部门全员数据库分析，截至 2014 年 3 月 31 日，绵阳市常住总人口为 537. 2 万人。其中，60 岁以上人口占总人口的 16. 8%；65 岁以上人口占总人口的 10. 8%。目前，绵阳人口老龄化水平高于全省水平，各种矛盾与人口老龄化问题并存。

5. 城乡中低收入群体增收困难

人多、地少、资源相对缺乏是绵阳长期存在的基本市情。绵阳人均耕地保有量仅为 1. 16 亩，低于全国 1. 39 亩的平均水平。此外，绵阳属于总体欠发达地区，工业化还处在中期，城镇化率低于全国 9 个多百分点。截止 2013 年 1 月，绵阳还有 51. 9 万人没有脱贫，还有 6. 2 万失地农民和大量失业、失能人员。因此，绵阳城乡中低收入群体增收困难，与全国同步建成小康社会任务艰巨。

6. 社会治理水平有待提高

2014 年 1 月，绵阳市委书记罗强在中共绵阳市委六届六次全会上所作的报告中指出："少数地方、部门和干部服务意识不强、落实能力不强、行政效率不高；形式主义、官僚主义、享乐主义、奢靡之风在各级各部门都有不同程度的存在。"林书成市长在绵阳市第六届人民代表大会第五次会议上也指出："一些政府部门和工作人员服务意识、责任意识、为民意识、法纪意识不强，在盘江大桥垮塌等事件中存在渎职失职行为；个别地方盲目追求 GDP 增速，政绩观出现偏差，工业增加值等统计数据失真，损害了政府公信力。”

第二节 新一轮和谐绵阳建设的目标和任务

中共绵阳市委六届七次全会对绵阳全面深化改革进行部署，进一步明确了和谐绵阳建设的指导思想、目标任务、总体要求及具体任务。

一、和谐绵阳建设的指导思想

我们高举中国特色社会主义伟大旗帜，认真贯彻落实党的十八届三中全会和省委十届四次全会精神，坚持社会主义市场经济改革方向，坚持以促进社会公平正义、增进全市人民福祉为出发点和落脚点，坚持科技立市、工业兴市，以创新驱动为引领、军民融合为特色、转型发展为重点，进一步解放思想、解放和发展社会生产力、解放和增强社会活力，坚决破除各方面体制机制弊端，为加快建设国家科技城和西部经济文化生态强市提供强大动力。

二、和谐绵阳建设的目标任务

按照“完善和发展中国特色社会主义制度，推进国家治理体系和治理能力现代化”的总目标，统筹推进经济、政治、文化、社会、生态文明“五位一体”改革、党的建设制度改革和科技城政策创新体系建设，探索具有时代特征、体现绵阳特色的全面深化改革之路，让一切劳动、知识、技术、管理、资本的活力竞相迸发，让一切创造社会财富的源泉充分涌流，将发展成果更多更公平地惠及全市人民。到2015年，在群众最期盼的改革领域取得突破性进展；到2017年，在创新驱动转型发展、国资国企改革、激发市场主体活力、生态文明建设等体制机制上取得重大突破；到2020年，全面完成本决定提出的改革任务，在重要领域和关键环节改革上取得决定性成果，形成系统完备、科学规范、运行有效的制度体系，为促进发展和改善民生提供坚强保障。

三、和谐绵阳建设的总体要求

坚持党的领导，贯彻党的基本路线，坚定不移走中国特色社会主义道路，确保改革的正确方向；坚持问题导向，聚焦影响全市改革发展稳定的重大问题和群众反映强烈的突出问题，找准改革着力点；坚持积极稳妥，正确处理改革发展稳定关系，开展重大改革决策事项专家论证咨询和社会稳定风险评估，提高改革决策科学化水平，增强改革措施可操作性；坚持攻坚克难，树立强烈的历史使命感和责任感，以“敢闯”的锐气和“会闯”的睿智，最大限度地调动一切积极因素，最大限度地增强经济发展内生动力，努力创造经得起实践、历史和人民群众检验的改革成果。

四、和谐绵阳建设的具体任务

改革开放是发展的必由之路，是新的历史时期进行的新的伟大革命，具有最鲜明的时代特色。在全面深化改革开放的新时期，绵阳必须立足市情实际，解放思想、改革创新、统筹兼顾，奋力推进和谐绵阳建设。

1. 完成现代政府转型，促进政府与市场和谐

市场这只“看不见的手”，是资源配置的最佳方式，是促进财富增长的最佳运行机制。政府这只“看得见的手”在经济社

会发展中从来都至关重要，是改革开放和现代化建设事业取得成功的重要保证。因此，要实现经济社会稳中求进，由量变走向质变，一方面必须把握好政府“破”与“立”之间平衡，该放的要放手，该管的要管好，科学有效地发挥政府在市场经济中的宏观调控作用；另一方面必须尊重市场规律，优化市场机制，完善现代市场体系，充分发挥市场在资源配置中的决定性作用，增强绵阳经济发展的内生动力与活力。

2. 完善公共文化服务体系，满足人民精神文化需求

文化是凝聚力和创造力的重要源泉，文化发展是社会发展的重要组成部分，对促进经济增长、推动社会全面进步具有基础性、战略性作用。建设公共文化服务体系是深化文化体制改革背景下的一种新的文化自觉，是全面建设小康社会的必然要求，是繁荣发展社会主义先进文化、构建社会主义和谐社会的必然选择。绵阳一要弘扬社会主义核心价值观，推动文化价值观念创新；二要坚持总体谋划、顶层设计、以人为本的原则，深化文化体制改革；三要建立公共文化协调机制与财政保障机制，建设公共文化服务体系，完善公共文化服务供给模式；四要完善公共文化服务设施规划和建设，建设基层综合性文化服务中心；五要完善文化惠民长效机制，促进基本公共文化服务标准化、均等化；六要增强文化发展活力，提升文化服务地方发展能力，满足人民群众日益断增长的精神文化需求，维护好、实现好、发展好人民群众基本文化权益。

3. 推进城乡统筹发展，促进城市与农村和谐

城乡统筹发展事关全面建设小康社会大局，是全面深化改革工作的重中之重。绵阳必须把统筹城乡发展作为中国西部经济文化生态强市建设的根本要求，一要坚持分类指导的差异化区域协调发展政策，支持各县市区走符合自身实际的特色发展道路；二要完善分类指导的金融、土地、产业、投资政策，创新人才、劳动力、资金、资源跨区域自由流动机制；三要大力发展现代农业，做强二三产业，壮大县域经济规模，夯实底部基础，构建竞相发展格局；四要培育发展城镇群，促进城市和小城镇合理分工、功能互补、协同发展；五要创新区域联动与产业融合发展机制，推进区域基础设施建设、产业分工协作、公共服务对接共享，推动绵阳主城区与江油城区、安县县城、北川新县城、三台芦溪工业园同城化发展。

4. 推动社会事业改革创新，不断提升民生福祉

为了向社会提供多样化服务，让改革成果惠及全体人民，必须推动社会事业改革创新，解决好人民最关心最直接最现实的利益问题。具体而言，一要深化教育领域综合改革。深入推进素质教育和均衡教育改革，完善学校德育评价机制，完善学前教育办园体制，深化义务教育评价机制和体制改革，探索推行教师“县管校用”制度改革，推进考试招生制度改革，加强教育园区建设管理，完善职业教育产教融合制度，完善教育投入保障机制，简化教育督导评估程序，规范校园医务管理，加强校园警务建设。二要深化医药卫生体制改革。统筹推进公立医院改革，完善中医药事业发展机制，深化基层医疗卫生机构综合改革，探索建立医疗服务联合体，探索建立基层首诊、分级诊疗和双向转诊制度，鼓励社会办医，有序开放个体诊所设置，大力推进医疗责任保险，依法实施“单独”两孩和计划生育奖励政策，深入开展计生特困家庭扶助关爱活动。三要健全创业就业体制机制。建立经济发展和扩大就业的联动机制，建立完善以公共就业、创业服务体系为牵引，加强人力资源市场建设，完善城乡就业困难人群就业援助机制，建立完善公平就业机制和劳动保障监察执法体系，完善就业失业监测统计和职业技能培训制度，健全劳动者工资收入正常增长机制和分配调节机制，健全劳动关系三方协调机制。四要健全城乡社会保障体系。建立健全基本养老金多缴多得激励机制，完善流动就业人员养老、医疗保险转移接续政策，严格执行被征地农民社会保障政策，建立全民社保登记制度，推进城乡居民基本医疗保险制度整合，建立低保标准、社会救助保障标准与本市经济社会发展水平和物价上涨挂钩联动机制，加强保障性住房制度建设，建立公开规范的住房公积金制度，探索公办养老机构改革。五要健全困难群众帮扶机制。建立精准识别和帮扶机制，健全特困人员专项救助制度，健全城乡困难人群救助体系，建立扶贫资金投入稳定增长机制。

5. 推进生态文明建设，推进人与自然和谐

建设生态文明，必须牢固树立绿色低碳循环发展理念，正确处理好经济发展与环境保护的关系，着力建立生态文明制度，推动形成人与自然和谐发展的新格局，努力将绵阳建设成为国家生态文明先行示范区。具体而言，一要坚持生态优先理念，着力构建大生态建设与环境保护管理格局，完善生态环境源头保护制度。二要积极开展自然生态空间统一确权登记，建立健全资源生态效益评估机制，建立健全生态容量制度，发展节能环保市场，完善污水、垃圾、废物集中处置收费制度，建立完善自然资源有偿使用制度。三要抓紧建立生态补偿效益评估机制，探索多元化生态补偿方式，建立完善森林、草地、水资源动态补偿机制。四要建立生态红线保护制度，坚定不移实施主体功能区制度，探索构建科学的红线区域分级分类管理，建立资源环境承载能力预警机制，建立土壤污染风险评估和污染土壤修复制度，建立绿色矿山建设标准和激励约束机制。五要建立完善生态文明建设推进机制，建立生态文化体系，完善生态文明建设的地方性规章和标准体系，健全公众参与机制，完善污染源全过程监管机制，健全规划环评和项目环评联动机制，探索编制自然资源资产负债表，探索建立农村环境保护管理体系，完善生态文明建设目标责任评价、考核和奖惩体系。

6. 推进法治建设，提升治理能力

法治社会是和谐社会的首要特征和核心内容，是和谐社会的前提基础和制度保障，因此和谐社会实质上就是一种法治社会。建设“和谐绵阳”，必须正确把富民兴绵各项事业全面纳入法治化轨道。一要加强民主政治建设，改进党委领导方式和执政方式，健全“一府两院”由人大产生、对人大负责、受人大监督制度，完善重大决策事项决策前听取政协意见制度，完善各级党委同各民主党派的协商，健全民主党派地方委员会直接向同级中共党委提出建议制度。二要落实依法治国基本方略，坚持依法治市、依法执政、依法行政共同推进，坚持法治绵阳、法治政府、法治社会一体建设，坚持用法治思维和法治方式深化改革、推动发展、化解矛盾、维护稳定。三要推进依法行政，普遍建立法律顾问制度，规范各级行政机关的权力范围，深化行政执法体制改革，严格落实行政执法首问责任制，规范行政执法自由裁量权，完善行政执法与刑事司法衔接机制，改革行政复议体制机制，强化依法行政考核，严格执行国家赔偿制度。四要深化司法体制改革，支持人民法院、检察院依法独立行使审判权、检察权，健全司法权力运行机制，完善证人证物保护制度，健全错案防止、纠正、责任追究机制，建立健全违反法定程序干预司法的登记备案通报制度和责任追究制度，完善司法救助制度、轻微刑事案件快速办理机制、社区矫正机制及律师执业权利保障机制。五要健全科学化的决策机制，坚持先调研后决策制度，建立健全决策咨询制度，完善公众参与决策程序，健全重大决策社会稳定风险评估机制，健全决策纠错改正机制。

第三节 绵阳全面深化社会治理体制机制改革的战略部署

在全面深化改革新阶段，必须创新社会治理体制机制，创新社会组织管理制度，加强社区阵地建设，完善预防和化解社会矛盾机制，健全公共安全保障体系，为绵阳社会发展与进步提供重要保障。

一、创新社会治理体制机制，为发展提供重要保障

创新社会治理体制，改革社会治理结构，坚持依法治理、源头治理、综合治理、协调运行，促进社会治理的科学化、法治化、现代化。加快推进动员协同平台建设，以社会组织为中介，以社区为基础，建立参与主体之间多元对等的沟通协调机制，优化社会应急联动救助平台。加快推进社会建设信息共享平台建设，推行政务公开，健全公共政策社会公示、听证制度，保障公民的知情权、参与权，构建民主化社会治理机制。加快推进公共服务平台建设，优化基层社会服务管理中心体系建设，创新外来人员社会融入机制，完善流动人口服务管理机制。加快推进网络问政理政平台建设，建立健全维护群众权益机制，落实领导干部下访接访和包案化解信访积案制度，扎实推进工作。

二、创新社会组织管理制度，激发社会组织活力

社会治理是社会建设的重要内容，社会组织是社会治理的重要主体和依托。激发社会组织活力有利于推动政府改革，优化社会治理；有利于创新公共服务提供方式，优化公共服务供给；有利于反映社会诉求，化解社会矛盾。我们将推进社会组织去行政化和去垄断化改革，优化社会组织健康有序发展和积极发挥作用的社会环境。扩大社会组织直接登记范围，完善社会组织登记评估机制。支持和发展各类志愿服务组织，优化大群团工作格局，重点培育和优先发展服务经济、服务民生的行业协会商会类、科技类、公益慈善类、社区服务类社会组织。建立志愿服务时间储蓄制。完善行业协会适度竞争的机制，推行“一业多会”，打破“一业一会”垄断全行业和领域的管理与服务的局面，杜绝行业组织从事损害社会福利的行为的可能性。创新社会组织管理制度，健全社会组织管理体制，激发社会组织活力，推动政府改革，优化社会治理，优化公共服务供给，化解社会矛盾。

三、加强社区阵地建设，构建多元协作性社区治理机制

社区建设是社会建设的重要方面，也是构建和谐社会的基础性工程。我们将准确对社区定性与定位，完善社区治理机制，培育社区自治组织。理顺政府与社区自治组织的责权关系，协调好自治组织和民间组织的关系，健全专业社工人才队伍发展机制，推动社区建设、社会组织建设、社工队伍建设“三社互动”。优化管理层级，规范社区布点，理清社区居委会与街道的职责划

分。健全基层社区党组织和社区居民委员会组织，建立各尽其责、相互配合、畅通协调、良性互动的社区议事协商工作机制。加强社区阵地建设，落实同步规划、同步建设、同步验收、同步交付使用的市场化改革措施，完善社区办公用房和居民公益性服务设施。探索建立镇（街）和职能部门双向考核制度，鼓励推动居委会和业委会成员交叉任职，规范小区业委会选举产生和监督管理。建立健全社会稳定风险评估机制，推进社区信息化、网格化、综合化、专业化服务，建设“平安社区”。创新政府理念，培育社区文化意识，引导公众依法有序参与公共治理，构建多元有序参与型社会治理机制。

四、完善预防和化解社会矛盾机制，维护社会和谐稳定

绵阳是四川第二大城市和国防军工重地，各种社会矛盾纷繁复杂，社会利益多元化、社会结构复杂化特征明显。特别是当前改革已进入攻坚期、深水区，各方面改革都涉及权力利益再分配、再调整，情况更加复杂，治理难度也越来越大。我们将推进法治绵阳建设，坚持运用法治思维和法治方式化解社会矛盾，维护社会和谐稳定，推动社会经济发展。综合运用法律规范、行政管理、道德约束和舆论导向等手段，重点解决涉及群众利益、影响社会稳定的突出矛盾和尖锐问题。加强社情民意调查分析，建立畅通有序的诉求表达、心理干预、矛盾调处、权益保障机制。建立健全社会心态预警机制、社会稳定风险评估机制及社会心态失衡应急机制，确立社会稳定风险提示制度。全面改革信访制度，落实基层信访工作责任制，建立网上受理信访、部门联合接访和市县乡三级视频联合接访制度。探索建立诉访分离后的衔接机制，建立涉法涉诉信访依法终结制度。完善大调解工作体系，

建立第三方机构社会矛盾调处机制，健全人民调解、行政调解、司法调解衔接联动机制。

五、健全公共安全保障体系，增强社会安全管理能力

目前我国正处于经济和社会的转型期，公共安全面临的严峻形势越来越凸显，面临着十分严峻的挑战。因此，健全公共安全保障体系刻不容缓。我们将健全公共安全保障体系，完善食品药品安全监管体制，深化安全生产管理体制改革，完善互联网管理体制和工作机制，完善应急指挥和防灾减灾救灾工作新机制，深入推进社会治安综合治理，建立立体化社会治安防控体系，严厉打击各类违法犯罪活动，坚决遏制重特大公共安全事故，推动全市社会治安大整治、大防控和大提升，切实保障群众生命财产安全，努力实现百姓心安、绵阳平安。

民生连着民心，解决民生难题是党委、政府的首要责任。和谐绵阳建设必须坚持全面深化改革，必须坚持民生优先，要在保障和改善民生、加快和发展社会事业、加强和创新社会治理的过程中突出抓好群众最急最盼的事情，使全市人民更好地享受到经济发展与社会进步的成果。

第十一章　围绕中国西部生态强市建设，构建生态文明建设体制机制

建设西部生态强市是绵阳经济社会可持续发展的必然要求，也是绵阳全面深化改革的重大战略任务。围绕西部生态强市建设，绵阳坚持绿色低碳发展，加大环境保护力度，努力建设美丽绵阳，生态文明建设水平不断提高，可持续发展能力显著增强。在全面深化改革的新形势和新要求下，绵阳将全面推进生态文明建设，着力加快生态文明建设的体制机制创新，这对于推动绵阳科技城建设取得新突破和建设西部经济文化生态强市将产生深远的影响。

第一节　生态强市建设的成就与存在问题分析

绵阳地处长江上游，是长江上游生态屏障的重要组成部分。绵阳在生态强市建设取得显著成效的同时，也暴露出一些突出的问题。准确把握取得的成绩和优势机遇，客观正视存在问题和差距，将进一步坚定绿色低碳发展的信心和决心，明确建设西部生态强市的发展路径，力求在建设生态文明上取得新的突破。

一、生态强市建设的显著成效

近年来，绵阳围绕建设生态强市目标，大力实施绿色低碳发展战略，强力推进生态环境保护，生态文明建设取得了明著的成效。

1. 组织保障坚强有力

一是市委、市政府高度重视，对绵阳建设西部生态强市做出了一系列战略部署。2006 年做出了建设生态市的决定，2008 年绵阳市人大正式批准了《2006 年至 2020 年绵阳生态市建设规划》，2009 年市委、市政府做出建设“六个绵阳”的战略决策，2010 年决定争创国家森林城市，2010 年、2011 年绵阳市人民政府办公室连续下发了《关于做好生态市建设工作的意见》，2013 年 1 月绵阳市委六届五次全会决定“建设西部经济文化生态强市”，2013 年 3 月正式印发了《关于加快绿色低碳发展的实施意见》，2014 年 7 月绵阳市委六届五次全会通过了《关于全面深化改革的决定》，提出了围绕西部生态强市建设，努力将绵阳建设成为国家生态文明先行示范区的奋斗目标。二是在生态文明制度建设上不断探索创新，先行先试，走在了全省乃至全国的前列。首先，成立组织领导机构。2013 年 1 月，市委、市政府专门成立了“生态文明建设，绿色低碳发展”领导小组，由市委书记任组长、市长任常务副组长，相关市级领导任副组长，市级相关单位及各县市区（园区）为成员单位，生态强市建设工作上升为绵阳的“一把手”工程。其次，加强政策配套。专门研究制定了节能减排、绿色低碳发展、生态资源和环境保护等政策文件和实施意见，通过强化政策支持、强化科技支撑、强化金融保障，确保了生态强市建设扎实推进。再次，建立联席会议制度。每季度末至次月 10 日，定期召开全市生态强市建设工作联席会，分析、解决生态强市建设中的各种问题，统筹协调全市生态强市建设工作。最后，出台目标考核体系。2013 年 7 月出台了《绵阳市生态文明建设考核指标体系》和《绵阳市生态文明考核指标解释及考核办法》，对各县（市、区）、园区生态文明建设实行差异化分类考核。2014 年，又出台了《县市区党政主要负责人离任生态环境审计评估试点指标体系》，内容包含了生态空间、生态环境、生态经济、生态文化、生态人居、生态制度等 6 个方面 32 项具体指标，开始了领导干部离任生态环境审计评估试点工作。绵阳在全省率先将生态文明建设考核纳入党政实绩考核范围，摸索出了一套适合科学发展的生态文明考核体系。

2. 环境质量持续改善

一是水环境质量优良。2013 年，全市河流水质总体良好，主要河流全年水质达到优级。涪江、安昌河、通口河、凯江、梓江水质达标率达到 100%，涪江绵阳城区四个饮用水水源地的水质达标率达到 100%。2014 年，继续大力开展“三江水环境综合整治”“小流域水环境综合整治”，关停企业 65 家，停业整顿 47 家，限期整改 184 家，平政河等 11 条小流域沿线 67 家企业实现达标排放，水质明显改善。二是城市大气环境优良。2013 年，全市空气质量监测 365 天，达到优良的天数 322 天，轻微污染 39 天，轻度污染 2 天，中度污染 1 天，重度污染 1 天，达标率为 88.22%。2014 年 1—10 月，城区空气质量优良天数达 217 天，位于全省八个环保重点市前列。三是声环境质量总体较好。2013 年度各功能区昼间噪声环境质量较好，除 4 类区夜间超标外，1.2.3 类功能区昼间、夜间和 4 类区昼间均符合《声环境质量标准》中相应的标准；2013 年度全市城区主要交通干道噪声监测达到《声环境质量标准》要求，全市城区区域环境噪声监测结果达到四川省区域环境噪声控制指标要求，质量状况均为较好等级。四是污染防治水平明显提高。绵阳市认真贯彻实施固体废物污染防治的法律法规，工业固体废物利用率和城市生活垃圾无害化处理率不断提高。2013 年，全市工业固体废物综合处置利用率为 99.10%，全市危险废物处置利用率为 100%；2014 年，城区生活污水集中处理率达 95.1%，城市生活垃圾无害化处理率继续保持 100%。广泛应用节能技术和产品，大力淘汰落后产能，主要污染物排放总量得到有效控制。五是城乡绿化美化成效明显。王朗国家级自然保护区二期、小枧生态湿地公园首期 300 亩主体基本建成，小寨子沟自然保护区晋升国家级自然保护区，涪城凤凰山省级森林公园获批，三江湖国家湿地公园总体规划通过国家林业局专家组同意。全市共完成国、省、县级公路绿化里程 3 561 公里，渠系绿化 3 753 公里，河道绿化 3 168 公里，生态保护区面积占国土面积的 17%。城区开工建设湿地公园 5 个，体育公园 1 个，建成城市健康绿道 17 公里，绵阳城区新增绿地面积 241.4 公顷，新增绿化覆盖面积 244.8 公顷，新增公园绿地面积 124 公顷，全市森林覆盖率达 49%，城区人均绿地面积达 9.8 平方米，已成功创建省级森林城市、国家园林城市，2014 年获得联合国环境规划基金会“杰出绿色生态城市”称号。“天蓝、地绿、水净、人和”的城乡新貌日益显现。

3. 生态经济增势强劲

一是高新技术成为经济增长主力。近年来，绵阳坚持走绿色低碳发展之路，大力发展循环经济和高新技术产业，工业结构加速向高端和节能方面转型升级。长虹、九洲、攀长钢、新华等骨干企业加速发展，联想科技园、IBM 大数据分析竞争力中心、宝马 N20 发动机、永年 3D 打印等一批高端项目和北斗卫星导航、通用航空、新一代显示技术、3D 打印、大数据和新一代互联网、新能源汽车、环保等7大战略性新兴产业落户绵阳。绵阳高新区正在向千亿园区迈进，经济开发区成功升级为国家级经济技术开发区。高新技术产业和战略性新兴产业正在形成打造绵阳经济“升级版”的“新引擎”。二是绿色低碳产业发展迅猛。近年来，全市共淘汰落后产能企业80户，经测算，实现节能24.3万吨，减排二氧化碳89.7万吨、二氧化硫152.6万吨、化学需氧量780.1吨。2013年，绵阳市采取倒逼机制，关闭小煤矿5个，淘汰落后产能企业9户，实现煤炭全行业退出。2014年，对35家企业开展清洁生产审核，关停运行20多年的热电厂，淘汰2台110蒸吨锅炉，年减少燃烧量10多万吨，江油发电厂2×300MW机组脱硫改造完成。与此同时，大力培育环保产业。截至2014年9月底，全市新申报认证科技型中小企业1 815户，其中新注册企业1 400户，科技型中小企业累计达3 687户，泰越通信、锐洋新材料等一批企业已建成投产，中科成等一批环保行业企业逐渐崛起，3D打印、无人机等新兴产业崭露头角。三是生态农业稳步推进。严格控制农药施用，施用农药总量连年下降；加强畜禽养殖标准化建设，规模化畜禽养殖废弃物处理率达到80%以上；大力推广择土配方施肥，配方肥应用面积达到农作物总播面的约一半；加强绿色防控和统防统治，防控面积占农作物总播面的36%；大力推广户用沼气，累计建成农村户用沼气池57.8万口，占总农户的46%以上，占适宜建池农户的70%以上；狠抓秸秆禁烧和综合利用，2014年全市春季秸秆综合利用率达95.6%，秋季秸秆综合利用率达93.5%，实现了核心区“不点一把火，不冒一处烟”，秸秆禁烧期间空气质量优良率逾九成；加强农产品品牌建设和农产品质量安全监管，全市“三品一标”达到214个，2012年省级农产品质量安全监测平均合格率达98.4%，全市畜产品综合优质率达到82%。四是生态旅游快速发展。目前，绵阳全市已有A级景区19家（其中5A级风景区1

家、4A 级风景区 8 家、3A 级风景区 3 家），数量居全省第三；有星级饭店 33 家（其中五星级 1 家、四星级 8 家、绿色旅游饭店 5 家）；有国际国内旅行社 61 家。北川羌城旅游风景区成功创建为国家 5A 级风景区，绵阳创建旅游标准化示范市通过验收。"李白出生地，中国科技城"已成为绵阳对外宣传一张响亮的名片。2013 年，绵阳旅游总收入实现 205.21 亿元，同比增长 49.57%。

4. 生态建设有效推进

一是林业建设成效显著。全市依法对 1 838 万亩林业资源实行了常年有效管护，累计完成天然林资源保护工程公益林建设 237.45 万亩退耕还林工程建设 237.45 万亩，修复震损林地植被 140.75 万亩。全市自然保护区已达 12 个，国家级森林公园 1 个，总面积 3 441.3 平方公里，占辖区面积的 17%。大熊猫、金丝猴、珙桐、红豆杉等一大批濒危物种种群得到恢复和发展。森林防火和病虫害防治工作得到加强，森林病虫害防治率提高到 80% 以上。二是国土治理加快推进。2006 年以来，绵阳全市共实施"金土地工程"项目 176 个，总投资 12.14 亿元，整理土地 85.97 万亩，新增耕地 11.45 万亩。全市耕地保有量 675.28 万亩（其中基本农田面积 547.92 万亩）。在"5·12"特大地震灾后重建中，全面完成 84 万亩灾毁耕地复垦整治，全面开展震后地质灾害防治，完成重大地质灾害治理 269 处，应急排危 393 处，避险搬迁 6 629 户，群测群防 479 处。三是水生态建设得到优化。以小流域治理为单元加强水土流失治理，完成水土流失治理面积 500 余平方公里；严格实行用水总量控制，先后编制完成了《绵阳市行政分区用水总量分配方案》《绵阳市安昌河流域水资源分配方案》；严格实行排污总量控制，编制完成了《绵阳市重要江河水功能区纳污能力核定和分阶段限制排污总量控制方案》；大力加强节水型社会建设，全面完成绵阳城市全国节水型社会建设试点；加强水资源配置管理，先后三次从沉抗水库调水补充芙蓉溪生态用水，成功从涪江上游调水保证了绵阳城区生产生活用水。

二、生态强市建设的突出问题

尽管绵阳在生态强市建设中取得了明显的成绩，积累了一定的经验，但同时也存在着对建设生态强市意义认识不深、工作推进不够有力、体制机制尚不完善等突出问题，需要引起高度重视。

1. 对生态强市建设认识不到位

建设西部生态强市是绵阳市委市政府做出的重大战略决策，也是绵阳全面深化改革和实现经济社会可持续发展的题中应有之意。近年来，绵阳市对生态强市建设的宣传力度虽进一步加大，生态文明意识越来越成为一种全社会的共识，但与加快建设生态强市的客观要求仍然存在一定的差距。从普通民众来看，尽管普遍认识到生态强市建设的重要性，但往往存在着与己无关的思想，往往在文明城市创建、节能减排活动、环境污染监督、环境保护开展、生态保护志愿活动等方面处于被动状态，缺乏积极主动的参与意识。与此相对应的是，绵阳资源消耗、碳排放仍在快速增长，城乡特别是农村中还存在着比较明显的脏、乱、差的现象。在一些街道及居民小区中，对环境工程及公共设施的破坏还时有发生；城市噪声污染、空气污染、烧烤污染、尾气污染等问题还没有得到根本解决；农村部分地区在经济快速增长的同时，资源消耗、碳排放也在快速增长，主要污染物排放和乡镇生活污水处理压力继续加大。从各级党委政府和领导干部来看，尽管市上已经将生态文明建设考核纳入党政实绩考核内容，但仍然有一些地方和部门在工作中存在着不同程度的非理性的发展理念和决策行为。如一些地方重经济增速、轻发展质量，重形象工程、轻环境影响，不惜牺牲生态环境利益而追求盲目的GDP增长的现象还比较突出；在缺少充分的环境影响评估的情况下，盲目招商引资、盲目上项目，追求发展轰动效应的情况也不同程度的存在。生态意识和发展理念方面存在的问题，对绵阳生态强市建设带来了不利影响。

2. 创建生态市工作推进缓慢

早在2005年，绵阳就启动了生态市创建工作，成立了生态市创建工作领导小组。2009年底，全市六县一市两区的生态县市区创建规划编制完成，创建生态市工作开始全面推进。市委六届五次全会决定“建设西部经济文化生态强市”，生态市创建工作成为西部生态强市建设的重要内容和主要抓手。创建生态市需要“全市80%的县（含县级市）达到国家生态县建设指标并获命名”，创建省级、国家级生态县分别需要“50%、80%的乡镇达到省级以上生态乡镇考核标准并获命名”。由于绵阳各个县市区目前还没有生态工业园区及省级生态乡镇，所以省级生态县建设尚未有实质性进展，在7个省级生态县建设的基本条件中，“辖区内省级及省级以上开发区启动了生态工业园区建设”和“全县（市、区）50%以上的乡镇达到国家级或省级生态乡镇考核标准命名”两项重要条件均不满足要求。虽然每个县市区都在创建，但至今仍无一个通过验收。在生态乡镇的创建上，截至2014年9月，全市仅成功创建2个国家级生态乡镇（仙海区沉抗镇、江油市青莲镇），无省级生态乡镇。从生态市创建的具体指标来看，绵阳也只有农民人均纯收入、森林覆盖率、受保护地区占国土面积比重、空气环境质量、水环境质量、噪声环境质量、主要污染物排放强度等指标可能达标或接近，其余指标均有一定差距。创建生态市工作进展缓慢，差距明显，与绵阳建设西部生态强市的要求不相符，也与绵阳作为四川省第二大城市的地位不相符。

3. 生态强市建设特色不鲜明

西部生态强市，不仅要在地域上领先，更应在生态文明建设的成就和特色上领先。尽管我市在生态文明建设上有一定的优势和基础，但在工作具体推进上，主要以完成上级和领导要求的日常工作多，体现科技城特色的重点、难点工作不突出，尤其在将科技优势转化成为经济优势和生态优势上缺乏亮点和突破，显得非常不足。绵阳是党中央、国务院批准建设的中国唯一的国家科技城，有“西部硅谷”之称，科技资源富集，科技优势明显。如何在西部生态强市建设中体现科技城的特色，如何提高建设西部生态强市的科技含量，需要继续深入思考和付出艰苦努力。

4. 生态强市建设体制机制不完善

尽管绵阳在生态文明建设体制机制建设方面进行了一定的探索并取得了初步的成效，但是仍存在着体制机制不健全、工作推进不够有力、执行效果不太明显等问题，在一定程度上制约着绵阳生态强市建设的进程。

一是体制机制不系统、不完善。已出台的与生态文明建设有关的规划、政策等文件很多，但大多是零星分散的，特别是缺乏整体的、配套的政策法规体系；初步建立的生态环境源头保护、自然资源有偿使用、生态补偿、生态红线保护等制度不健全；缺乏严格的生态环境保护责任追究制度和环境损害赔偿制度；市场化运行机制还不规范，市场机制的作用没有充分发挥，等等。

二是生态文明建设规划滞后。虽然绵阳早在2008年就正式印发了《绵阳生态市建设规划》，但与经济社会发展规划的衔接不够，其规划内容和要求也没有随着形势的发展进行相应调整和完善。建设西部生态强市和国家生态文明先行示范区更是缺乏规划的引领。

三是协调机制作用发挥不充分。目前绵阳既有“生态市建设领导小组”，又有“生态文明建设、绿色低碳发展领导小组”，两者在推进绵阳生态强市建设中的职责范围、工作重点、相互关系尚未理顺；涉及生态强市建设的各县市区（园区）和环保局、发改委、经信委、林业局、住建局、城管局等部门，虽然明确了牵头部门和配合部门、落实责任部门和监管部门，但仍需要进一步健全相互协调、齐抓共管的常态机制。

四是考核评价机制不健全。以前考核侧重于考核省上下达的节能降耗和主要污染物排放，虽然从2013年开始对县市区（园区）加大了生态文明考核，2014年起开始了领导干部离任生态环境审计评估试点，但还缺乏对市级有关部门的考核，指标体系也需进一步完善和细化，使之更加科学。

第二节　新一轮生态强市建设的目标和任务

当前，绵阳正处于全面深化改革、建设西部经济文化生态强市、实现科技城建设突破性发展和完成“十二五”规划任务的关键时期。新的形势、新的要求、新的机遇，必将为绵阳新一轮生态强市建设注入新的动力与活力。只要抓住发展机遇，明确目标任务，找准突破路径，绵阳生态强市建设将跨越提升、大有可为，开创全新的局面。

一、加快生态强市建设的重要性和紧迫性

1. 加快生态强市建设是贯彻落实党的十八大、十八届三中全会精神，全面深化改革的重大举措

党的十八大明确指出："要树立尊重自然、顺应自然、保护自然的生态文明理念，把生态文明建设放在突出地位，融入经济建设、政治建设、文化建设、社会建设各方面和全过程，努力建设美丽中国，实现中华民族永续发展。"党的十八届三中全会进一步指出："紧紧围绕建设美丽中国深化生态文明体制改革，加快建立生态文明制度，健全国土空间开发、资源节约利用、生态环境保护的体制机制，推动形成人与自然和谐发展现代化建设新格局。"这些论述将生态文明建设提高到前所未有的高度，体现了党对经济社会可持续发展规律的认识进入全新的境界，也为绵阳深化生态文明体制改革、建设西部生态强市指明了方向。推进生态文明建设，既是一个长期的历史过程，也是一项紧迫的现实任务，客观上要求以生态强市建设为载体，坚持绿色低碳发展，加大环境保护和生态建设力度，加快形成符合生态文明要求的生产方式、生活方式和消费模式，推动绵阳经济社会和生态环境协调发展。

2. 加快生态强市建设是绵阳建设西部经济文化生态强市，全面建成小康社会的重要任务

建设西部经济文化生态强市，全面建成小康社会，不仅要求经济社会发展又好又快，而且要求生态文明建设同步推进。绵阳生态资源丰富，现有国家级自然保护区 3 个、省级自然保护区 5 个，森林覆盖率达 49%，具有良好的自然禀赋和生态条件。近年来，在经济持续快速发展的同时，生态强市建设取得积极进展，循环经济试点逐步扩大，节能减排工作扎实推进，重点流域

治理深入开展，资源利用水平显著提高，生态建设和修复得到加强，已成功创建全国文明城市、国家园林城市、国家环保模范城市、中国优秀旅游城市以及省级森林城市。绵阳完全有基础、有能力、有条件建设成为西部生态强市，走出一条生产发展、生活富裕、生态良好的文明发展道路。

3. 加快生态强市建设是优化经济结构、转变发展方式的迫切需要

建设生态文明，实现可持续发展，根本出路在于加快转变发展方式，推动经济转型升级。目前，绵阳总体上处于工业化、城市化加速推进的阶段，经济发展方式尚未根本转变，经济社会发展和资源环境约束的矛盾日益突出，节能减排的任务十分艰巨，加强生态文明建设、增强可持续发展能力刻不容缓。加快推进生态强市建设，把生态环境作为最稀缺的发展要素，有利于倒逼经济结构调整和发展方式转变，推动经济发展由主要依靠物质资源消耗向创新驱动转变，由粗放式增长向集约型发展转变，不断提高资源利用效率和环境承载能力，引导经济社会切实转入科学发展的轨道。

4. 加快生态强市建设是改善人民生活，提高人民幸福感的必然要求

建设生态强市既是发展问题，也是重要的民生工程。因为生态强市建设的根本目的和最终归宿是为人民创造良好的生产生活环境。随着经济社会的快速发展，人民群众的需求层次不断提高，在解决温饱以后，喝上干净的水、呼吸上新鲜的空气、吃上安全的食品、在良好的生态环境中生产生活，越来越成为广大人民群众的普遍追求。必须顺应群众对改善环境质量的新期盼、新要求，加快推进生态强市建设，努力建设“天蓝、地绿、水净、人和”的“美丽绵阳”，着力解决影响群众健康的突出环境问题，真正做到既要金山银山，又要青山绿水；既有物质生活水平的显著提升，又有生态环境的明显改善，促进人与自然和谐发展，让人民群众充分享受生态文明建设成果，使人民群众生活得更加幸福。

二、加快生态强市建设的总体要求、奋斗目标和主要原则

1. 总体要求

以党的十八大、十八届三中全会精神和省委十届四次、五次全会精神为指导，深入贯彻落实市委六届五次、六次、七次全会精神，紧紧抓住省委实施“三大发展战略”、推动“两个跨越”和绵阳科技城建设的有利机遇，坚持以加快转变经济发展方式为主线，以绿色低碳发展为路径，正确处理好经济发展与环境保护的关系，标本兼治推进环境治理和生态保护，着力建立健全生态文明建设的体制机制，增强生态保护和绿色低碳发展意识，积极推进节能减排，促进资源高效利用，大力建设资源节约型、环境友好型社会，推动形成人与自然和谐发展的新格局，努力将绵阳建设成为西部生态强市和国家生态文明先行示范区。

2. 奋斗目标

到 2015 年，生态文明建设的体制机制建设取得重大突破，基本建立起较为完善的绿色低碳型产业体系、资源节约利用体系、资源再生利用体系、科技创新支撑体系和示范推广体系，力争建成全国低碳示范试点城市。到 2020 年，全面完成生态文明体制改革的任务，形成系统完备、科学规范、运行有效的生态文明建设的体制机制，绿色低碳产业体系全面形成，经济发展质量和效益明显提高，资源节约、清洁生产和环境保护取

得显著成效，基本建成中国西部生态强市和国家生态文明先行示范区，实现人与自然和谐共生、经济社会与自然资源协调发展。

3. 主要原则

一是坚持统筹规划与分类指导相结合，切实发挥主体功能区规划、城乡规划、土地利用规划和环境保护规划的基础性、指导性作用，加强环境分类管理，确保区域生态安全；二是坚持突出重点与整体推进相结合，强化重点流域、重点地区、重点行业的污染防治，加强环境监测监控和环境基础设施建设，努力提升城乡生态环保公共服务均等化水平；三是坚持政府引导与市场运作相结合，加大政府投入力度，进一步拓宽投资渠道，建立生态强市建设多元化投入机制；四是坚持科技创新与体制创新相结合，善于以改革的思路和创新的办法，着力解决生态强市建设中的突出矛盾和问题；五是坚持生态建设与文化建设相结合，深入推进生态示范创建活动，扎实开展全民生态教育，努力营造生态强市建设的良好氛围。

三、加快生态强市建设的主要任务

1. 强化顶层设计，科学引领生态强市建设

一是坚持科学规划，注意生态强市建设与经济社会发展规划相衔接、相协调、相一致，充分发挥规划对生态强市建设的引领作用；二是加快生态文明制度建设，继续推广生态文明建设差异化考核、党政主要负责人生态资产离任审计评估等制度机制，进一步完善有利于生态环境保护、绿色低碳发展的相关政策；三是坚持依法建设生态强市，政法部门和生态文明行政执法单位要加大执法力度，依法严厉查处乱砍滥伐、随意排污等破坏生态、污染环境的案件，宣传系统要牵头抓好生态宣传教育，重点加强对领导干部、公务员、企业经营管理人员和市民的法治宣传教育，在全社会形成人人遵纪守法、自觉保护环境的良好局面，营造生态强市建设的法治氛围。

2. 坚持绿色低碳发展，构建生态强市产业支撑

一是利用先进适用技术改造传统产业，促进产业转型升级，优化能源生产和消费结构，集中力量培育壮大以“4 +3”高端成长型产业和电子商务等新兴先导型服务业为代表的绿色低碳产业；二是大力发展生态产业，从发展绿色种养业、发展低碳制造业、发展低碳服务业、实施绿色低碳重点示范工程等方面构建绿色低碳经济体系，促使生态经济初具规模；三是通过加快发展绿色能源产业、节能环保产业、新材料产业、现代电子信息产业、改造传统优势产业等，提升低碳产业发展力；四是推进服务主体绿色化、服务过程清洁化，促进服务业与其他产业融合发展，促进产业经济结构更加合理。

3. 实施创新驱动战略，优化生态强市发展环境

一是加快打造科技城政策支撑、创新创业、产业承载、交易展示“四大平台”，推动科技与经济紧密结合，为生态强市发展创造良好环境；二是充分发挥在绵高校、科研机构、企业和行业协会等各方面力量在生态环保科研中的作用，深化产学研合作，加快推进生态环保科技创新；三是加强环保重点实验室和工程技术中心等基础平台建设积极开展资源循环利用、污染防治、生态修复等关键技术攻关，大力推广先进适用技术，加快科研成果转化；四是加大环保科技资金投入，对生态环境保护、绿色低碳发展、生态经济政策创新的研究和成果转化项目给予优先支持；五是加强生态强市建设人才培养和使用，列入人才培养计划，为建设生态强市提供强有力的人才支撑。

4. 加大生态建设力度，夯实生态强市发展基础

一是强化环境监管保护，全面加强污染防治，持续改善大气环境、水环境、土壤环境，着力解决危害群众健康的突出环境问题；二是突出抓好大气污染物的专项治理，逐步完善空气环境质量评价体系，做好 PM 2.5 等环境指标监测，努力控制雾霾污染，切实改善空气质量；三是强化对工业废弃物的污染防治，制定实施全市工业污染综合防治规划，全面排查和整治环境隐患，有效遏制水体、空气、土壤中的工业污染危害；四是大力实施农村环境综合整治，加强农村土地面源污染治理，加强农村生活污染源和工业污染源治理，切实抓好秸秆禁烧和综合利用，持续做好小流域水环境整治、饮用水源地监管等工作；五是统筹推进城乡环保基础设施建设，加快城乡生活垃圾和污水处理基础设施建设，积极改善农村居住条件和能源结构，加快推进沼气项目建设，不断优化城乡人居环境。

5. 推动全民共建，营造生态强市良好氛围

一是坚持“党政带头、群众主体、全民参与、广泛宣传”的要求，动员和引导广大群众积极参与全民共同参与生态强市建设活动，共建共享美丽家园；二是充分发挥基层党组织、工会、共青团、妇联和其他团体在生态强市建设中的作用，广泛设立环境保护、绿色低碳义务监督员，进一步夯实生态省建设的社会基础，全面提升生态文明水平；三是加大生态文明宣传教育力度，深入开展生态文明知识普及活动，促进全社会牢固树立生态文明、绿色低碳价值观念，使政府决策、企业发展和个人行为符合环境保护的理念和要求；四是大力倡导尊重自然、爱护环境、节能生活、低碳出行等绿色环保意识，积极推广低碳生活工作方式和绿色消费方式，形成绿色低碳行为习惯，在全市形成健康向上、低碳生活的社会氛围，实现人与自然、经济与环境协调发展。

第三节 绵阳全面深化生态文明建设的战略部署

绵阳全面深化生态文明建设，应按照全面深化改革、全面建成小康社会的要求，围绕建设西部生态强市和国家生态文明先行示范区的目标任务，大力发展绿色低碳经济，推进生态体系建设，加大环境保护力度，加强资源节约管理，建立健全生态文明建设体制机制，通过以点带面、突出重点、整体推进，力求在建设生态文明上取得新突破。

一、大力发展生态产业，构建绿色低碳经济体系

1. 大力发展生态工业

一是培育发展循环经济，积极推行清洁生产，调整优化经济结构，加快新型工业化进程，发挥优势，突出重点，培育一批科技含量高、资源消耗低、环境污染少的优势行业、优势企业和优势产品。二是按照“统一规划、产业集聚、资源共享、整体优化”原则，依托各县（市、区）的区位条件和资源优势，培育特色工业；依托现有工业开发区，引导有共同指向的产业向特定优势区域集聚，形成有一定关联度和共生效应的产业链及产业集群。根据城市总体规划，重点将国家经济技术开发区建设成为省级生态工业园区，将绵阳市五里梁环保产业园区建设成为全市环保产业孵化基地。

2. 扎实推进生态农业

一是逐步建立品种优质化、生态观光化、产品安全化、管理

科学化的新型生态农业模式，探索适合各地自然条件和经济发展要求的生态种植业和生态养殖业模式，加快建设以江油九岭苏溪万亩折耳根基地、三台崭山米枣品牌、涪城关帝土鸡、游仙街子向山花卉博览会等为代表的现代生态农业示范园区。二是建设一批绿色食品和有机食品生产基地，形成绿色、有机食品的流通渠道和交易体系，重点发展适应市场需求的名、特、优农产品。三是把沼气建设、污水处理、畜禽养殖、作物种植相结合，促进农业生态系统物质、能源的多层次利用和良性循环，实现低碳循环综合利用的生态发展模式。

3. 积极倡导生态旅游

一是整合绵阳市生态旅游资源，倡导和推行生态旅游战略，突出生态旅游理念，对旅游资源的开发和利用体现生态保护为主、适度开发为辅的原则，开发与环境保护并重，实现游客容量与环境容量的有机统。二是开展生态旅游示范区创建活动，使生态旅游成为绵阳重要的旅游品牌之一。以游仙老龙山全国农业旅游示范点、绵江路沿线农家生态休闲区、平武、北川藏羌民族乡村风情旅游的建设为依托，开发参与性与体验性较强的农业休闲旅游。三是发挥人文旅游优势，办好李白文化旅游节、文昌文化旅游节、王朗白马风情节、北川羌历年庆典、国际科技博览会等节庆会展旅游。

二、全面加强污染防治，解决突出环境问题

1. 全面推进水环境整治

一是加大重点流域、区域污染整治，落实涪江、安昌河、芙蓉溪流域水污染防治实施方案，以平政河整治为契机，推动全市小流域水环境整治工作。二是落实污染物排放总量控制目标，工

业废水实现全面达标排放；全面实现城市雨污分流、污水截流和集中处理；加快县级污水处理厂达标建设；各县要建成沿江主要乡镇生活污水治理设施。三是加强水质监测，全市市控以上水质监测断面水质要全部达到和优于Ⅲ类地表水环境质量，实现城市饮用水源水质达标率为100%，水环境功能区水质达标率为100%。

2. 继续强化大气环境整治

一是以秸秆禁烧为契机，加强大气联防联控机制建设，对现有大气污染物实际排放量超标的点源要进行限期整治。二是加大对交通扬尘的控制，整修道路并推广机扫技术，继续推行建筑物料运输专用车制度，加强对机动车尾气环保检测和环保标志管理，对尾气排放超标的机动车不得通过年审并限行，加快“黄标车”淘汰进程，开展加油站、储油库油气回收工作。三是加强文明施工管理，控制施工扬尘，使市区大气环境质量达到或优于Ⅱ级天数占全年天数90%以上。

3. 进一步加强工业企业污染防治

一是环保部门要严格加强工业企业环境监管，对发现的环境风险隐患要挂牌整治，对超标排污及偷排漏排要严格处罚，对环保设施老化、不能实现稳定达标排放的要实施限期治理，对于不能治理达标的要实施关停并转。二是经信部门要督促工业企业对其落后产能和工艺设施实施淘汰，财政部门要对开展工业企业污染治理等项目给予一定的资金支持。

4. 切实加强农村污染综合防治

由各级政府相关部门严格把关，防治工业污染向农村转移，加强农村饮用水源保护；由农业部门牵头整治农村畜禽养殖污染和农业大量施用化肥农药等面源污染；由各级政府和发改、规划、住建、农业等部门联合加快乡镇污水处理设施和管网建设，确保41个重点乡镇全面建成运行生活污水处理设施。乡镇政府要全面推进农村生活垃圾收集处理，建立乡镇垃圾中转站和村庄垃坡收集设施，全面推广“村收、镇运、县处理”的城乡一体化生活垃圾处理模式，推广在农村环境整治中“以奖促治，以补促治，连片整治”的好做法。

三、加大生态建设力度，进一步优化生态环境

1. 扎实推进生态保护

一是优先保护天然植被，加大植树造林力度，坚持因地制宜直修复受损林地植被。推进自然保护区建设，加强对自然保护区的规范化管理，扩大和新建一批自然保护区，有效保护野生动植物。二是恢复和保护珍稀物种资源，加强对大熊猫、川金丝猴、距瓣尾囊草等珍稀、濒危野生动植物及典型生态系统和生物多样性的保护，恢复和发展珍稀物种资源，维护自然生态平衡。三是坚持生态保护与治理并重，重点控制不合理的资源开发活动，加强对矿产资源、水资源、旅游资源和交通基础设施等开发建设项目和活动的环境监管，努力遏制新的人为破坏。

2. 加大生态修复力度

加强地质灾害的防治，加快编制和实施废弃矿山环境保护和治理规划，开展山体保护复绿、工矿废弃地恢复治理与修复工程，做好露天开采矿山的边坡整治和复垦、复绿及景观修复工作，不断提高生态环境治理和土地复垦水平；加强河湖水域管理与保护，建立水域资源占补平衡制度；开展全市湿地资源调查，根据湿地资源现状，研究和制定湿地资源保护规划和管理规定，明确保护目标、建设布局、重点项目和保障措施，逐步恢复退化湿地，扩大湿地面积，提高生态功能。

3. 积极推进生态细胞建设

县市区是生态强市建设的基础和支撑，县乡生态建设的整体水平决定了我市生态市建设的水平，直接关系到绵阳西部生态强市建设。要加大生态市、生态县、生态乡镇、生态家园等创建力度，以生态细胞创建工作为抓手，积极推进西部生态强市建设，重点打造一批社会基础好、经济实力较强、生态环境有一定优势的乡镇、村庄和农户，树立生态建设的典型，以点带面、以面促片，推进农村整体风貌、人居环境及生态文明水平的大幅度提升。切实开展生态县（市、区）创建，确保2015年游仙、涪城、北川、平武成功创建省级生态县区并获省政府命名，其他县市区也要力争在2020年前建成省级生态县市区，基本实现全市省级生态县市区全覆盖，全面建成省级生态市和国家生态市，从而不断夯实中国西部生态强市和国家生态文明先行示范区的基础。

四、加强资源节约管理，提高资源开发利用水平

1. 加快推进节能降耗

一是加强项目审核管理，从产业引进的源头上充分体现资源节约、清洁生产和节能减排，使建设项目环境管理早期介入、依法管理，严格执行环境影响评价和环保“三同时”制度，对重污染、高能耗、高排放的新建项目一律不予审批。二是积极扶持国家鼓励的新型生产工艺、节能工艺等项目的建设，淘汰落后产能，促进工业节能技改，倡导采用高新适用技术改造传统产业，将节能降耗与产业结构升级、生态文明、环境保护紧密结合。三是积极创新节能减排工作思路，加大对减排项目的监管、监测和指导力度，确保全面完成省政府下达的目标任务，促进产业结构优化和总量减排。

2. 节约使用水资源

继续巩固节水型试点城市成果，以工、农业节水为重点，大力推行节约用水，建设高效节水低排放模式，降低产品单位产值耗水定额，提高水循环利用率；强化水资源管理，保护好水资源。建立可靠的水资源供给与高效利用保障体系，合理开发、高效利用和优化配置水资源，建立合理的水资源价格体系。

3. 集约使用土地资源

大力开展土地开发整理工作，新增有效耕地，提高耕地质量；完善土地配置方式，实行占用耕地补偿制度和基本农田保护制度；严格用地审批制度，严格执行经营性用地招拍挂出让和工业用地挂牌出让制度，严格土地利用规划、计划和城市规划管理；健全和完善土地市场，强化土地执法监督力度，加强土地资源再利用工作。

4. 合理开发利用矿产资源

加强矿产资源勘探、勘查和开发利用，实施规范化开采，提高矿产资源回采率；发挥高科技人才优势，鼓励支持产学研合作，开发高附加值的矿产深加工产品。

五、着力创新体制机制，强化生态强市制度保障

制度建设是生态文明长久发展的重要保障。绵阳生态文明体制机制创新，应将分散的体制机制加以系统整合，将尚未涉及的领域进行全新设计。

1. 完善工作推进机制

一是健全组织领导机构。把绵阳生态市建设领导小组与绵阳市“生态文明建设，绿色低碳发展”领导小组进行合并，并强

化其职权，发挥其综合协调、指导督查作用，统筹推进各项规划与政策的衔接平衡工作，推动生态文明建设重大项目落实。同时建立健全各县市区（园区）生态文明建设工作领导小组，由党委、政府主要领导任组长、各有关部门主要负责人任成员，牵头组织实施生态文明建设。二是坚持多方参与科学决策。逐步开展重大环境政策、规划和法规的社会经济影响评价，生态文明重大决策实行专家论证、群众评议，完善环境信息发布和重大项目公示制度，开展公共环境权益项目听证会和企业环保措施审议听证会，提高决策的科学性。要强化政府主体作用、企业社会责任、公众广泛参与三个层面的生态建设机制创新，形成政府、企业与公众相结合的生态建设模式。三是加强联动协调机制。健全联席会议制度，就生态文明建设中重点问题或特定议题进行讨论研究、集体会商；建立市、各县市区（园区）、乡镇、村分级管理，各级各部门职责明确、分工协作的工作网络，形成多方协同、齐抓共管、良性互动的推进机制。

2. 完善法规和政策体系

一是建立健全地方性法规体系。在落实并执行好《绵阳生态市建设规划》的基础上，清理、修订和废止现行法规中与生态文明建设相冲突的内容，颁布实施《绵阳市促进生态文明建设条例》《绵阳市环境总体规划》，建立健全土地、水、矿产、生物多样性等资源节约和环境保护与修复的地方性法规。二是加强规划编制和协调。编制《绵阳市生态文明建设总体规划》和相应的区域、行业及专题规划，形成科学规范的规划体系，并充分考虑多个规划的融合衔接。三是完善环境经济政策。统筹、整合生态文明建设专项资金的使用，优先用于有利于集中解决生态文明建设中突出问题的项目；用好用足巩固退耕还林、再生资源利用增值税退税等政策，对保护环境、节约资源、循环使用资源以及新能源利用等行为减免税收的财税政策；引导金融机构加大对节能减排、新能源、清洁生产等领域的信贷支持，给予更多的政策倾斜。

3. **探索市场化运行机制**

一是建立完善自然资源有偿使用制度。加快推进自然资源及其产品价格改革，努力建立适应市场经济的资源性产品价格形成机制和价格体系；积极探索资源税改革，逐步将资源税扩展到占用各种自然生态空间，推动环境保护费改税试点，努力争取成为国家开征环境税试点市；完善城市污水、生活垃圾、危险废物、放射性废物集中处置收费制度，适当提高排污费、水资源费等征收标准，实施差别化价格制度；实施低碳产品认证制度，健全完善绿色消费政策；创新统筹资源环境发展机制，建立企业环境行为信用评价制度。二是建立完善生态补偿机制。坚持谁受益、谁补偿原则，抓紧建立生态补偿效益评估机制，探索多元化生态补偿方式，健全重点生态功能区生态补偿机制，建立完善森林、草地、水资源动态补偿机制，建立完善水电、矿产等资源开发的生态补偿制度，推动流域和地区间开展横向生态合作；优化财政支出结构，逐步加大对生态保护任务较重地区的财政转移支付，提高市内生态公益林补助标准，在全市范围内探索地区间“资金横向转移”补偿模式。三是建立完善生态市场交易机制。积极开展水流、森林、山岭、荒地、湿地等自然生态空间统一确权登记，形成归属清晰、权责明确、监管有效的环境资源资产产权制度；发展节能环保市场，尽快建立节能量、碳排放权、排污权、水权等资源环境权益交易制度和交易平台，进一步优化环境资源配置；建立吸引社会资本投入生态环境保护的市场化机制，推行环境污染第三方治理。四是建立生态红线保护制度。实施主体功能区制度，建立健全空间规划体系，科学划定生产、生活、生态空间，严格落实用途管制；探索构建科学的生态功能保障红线、环境质量安全红线、自然资源利用管控红线，实行红线区域分级分类管理；建立资源环境承载能力预警机制，对自然资源和环境容量超载区域实行限制性措施；严守耕地、森林、湿地、生物多样性保护红线，建立土壤污染风险评估和污染土壤修复制度；建立绿色矿山建设标准和激励约束机制，完善矿山勘查开发准入、退出，地质环境评价，土地复垦，自然生态环境治理保证金等制度。

4. 健全考核奖惩机制

一是完善生态文明建设目标考核体系。对已经出台的《绵阳市生态文明建设考核指标体系》和考核办法，进一步从分类考核指标、分布考核权重、优化考核方法上调整，以更好地体现不同区域的发展导向和发展重点，使考核工作逐步向法制化、规范化有序推进。二是完善领导干部政绩考核体系。继续试点和逐步推广县市区党政主要负责人离任生态环境审计评估制度，对其任职前后的生态环境状况进行对比考评，使生态文明建设真正成为领导干部政绩考评的重要内容；在试点基础上探索建立领导干部生态文明建设问责制和环境损害责任终身追究制，对任期内造成重大生态事故的领导干部在离任及退休后均要追究责任。三是健全严格奖惩机制。市政府设立生态文明建设市长特别奖，对成绩突出的优秀单位和个人进行表彰；定期公开生态文明建设情况，对工作推进不力、效果不好的责任主体进行通报批评并责令限期整改；将生态文明考核结果与财政转移支付、生态补偿等资金安排挂钩，与干部任免奖惩挂钩，与各类评优创先挂钩，对忽视生态文明建设的，予以一票否决。四是加大监督执法力度。建立独立的生态环境监管和行政执法制度，强化环境执法监督；贯彻落实“谁污染、谁治理，谁破坏、谁负责”的环保政策，健全环保责任追究制度和环境损害赔偿制度，加大执法力度，杜绝有法不依、执法不严、执法效率不高的现象；充分发挥人大、政协及各社会组织的监督作用，定期向人大、政协和公众通报生态文明建设情况，强化社会监督。

5. 强化科技支撑机制

一是加大科技支撑力度。依托绵阳科技城建设，充分发挥众多国家级科研院所、重点实验室、工程技术中心和企业技术中心的科技资源优势，为生态文明建设提供强劲驱动力；鼓励和引导科研院所和企业联合攻关、协同创新，自主研发、吸收引进适合绵阳生态文明建设的新技术、新方法，服务绵阳生态文明建设；大力开展科技成果应用与转化，加强知识产权创造、应用和保护，强化自主品牌和标准化建设，提高生态经济的科技含量和核心竞争力。二是加大人才培养与引进力度。依托在绵科研院所和高等院校的人才培养优势，努力培养和储备一批生态文明建设人才；营造有利于创新人才成长和充分发挥才能的制度环境和文化环境，健全人才发展政策措施，完善吸引人才、留住人才的社会服务机制；发挥科技人才发展专项资金聚才作用，争取国家引智项目向绵阳倾斜，吸引更多生态文明建设的科技人才和创新团队来绵阳创新创业。

围绕西部生态强市建设，构建生态文明建设体制机制，是绵阳全面深化改革的题中应有之意。站在新的历史起点上全面深化生态文明建设，绵阳既把坚持不懈取得的成果和经验作为坚实的基础，也将面临着时间紧迫、任务艰巨、矛盾复杂等严峻的困难和挑战。但只要把握优势和机遇，直面困难和挑战，坚定信心和决心，明确方向和路径，绵阳生态文明建设就一定能够取得全新的突破，实现中国西部生态强市和国家生态文明先行示范区的奋斗目标。

第十二章　加强和改善党的领导，为全面深化改革提供坚强保障

全面深化改革，关键在党。必须加强和改善党的领导，充分发挥党总揽全局、协调各方的领导核心作用，建设学习型、服务型、创新型的党组织，提高党的领导水平和执政能力，确保改革取得成功。

第一节　党的建设的成绩与经验分析

近年来，绵阳党的建设在各级党委坚强有力的领导下，高举中国特色社会主义伟大旗帜，深入贯彻学习习近平同志系列重要讲话精神，以加强党的执政能力建设和先进性建设为主线，以推进科学发展观在绵阳的实践为目的，求真务实，开拓创新，不断探索、不断提高“管党治管”的能力水平，为深入实施“三大发展战略”、加快推进西部经济文化生态强市建设提供了坚强的组织保障。

一、近年来绵阳党的建设的成绩

1. 以思想政治建设为重点，不断加强各级领导班子和领导干部队伍建设

绵阳市委认真贯彻中央关于加强思想政治建设的部署要求，

针对绵阳实际，着力把科学发展观和习近平总书记系列重要讲话的要求，转化为各级领导班子和领导干部谋划发展的正确思路、促进发展的政策措施、领导发展的实际能力。市委领导班子率先垂范，加强和改进中心组学习，组织开展专题学、专家辅导学、集中培训学、研讨交流学、领导宣讲学、参观考察学、调研决策学等“七学”活动，以学风转作风，增强学习的实效性；坚持重大事项集体决策制度，坚持实行首问责任制、一次性告知制、限时办结制和公开承诺制，开展群众评议机关作风活动，加强对权力的制约和监督，形成机关和干部作风转变的“倒逼机制”。与此同时，全市通过建设学习型机关、强化基层调研、大规模开展干部培训、“关键在于落实”干部作风整顿活动、领导干部“大接访”、机关干部“大下访”、机关效能“大提升”、项目建设“大提速”、整改成效“大评判”、“三联一带”、“321”联系和服务群众工作、“挂包帮”“千名干部进社区”、践行“五个必去”锤炼干部作风、“双报到三服务”、“党员志愿服务”、“学习兰辉精神与失地农民结对子”。“三走遍一深入”、整治“慵懒散浮拖”等活动，各级领导干部的思想作风进一步转变，干群关系进一步改善。

2. 以扩大干部工作中的民主为重点，不断从整体上推进干部人事制度改革

近年来，我市坚持党管干部原则，鲜明正确的选人用人导向，严明纪律，严格标准，大力匡正选人用人风气，干部队伍建设得到新的提升，涌现出兰辉、张勇等受中央、四川省委表彰的优秀党员干部典型。

一是坚持鲜明正确的选人用人导向。坚持“信念坚定、为民服务、勤政务实、敢于担当、清正廉洁”的好干部标准，鲜明的“重品行、重实干、重公认”的用人导向，注重从基层、经济建设主战场、急难险重一线培养选拔“兰辉式的好干部”。强化党组织在干部选任中的领导和把关作用，创新干部选任方式，探索实践干部综合考察方式，公道对待干部、公平评价干部、公正使用干部，干部队伍呈现心齐气顺、活力倍增的良好局面。

二是健全干部选拔任用制度机制。以落实《党政领导干部选拔任用工作条例》为抓手，积极稳妥推进领导班子和干部队伍建设综合配套改革试点。创新综合考核评价模式，出台县市区、市级开发园区和市级部门（单位）领导班子综合考核评价办法。研究非定向推荐县级领导干部拟提拔使用人选办法、市级机关（单位）科级领导干部选拔任用工作办法等相关配套文件，对动议提名、民主推荐、组织考察、讨论决定、任职等环节做出科学规范。开展干部选拔任用工作全程纪实，全方位加强对干部选拔动议提名、推荐考察、酝酿讨论等关键环节的监督，形成谁提名谁负责、谁考察谁负责、谁监督谁负责的刚性流程，进一步提升了干部选任的科学化、规范化水平。

三是坚决纠正选人用人不正之风。严肃干部工作纪律，扎实开展超职数配备干部问题，违反干部任用标准程序和“跑官要官、说情打招呼”问题，干部档案造假问题，全面清理领导干部违规兼职问题和“裸官”等六项专项整治。

3. 以机关作风建设为重点，不断推进作风建设

作风建设直接关系到党的路线方针政策、战略目标能否实现，关系到各项工作完成的质量和效率，关系到党和政府在人民群众中的形象。近年来，绵阳重视并切实加强机关作风建设，通过思想建设、实践锻造、机制约束、党的活动等，使机关作风建设成为常态，成为机关建设的基础工作，有力地推动了经济社会发展，推动了灾后重建，推动了民生改善。

一是坚持开展多种教育，打牢作风建设的思想基础。通过组织对中央、省、市会议、重要文件精神、重大安排部署的学习，帮助党员干部认清形势、理解政策、吃透任务、明确目标、自觉作为。抓实干部职工的党性教育，结合“三个代表”重要思想、科学发展观等学习实践活动，提升干部的理论修养，激发党员干部作风建设的内动力。每年开展主题鲜明的中心组学习、党支部专题组织生活会学习，通过理论讲座、座谈启发、比赛竞赛、参观考察等进行学习，邀请专家教授进行专题辅导，每年开展论文征集和理论研讨，编印党建理论研讨优秀论文集，对机关作风建设起到了积极的推动作用。

二是强化主题教育，增强作风建设的生动性和实践性。开展“坚持科学发展，推进‘三个加快’”的主题学习实践活动，组织“我为绵阳发展献一策”活动，为机关作风建设找准了切入点。通过深入社区开展帮扶工作、进行志愿者文明劝导等具体工作，密切党群干群关系，实现作风转变，创优执政环境。举办广场红歌演唱、中华经典诵读等活动，增强机关凝聚力，展示机关作风建设的成果。组织以弘扬伟大抗震救灾精神为主题的“三基地一窗口”教育活动，通过走访和服务灾区群众，参与灾区重建，使党员干部感受作风建设的必要和作风建设的实际成果。

三是强化典型教育，增强作风建设的示范性和带动性。广泛开展了党员示范行动、“四比六争做”活动，设立党员示范岗、党员示范窗口、党员示范科室，组建党员先锋队、服务队，发挥示范引领作用，引导党员在灾后重建、文明城市创建、“三个强市”、服务群众、改善民生等各项经济社会工作中转变作风、真抓实干。

四是坚持在经济发展，民生改善，抗震救灾、灾后重建和建设西部经济文化生态强市实践中加强作风建设。全市上下解放思想，树立有利于加快发展、跨越发展的新理念，白天走干讲、晚上读写想，提高干好工作、创新工作的思维能力；求真务实，用心想事、用心谋事、用心干事，深入基层、深入群众、深入实际，“5 +2”“8 +4”“白 + 黑”式地工作，付出最大的努力，在工业发展、经济升位、城市建设、农村发展、民生改善等各项事业中高水平工作，相互支持，积极协作，克服诸多困难，共同推进发展，努力提高工作效能，实现了经济社会的平衡发展。

五是坚持加强党建工作，使党员成为作风建设的骨干。认真开展学习型党组织建设，以学风建设带动作风建设，引导党员干部长期学习、经常学习、习惯学习，将向书本学习、向实践学习、向群众学习有机整合，建立了定期不定期考核制度、以奖代补激励制度、年终考核加分制度、每年理论成果展示制度等，形成良好的学习风气。认真开展创先争优活动，以落实能力检验作风建设。坚持围绕经济社会发展一个中心，抓住执政能力和先进性建设一条主线，建设党员和党务干部两支队伍，服务发展、服务民生、服务党员、服务机关，加强党的思想、组织、制度、作风和反腐倡廉建设的工作布局，年年有新思维、新活动、新经验、新成果，党建工作虚功实做，党建工作地位和影响力得到提升，成为加强作风建设推动业务和中心工作的重要保障。

六是以工作推进和群众满意为标准，加强机关作风建设。强化了社会监督，开展了专项监督、日常监督，完善了网络监督、媒体监督，及时处理群众诉求和反映。认真推行了党务公开，规范了会议公开、文件公开、简报公开等内容要求。建立了多方面的评价机制。市委、市政府领导，人大代表、政协委员，纪检监察机关，目标督查部门，媒体等各司其职，形成多方评价大合唱。创新了作风监督措施，利用现代网络技术提高机关召开会议、办文办事的效率；创新了招投标方式，在全省率先进行工程招投标工作中的电子评标，规范、净化了招投标环境，提高了工作效率；加强行政服务中心建设，增强“一站式”服务的能力，行政审批效率进一步提高，极大地方便了企业和群众办事。为确保作风建设长效化、制度化、规范化，还制发了《关于建立健全作风建设长效机制的实施意见》，标志着我市作风建设已形成科学规范、系统完备、长效管用的制度机制体系。

4. 以反腐倡廉为重点，不断加强党风廉政建设

近年来，全市上下坚守责任担当，坚持不懈转变作风，坚定不移惩治腐败，深入推进党风廉政建设和反腐败斗争，为加快建设西部经济文化生态强市提供了坚强保障，在全省党风廉政考核和社会测评中绵阳位居市州前列。

一是认真贯彻落实中央、省委、市委重大决策部署，强化监督检查，发挥政治保障作用。紧紧围绕“三大发展战略”、推进“两个跨越”、科技城建设、“建设西部经济文化生态强市”等重大决策部署，开展集中监督检查，督促整改问题。出台秸秆禁烧、平政河综合治理、小流域环境整治等问责追究办法，严查重大安全责任事故。

二是严格落实“八项规定”，切实纠正“四风”，深入推进作风效能建设。建立完善10余项配套制度，开展文风会风、“三公”经费、节庆论坛、楼堂馆所、会员卡预付卡等专项整治，抓住元旦、春节、中秋、国庆等重要节点，集中检查，明察暗访，查处“四风”案件。加强行政效能电子监察，实现市、县、乡全覆盖。办好阳光政务热线，市委书记、市长等市级领导走进直播间，问民情、话廉政，部门单位轮流值守热线。开展“一评五制三整顿”活动，砍减行政审批事项，取消部分市级行政事业性收费项目，整治软环境问题，狠刹“不花钱、不请客、不送礼就不办事”等歪风。

三是坚持“老虎”“苍蝇”一起打，始终保持惩治腐败的高压态势。强化查办案件核心职能，有案必查，有腐必惩，办案力度、速度、数量、质量明显提升。拓宽案件来源渠道，在抓好来信、来电、上门信访举报的同时，认真办理网络理政信件，在“绵阳清风”政务微博上公开举报受理电话，在科技城廉政网上开辟“我要举报”栏目，健全网上信访报送、督查督办等制度，做到件件有落实、事事有回音。

四是创新途径方式，加强教育监督，更加科学有效地防治腐败。邀请领导及专家做廉政专题辅导，召开全市党风廉政教育大会，市委书记带头上廉政党课，市纪委通报典型案件。市委书记、市长率领市县两级党政班子和市级部门负责人全程旁听公职人员贪腐案庭审。在市级主流媒体、“绵阳清风”微博、科技城廉政网常态开设“党风廉政建设——我们在行动”警示栏目，公开曝光典型案件，组织党员干部到监狱接受现场警示教育，增强了廉政教育的震慑力。在全省率先开通“绵阳清风”政务微博，创办廉政手机报，实现科级以上领导干部全覆盖，利用新媒体强化廉政公益宣传，实现城区干道、户外、车载 LED 显示屏全覆盖。把廉政文化建设纳入精神文明创建考评体系，开展“廉政文化绵州行”活动，建设廉政文化示范点，增强了廉政教育的渗透力。全面推行“会前学纪讲法”，完成权力公开依法规范运行平台建设，强化廉政风险防控。为实现干部清正、政府清廉、政治清明，为绵阳科学发展新跨越提供了坚强有力的政治保障。

二、近年来绵阳党的建设的重要经验与启示

近年来，我市坚持以科学理论为指导，围绕大局，突出主线，重点突破，整体推进，党的建设各项工作取得了新进展、新成效，在实践中积累了许多有益的经验。

1. 必须坚持以科学理论为指导，不断提高党的建设的科学化水平

党的建设要沿着正确的方向发展，必须坚持以马克思主义中国化的最新成果为指导，深入贯彻落实科学发展观和习近平总书记系列重要讲话精神，把推动科学发展、促进社会和谐作为党的建设的重要任务。近年来，我市在科学理论的指导下，把党的思想建设、组织建设、作风建设、制度建设、反腐倡廉建设紧密结合起来，进一步推进党的建设新的伟大工程。实践表明，没有科学的理论做指导，不可能取得党的建设的阶段性成果，不可能促进经济社会又好又快发展，更不可能走出一条社会主义市场经济下的党的建设的新路子。

2. 必须坚持围绕中心，服务大局，为推动科学发展、促进社会和谐服务

做好党建工作，必须围绕中心，服务大局。围绕中心、服务大局是党内活动必须坚持的重要原则，也是党建工作的着力点。党建工作不能“就党建抓党建”，必须始终围绕党委、政府的战略部署和中心工作来谋划和推动，做到围绕中心抓党建，抓好党建促发展。要紧紧围绕新形势下经济社会和党的建设出现的新情况、新问题、新趋势，研究确定工作重点、创新工作载体、制定办法措施。

3. 必须坚持与时俱进，改革创新，不断增强党建工作的生机与活力

创新是党建工作得以不断推进的动力和源泉。近年来，我市党的建设之所以不断取得新的突破和提升，就是因为我们始终着眼于时代发展，切实增强世界眼光、战略思维，针对党建工作中存在的新情况新问题，勇于拓展新领域，丰富新内涵，探索新路子，实现党建工作新发展；自觉地把思想认识从那些不合时宜的观念、做法和体制的束缚中解放出来，转变不符合、不适应时代要求的思想观念，改革不符合、不适应实践发展的体制机制；注意不断汲取基层和群众的创造，不断加强总结、提炼和推广，通过挖掘培育、示范辐射、推陈出新，引导和带动面上工作的开展，使党建工作不断有新的创造和亮点。

4. 必须坚持加强领导，整合资源，努力形成推进党建工作的合力

党的建设是一个系统工程，涉及方方面面，需要我们树立统筹协调的理念，努力构建全党重视、社会支持、各方参与的工作格局。近年来，我市党的建设始终坚持党委的领导，认真把握党的建设在促进科学发展中的地位和作用，自觉地服从和服务于全市工作大局，努力找准工作的结合点和切入点，从而推动党的建设总体部署产生强大的整体效应；注重加强工作力量、活动载体和组织资源的整合，发挥组织优势，形成责任共担、工作共促的工作机制和全党重视、社会支持、各方参与的工作局面，注重激发内力、借助外力、增强合力，完善工作机制，加强沟通协调，争取各方面支持，充分发挥各类联席会议、领导小组的作用，形成齐抓共管的工作合力。

5. 必须坚持强化考核，加强督查，确保全面落实党建工作的责任

科学有效的目标考核和强有力的督促检查是推动党建工作落实的有效手段。要始终把党建工作作为党委、政府目标考核的重要内容，积极探索加强对党建工作考评的措施和办法，形成一套科学有效的党建工作考核评价体系，并把考核评价结果作为领导班子及其成员工作实绩评价的重要内容，作为领导干部选拔任用和奖惩的重要依据，以此确保全面落实党建工作责任，推动党建工作的深入开展。

第二节 新一轮改革中加强党的组织领导的目标和任务

党的十八届三中全会的《决定》指出，全面深化改革必须加强和改善党的领导。这不仅阐释了全面深化改革作为党的一项伟大事业是一个系统工程，同时也为执政党的建设提出了更高的新的要求。加强党的组织领导，是我市全面深化改革成功的必然要求和核心问题。

一、我市新一轮改革中加强党的组织领导的目标

1. 加强和改善党的领导

在全面深化改革进程中加强和改善党的领导，必须要明确党在全面深化改革中的定位。第一，党是全面深化改革顶层设计与基层创新的领导者。中国的改革开放政策从 1978 年 12 月十一届三中全会起正式启动实施。此后，在党的领导下，全国人民励精图治、奋发进取，改革开放从最初的在农村推行家庭联产承包责任制，逐步呈现出政治、经济、文化、生态等各领域全方位、立体式的发展进程，开辟了一条建设中国特色社会主义的道路。十八届三中全会的召开，开启了全面深化改革新的宏伟蓝图，中国的改革开放进入新的时代。第二，党的领导是中国改革开放、现代化建设的政治保证。改革开放 30 多年来，在党的领导下，形成了以邓小平理论、“三个代表”重要思想、科学发展观为主要

内容的中国特色社会主义理论体系，形成了科学的指导思想；开辟了中国特色社会主义道路，形成了举世瞩目的“中国道路”；改革开放和现代化建设取得巨大成就，国家整体进入“小康社会”；形成了和平发展的外交战略，国际地位和影响显著提升；党的建设取得成效，执政能力得到加强。中国的改革开放之所以取得举世瞩目的伟大成就，就是因为始终坚持党的领导不动摇。第三，全面深化改革是国家治理体制的调整和完善，是党、政、社会三位一体的改革体系，党建改革本身也是全面深化改革的应有之义。在党建改革和全面深化改革一体化的进程中，需要全党发挥理论勇气和政治智慧，加强学习型、服务型、创新型政党建设，不断推动党的建设改革稳中求进。中国共产党是全面深化改革顶层设计与基层创新的领导者，是中国改革开放和现代化建设的政治保证，从中央到地方，概莫能外。只有加强和改善党的领导才能确保全面深化改革不迷向、谋大局、不停步。

一是加强和改善党的领导才能够确保全面深化改革不迷失方向。方向问题是关系到改革成败的重要问题。方向对了，改革就会一直保持发展动力，朝着既定目标前进；方向错误，就可能引起各种骚乱、动荡甚至社会倒退。历史实践早已证明，没有共产党就没有新中国，就没有社会主义。中国共产党的执政地位不是与生俱有、一劳永逸的，而是在中国革命、建设和改革的实践中由人民群众赋予的；是在全心全意为民服务、不断满足群众诉求的执政为民中筑牢的。由于全面深化改革不是某个领域、某个方面的单项改革，而是在啃硬骨头和涉险滩中由点到面的系统化改革，所以改革的难度之大、责任之重、风险之高前所未有。为了确保全面深化改革始终坚持中国特色社会主义方向，不偏离、不迷失、不短视，不走封闭僵化老路，不走改旗易帜邪路，就要不断加强和改善党的领导，提高党的执政能力。这就需要全市上下把思想和行动统一到市委关于我市全面深化改革的重大决策部署上来，正确处理上级与下级、全局和局部、当前和长远的关系，正确对待利益格局调整，充分发扬党内民主，坚决维护市委权威，保持政令畅通、坚定不移地实现市委的决策布局。

二是加强和改善党的领导才能够确保全面深化改革谋大局。全面深化改革是关系党和国家事业发展全局的重大战略部署，是执政党忧患意识和问题意识的展现，正如习近平总书记所言，“改革是由问题倒逼而产生的，又在不断解决问题中得以深化。”实践永无止境，思想解放永不止步，改革永远都是进行时，这是党的执政理念与时俱进的鲜明体现。“不谋全局者，不足谋一域”。中国的全面改革已进入深水区，在社会诸多矛盾相互交织的情况下，单纯的就事论事已不能解决根本问题，必须更加注重改革的系统性、整体性和协调性，深刻把握改革过程中的诸多问题，这是时代发展的迫切需要，也是解决改革问题的根本选择。这就要求我市要从全局看问题，真正向前展望、超前思维、提前谋局，进行顶层设计和整体谋划；要统筹考虑、全面论证、科学决策，做到经济、政治、文化、社会、生态文明各领域改革和党的建设改革协调推进，相得益彰；要发挥党总揽全局、协调各方的领导核心作用，确保全面深化改革谋大局。

三是加强和改善党的领导才能够确保全面深化改革不停步。解决中国所有问题的关键在党。党的性质、宗旨、执政理念、执政行为等都体现出中国共产党以“执政为民”为己任。从立党为公到执政为民，从学习型政党到服务型政党，从思想建党到社会领域建党，无一不是在解决问题中赢得群众的信赖和拥护，并在群众的信赖和拥护中加强和改善党的领导。时代在变，党的领导方式和执政方式在不断完善，巩固党的执政地位的全面深化改革就不会停步。加强和改善党的领导，确保全面深化改革不停步，需要以党建改革引领经济、政治、文化、社会和生态文明等诸多领域的改革，在各领域改革和党建改革紧密联系、相互交融、相互配合中确保全面深化改革不停步；需要加强全市各级领导班子建设，不断提高领导班子和领导干部推动改革的能力，健全党的基层组织体系，发挥基层党组织的战斗堡垒作用，引导广大党员积极投身改革事业，坚持党管干部原则，为全面深化改革提高人才支撑，在组织保证中推进全面深化改革不停步；需要以满足群众日益增长的物质文化需要为目标，以党内民主促进社会民主，尊重党员和群众的积极性、主动性和创造性，在践行党的群众路线过程中建立社会参与的长效机制，在化解全面深化改革的阻力中确保全面深化改革不停步；需要以制度建设为保障，形成制度体系，充分发挥制度的激励和制约功能，切实提高制度执行力，以党的建设凝心聚力推进全面深化改革不停步。

2. 坚定理想信念和抓好作风建设相结合

一是加强和改善党的领导，必须高举中国特色社会主义伟大旗帜。党的十八届三中全会强调，全面深化改革必须加强和改善党的领导，充分发挥党总揽全局、协调各方的领导核心作用，建设学习型、服务型、创新型的马克思主义执政党，提高党的领导水平和执政能力，确保改革取得成功。加强和改善党的领导，深刻回答了党的建设的重大理论和实践问题，进一步丰富了马克思主义建党学说，为加强和改善党对全面深化改革的领导提供了强大思想武器。在全面深化改革过程中加强和改善党的领导，必须高举中国特色社会主义伟大旗帜，坚持和发展中国特色社会主义。习近平总书记强调，中国特色社会主义，是科学社会主义理论逻辑和中国社会发展历史逻辑的辩证统一，是根植于中国大地、反映中国人民意愿、适应中国和时代发展进步要求的科学社会主义，是全面建成小康社会、加快推进社会主义现代化、实现中华民族伟大复兴的必由之路。全党必须毫不动摇地坚持和发展中国特色社会主义，坚持马克思主义的发展观点，坚持实践是检验真理的唯一标准，发挥历史的主动性和创造性，清醒认识世情、国情、党情的变和不变，永远要有逢山开路、遇河架桥的精神，锐意进取，大胆探索，敢于和善于分析回答现实生活中和群众思想上迫切需要解决的问题，不断深化改革开放，不断有所发现、有所创造、有所前进，不断推进理论创新、实践创新、制度创新。

坚持和发展中国特色社会主义，关键是要坚定理想信念。理想信念是共产党人精神上的“钙”，没有理想信念，或者理想信念不坚定，精神上就会“缺钙”，就会得“软骨病”。当前，绵阳大多数党员干部对坚持和发展中国特色社会主义是执着而坚定的。但是也有一些党员干部信仰模糊、信仰缺失，丧失精神支柱和奋斗目标，对建设中国特色社会主义心存疑虑，关键时刻不站出来、冲不上去；一些党员干部理想动摇、思想摇摆，丧失行为规范和道德底线，世界观、人生观、价值观发生扭曲，拜金主义、享乐主义和极端个人主义滋生膨胀，甚至走上了违法犯罪的道路。理想信念动摇是最危险的动摇。在新的历史条件下，党员干部必须坚持“革命理想高于天”，做中国特色社会主义共同理想的执着信仰者和坚定践行者。坚持和发展中国特色社会主义，当前最重要的就是团结带领广大人民群众，积极投身于实现“三个强市”，谱写伟大中国梦绵阳篇章的改革大潮和火热实践中去。

二是加强和改善党的领导，最重要的是坚持立党为公、执政为民。党的十八届三中全会指出，全面深化改革，就是要让发展成果更多、更公平地惠及全体人民。习近平总书记在总结我党在新中国成立以来的历史经验时强调指出：60年的实践证明，加强和改进党的建设，最重要的就是坚持立党为公、执政为民，把实现好、维护好、发展好最广大人民的根本利益作为党全部工作的出发点和落脚点，始终保持党同人民群众的血肉联系。他在中央政治局常委与中外记者见面会上的讲话中指出：我们的人民热爱生活，期盼有更好的教育、更稳定的工作、更满意的收入、更可靠的社会保障、更高水平的医疗卫生服务、更舒适的居住条件、更优美的环境，期盼着孩子们能成长得更好、工作得更好、生活得更好。人民对美好生活的向往，就是我们的奋斗目标。

党的根基在人民、血脉在人民、力量在人民，实现和满足人民群众的利益要求，让人民过上幸福美好的生活，需要保持党同人民群众的血肉联系，坚持党的群众路线，努力建设服务型政党、争做服务型干部。建设服务型执政党，其本质要求就是坚持一切从人民群众的根本利益出发，全心全意为人民群众服务，这是党的性质和宗旨的体现。能否牢记宗旨、心系群众、服务人民，是衡量党员干部是否合格的试金石。争做服务型干部，就是要做到目光向下、身子下沉、工作重心下移，与群众站在一起、打成一片，始终保持同群众的血肉联系，始终把为人民群众谋利益作为提高服务质量的出发点和归宿点。

三是加强和改善党的领导，需要改革者自身硬，重点要抓好作风建设。良好作风是全面深化改革的重要保障。改革需要有效的组织力，更需要强大的精神力。让改革者自身硬起来，作风建设是关键。党的十八届三中全会指出，坚持用制度管权、管事、管人，让人民监督权力，让权力在阳光下运行，是把权力关进制度笼子的根本之策。这对党要管党、从严治党提出了新的更高的要求。习近平总书记指出，如果管党不力、治党不严，人民群众反映强烈的党内突出问题得不到解决，那么我们党迟早会失去执政资格，不可避免会被历史淘汰。全面深化改革的社会转型期，也是腐败事件的高发期。2013 年，全市各级纪检监察机关受理群众举报 1 475 件次，同比增长 5.96%；初核 807 件，增长 30.16%；立案 574 件，增长 22.12%，其中市本级初核 85 件，增长 77.08%，立案 39 件，增长 50%；党纪政纪处分 547 人，增长 8.1%，其中查处县级干部 17 人；暂扣和收缴违纪违法金额

3 300余万元，涉嫌犯罪移送司法机关29人……这一系列数字，充分体现了绵阳市委反腐工作的力度和决心。

腐败的实质是权力的滥用。作风问题绝对不是小事，不良风气就像一座无形的墙，把我们党和人民群众隔开。必须把从严治党贯彻和体现到从严管理干部、从严管理党员队伍、扎实做好抓基层打基础工作、严肃党内生活等各个方面。要以踏石留印、抓铁有痕的劲头抓作风建设，善始善终，善做善成，防止虎头蛇尾。他指出，要加强反腐倡廉党内法规制度建设，让法律制度刚性运行；加强对权力运行的制约和监督，把权力关进制度的笼子里，形成不敢腐的惩戒机制、不能腐的防范机制、不易腐的保障机制；反腐既没有“特区”，也没有“禁区”，坚持“老虎”“苍蝇”一起打，任何人都没有凌驾于法律之上的特权。

二、我市新一轮改革中加强党的组织领导的任务

1. 强化组织领导

相比以往，全面深化改革承担着更为复杂艰巨的双重任务推进改革的复杂程度、敏感程度、艰巨程度前所未有。实践证明，任何成功的改革，必须依靠强有力的组织领导，才能确保改革任务的顺利完成。加强和改善党的领导，充分发挥党总揽全局、协调各方的领导核心作用，是确保改革顺利进行并取得成功的根本保证。强化组织领导，一要加强领导班子建设。领导班子是一个地方、一个单位的核心，在推进改革中承担着重要的责任，要配强发展型、实干型领导班子，完善干部教育培训和实践锻炼制度，不断提高领导班子和领导干部推动改革能力。要加强领导班子思想政治建设，进一步坚定理想信念，增强发展自信、跨越自信、小康自信。认真贯彻执行民主集中制，确保增强各级领导班

子的活力和团结统一。要建立对领导班子定期研判机制，以战略眼光优化领导班子配备和干部队伍结构。二要强化基层党组织建设。改革越是向纵深推进，群众对基层党组织的依靠和期盼越强。推动全面深化改革，全市各级党委必须高度重视抓基层、打基础工作，推进发展型服务型党组织建设，充分发挥基层党组织的战斗堡垒作用，引导广大党员投身改革事业。要扩大党的工作覆盖面，切实做到哪里有群众、哪里就有党的群众工作。要健全党员立足岗位创先争优长效机制，激发党员投身改革、建功立业的内在动力，为全面深化改革做出积极贡献。要把基层党组织的工作重心转到服务改革、服务发展、服务民生、服务群众、服务党员上来，使服务成为基层组织建设的鲜明主题。

2. 强化干部和人才支撑

全面深化改革，必须造就高素质干部队伍，必须坚持党管干部原则，深化干部人事制度改革，构建有效管用、简便易行的选人用人机制，使各方面优秀干部充分涌现。在选拔干部方面，要发挥党组织领导和把关作用，把那些信念坚定、为民服务、勤政务实、敢于担当、清正廉洁的兰辉、张勇式的好干部选拔到领导岗位上来。要改革和完善干部考核评价制度，完善发展成果考核评价体系，改革实绩考核指标体系设置，完善考核办法，健全奖惩机制，形成促进科学发展和鼓励改革的导向。要完善干部教育培训制度，围绕改革发展中的重大问题加强学习和调研，不断提高把握和运用市场经济规律、社会发展规律能力，提高科学决策、民主决策能力，提高依法办事、做群众工作的能力。

人才是绵阳科技城科学发展、推动跨越、同步小康的第一资源。要认真贯彻落实并推进市委《关于实施创新驱动发展战略，加快绵阳科技城创新人才汇聚地建设的意见》，以落地为主线，以服务创新创业人才、优化创新创业环境为核心，以人才发展专项资金资助的重大人才工程为重点，推进科技城创新人才汇聚地建设，建立健全集聚创新创业人才制度机制，加强源头建设，实施“千英百团”“西部人才高地计划”等重大人才工程，增强人才汇聚力，加强创新创业平台建设，优化人才干事创业环境，落实“党管人才”要求，统筹推进基础人才队伍建设，把我市建设成为西部人才创业首选地，突出抓好培养、引进、用好等环节，用感情留人、用事业留人、用待遇留人，努力将绵阳打造成为优秀人才向往之地、集聚之地、成功之地，建设创业氛围浓厚、发展空间广泛、投资回报丰厚的热土。要改革和落实职称评聘政策，鼓励人才到民营经济和基层工作。要建立科学规范的人才评价机制，完善党政机关、企事业单位、社会各方面人才顺畅流动的制度体系。要吸引国内外绵阳籍优秀人才回乡创业，为我市全面深化改革提供强有力的人才支撑。

3. 强化人民推动改革的主体作用

党的十一届三中全会以来，改革开放之所以得到广大人民群众的衷心拥护和积极参与，最根本原因在于我们一开始就把改革开放同改善人民生活、同发挥人民主体作用紧紧联系在一起，使改革开放事业深深扎根于人民群众之中。古今中外历史反复证明，没有人民的支持和参与，任何改革都不可能取得成功。人民是改革的主体，要坚持党的群众路线，建立社会参与机制，充分发挥人民群众的积极性、主动性、创造性，发挥工会、共青团、妇联等人民团体作用，齐心协力推进改革。全市各级党员干部要坚持以人为本，始终牢记全心全意为人民服务的根本宗旨，站在人民的立场上把握和处理好改革涉及的重大问题，从人民利益出发谋划改革思路、制定改革举措。要尊重人民的主体地位和首创精神，虚心听取群众意见和建议，及时总结群众创造的新鲜经验，把群众的智慧和力量凝聚到改革上来。要畅通群众参与改革的渠道，千方百计地创造条件、搭建平台，保障群众对重大改革举措的知情权、参与权、监督权。特别是对那些与群众利益密切相关的重大改革，要进行广泛的民主协商，在群众利益充分表达的基础上达成共识、做出决策。我市新一轮改革，要鼓励基层和群众大胆探索，开展改革试点，及时总结经验，宽容改革失误，加强宣传和舆论引导，为全面深化改革营造良好社会环境。要把自上而下的改革与自下而上的改革结合起来，鼓励各县市区、各部门大胆探索。对重大改革要先行先试，总结经验，逐步推开。要加大对各类改革试验试点的指导、支持力度，充分发挥其先行先试、试水探路的作用。要鼓励基层和群众消除思想顾虑，勇于改革，大胆试、大胆闯，摸着石头过河，从实践中获取真经。对于改革探索中的一些失误和不足，不搞求全责备，积极加以引导，不断改进完善，真正把蕴藏于人民群众之中的力量进一步挖掘、释放出来。全面深化改革，时间跨度大，牵涉面广，应积极做好有关改革内容的宣传解释和舆论引导工作，及时向公众解疑释惑，做好对改革正面引导，让群众了解改革、理解改革、参与改革，营造有利于全市全面深化改革的良好社会环境。

4. 强化督促检查

对中央、省委和市委确定的重点改革任务，要逐项分析研究，做到定路线图、定工作量、定时间表、定责任人。要建立健全领导改革的责任机制，强化党委负总责前提下的责任分工。要结合实际，抓紧制定改革文件的配套政策和改革的推进方案，把目标任务变成实实在在的工作项目，把原则要求变为可操作的工作措施，确定责任主体、工作部门，确保各项改革有布置、有督促、有检查。党委政府要加强督促检查，每年阶段性通报改革进展情况，对改革工作推进不力的进行问责，确保深化改革各项工作扎实推进，取得预期效果。要抓好跟踪督办，建立改革定期评估制度，及时评价改革效果，及时分析查找存在的问题和原因，增强改革的针对性、科学性、实效性。

第三节　绵阳实现全面深化改革的组织保障措施

全面深化改革，关系到党和政府的工作全局，任务艰巨而繁重。要把改革目标任务变成美好现实，必须提供强有力的组织保障。政治路线确定后，干部就是决定因素。各级领导班子和领导干部是新一轮改革的最重要的骨干力量，选什么样的人、不选什么样的人，班子强不强、队伍好不好，关系着战略实施的快慢和成败。

1. 鲜明用人导向

干好绵阳的事，关键在党，关键在人，关键在敢于担当，关键在崇尚实干，关键在狠抓落实。因此，要坚持德才兼备、以德为先，坚持重品行、重实干、重实绩、重基层、重为民，鲜明注重基层、注重经济建设主战场、注重急难险重一线用人导向，围绕加快推进西部经济文化生态强市建设，探索“定向选拔+非定向任用”干部选拔方式，优先选好配强善于推进新型工业化、新型城镇化、国家科技城建设、“2+4”优势产业、“4+3”高端成长型产业的班子和干部。要坚持从严选拔干部，强化实绩考核，重用那些坚守如初、始终如一、崇尚实干、敢于担当、善始善终、善作善成，能以踏石留印、抓铁有痕的劲头狠抓落实，奋力开创绵阳改革发展的新局面的干部。要坚持重用那些坚定信念、咬定目标，保持“等不起、慢不得、坐不住”的危机感和紧迫感，进一步振奋精神、奋发有为，全力跑好接力赛的干部；重用那些发扬“钉钉子”精神，聚焦、聚神、聚力抓落实，求真务实的干部；重用那些守土有责、守土负责、守土尽责，应该做的事顶着压力也要干，应该负的责冒着风险也要担的干部；重用那些清正廉洁、两袖清风的干部。

2. 改进选人用人方式

一是坚持按需选人。看重干部在次级、底部、基础等条件艰苦、情况复杂、矛盾突出和困难问题较多的地方取得的成绩，创新“经济部门、工业园区、招商引资战线等重要部门”科级干部交流机制，推行干部民主推荐权重制计票办法，切实把干部选准选优。二是规范初始提名。科学界定提名人的权力和责任，规范干部选任初始提名程序，严格提名责任追究制度。强化“谁用人谁提名”，明确提名主体，规范提名程序。根据服务对象的不同分别采取群众提名和组织提名的方式，避免服务于选民的政务类干部和服务于行政首长的事务类干部“一刀切”的选任方式。同时，实行首提责任制，建立责任追究制度，严肃选人用人失察失误责任追究。三是坚持竞争择优。实施以“差额推荐、差额考察、差额酝酿、差额表决”为主要内容的全程差额选任制度。探索“票决制”等办法，加大各环节综合遴选的差额比例，充分听取用人单位意见。

3. 构建科学有效的领导班子和领导干部考核评价办法

一是分层分类考核。当前各地加快建立健全体现全面、协调、可持续发展的科学考核体系，干部政绩考核更加倾向“绿色”标准。但由于各地区域发展的不平衡，有些地方已逐渐成熟，淡化 GDP 的增长、落实可持续发展是大势所趋，而有些地方则还相对落后，尚需加快追赶发展。为此，考核评价要根据实际情况，不搞“一刀切”。要探索建立“五位一体”的考评体系，区分首位提升、次级突破、底部基础 3 个大的区域类型，对首位提升区域注重经济质量、平衡发展等绿色方面考核，对次级突破区域注重经济增速、发展效益等经济方面考核，对底部基础区域注重精神家园建设、干部关爱等人文方面考核。二是延伸考核链条。探索实施“干部考核反溯法”，对考核中较突出的正面或负面问题，均深入到工作地区、原单位等听取群众的意见评价。注重收集分析职能部门量化指标，把定性分析和定量分析结合起来，增强考核方式的完整性和系统性，避免以偏概全。三是改进考核方式。探索“三延伸三追溯”干部考察综合方式，坚持平时考察、任前考察与届中、届末考核相结合，将干部的实绩、干部的作风、干部的“德”作为量化考核的“三个大件”，切实考准考实干部。

4. 切实加强市县党政“一把手”队伍建设

一是选拔上注重特性、特点、特色。注重岗位特性，突出基层经历、多岗履历、副职阅历、后备资历四个方面的岗位要求。充分考虑知识、专业、资历和性格等个人特点，注重选拔既懂党务工作又懂经济工作的复合型干部，保证各项工作全面发展。根据功能定位、产业布局、发展水平等不同县情，以实现率先次级突破为目标，合理选配知识能力、经历经验、性格气质相符的干部，防止出现“水土不服”的现象。二是能力建设上突出多类、多层、多岗。以构建多点多极支撑发展战略为目标，根据党政一把手的不同需求，分类开展教育培训。对县委书记，突出驾驭全局能力、民主决策能力和应对复杂局面能力的提高；对县长，重点加强县域经济、法律法规、招商引资、城市管理的培训。建立中央、省、市多层管理的教育培训机制，切实解决县市区党政一把手在学习上“漏位”现象。建立内外结合、上下结合的交流锻炼机制，加强多岗位锻炼。三是激励上注重关心、关爱、关注。在选拔厅级干部时，把县市区党政“一把手”作为重要来源。特别是对长期在基层、在艰苦地区、在欠发达地区工作并对当地县域经济发展做出突出贡献的，更应给予更多关注。对率先实现次级突破的优秀县市区委书记可提拔为市领导班子成员并继续兼任县市区委书记。

5. **着力提升干部能力素质**

一是夯实思想基础，强化干部的大局意识、责任意识、全域全面发展的意识。综合运用“理论实践锻炼 + 传统教育锻炼 + ‘同吃同住同劳动’作风锻炼”三段式培训方式，在中心工作中锻炼干部，在基层一线培养干部，在群众工作中磨砺干部。二是提高的能力素质。突出建设“西部经济文化生态强市”和“国家科技城”两大战略，策划实施“两化互动，统筹城乡”“创新驱动发展”“充分开放合作”“加强民生保障”“提升城市文化实力”“加强生态环境保护”等“2 + 6”“1 + 4”重点专题培训，量身定做工业化城镇化建设、社会主义新农村建设、自主创新、保障民生、应对危机、创新社会管理等专题培训班，促使干部深刻认识发展大局、主动融入中心工作，提高战略思维能力和管理水平。培训对象从领导干部到一般干部，大规模全覆盖培训“操盘手”，为绵阳一马当先、率先突破提供智力保障。三是健全培训激励机制。在干部培训与干部考核使用中，强化干部参训的刚性要求。推行干部教育培训“述学、评学、考学”和学分管理制度，将干部学习培训与管理使用紧密结合，作为选拔、考核、任用干部的必经途径，实行“不培训不上岗、不培训不任职、不培训不提拔”。

6. **不断培养储备年轻优秀人才**

一是强化年轻干部规划。科学制定年轻干部培养选拔规划，围绕做大区域经济板块，夯实县域经济底部基础，实施年轻干部培养“321 规划”，即用三年时间培养储备 300 名 30 岁以下的县级后备干部，培养选拔 200 名 30 岁以下的科级干部，培养选拔

100名35岁以下的县级干部，为实施多点多极支撑发展战略培养储备领导力量。二是强化年轻干部源头建设。进一步健全完善后备干部“非定向+无任用推荐”和“备用结合”推荐培养制度，坚持每1至2年集中开展一次县（科）级后备干部推荐工作，培养储备高素质后备干部队伍。坚持后备干部备用结合制度，提拔领导干部，原则上要从后备干部中产生，加强后备干部培养选拔。三是强化年轻干部实践锻炼。开展年轻干部“经历补缺+能力提升”活动，分批组织新提拔年轻干部到重点产业基地、开发园区、艰苦边远地区、信访维稳一线实践锻炼和跟班学习，坚持在完成重大任务、应对重大事件中培养锻炼干部，有计划地选派干部到民族地区、边远山区一线经受锻炼，着力推进夯实县域发展底部基础。继续选派优秀年轻干部到中央国家机关、省级机关、成都及沿海经济发达地区挂职学习，增强与成渝经济区对接力度，实现借力发展。

党的十八届三中全会绘就了全面深化改革路线图，下一步的关键是把全会精神不折不扣地落实到行动中。当此之时，越是任务艰巨，越是时间紧迫，越应注重加强和改善党的领导。这既是改革开放以来成功经验的总结，也是确保改革方向、有力推进改革的保障。全市上下要坚决贯彻中央、省、市决策部署，牢牢把握方向、大胆探索实践、注重统筹协调、凝聚改革共识、落实领导责任，切实履行对本地区本部门改革的领导责任，把各项改革举措落到实处。

主要参考文献

1.《中共中央关于全面深化改革若干重大问题的决定》.

2.《中共绵阳市委关于全面深化改革的决定》.

3. 林毅夫. 解读中国经济［M］. 北京：北京大学出版社，2013.

4. 中共四川省委组织部. 创新驱动发展战略［M］. 成都：四川人民出版社，2014.

5. 阮汝祥. 中国特色军民融合理论与实践［M］. 北京：中国宇航出版社，2009.

6. 黄天柱，李颖. 国外高科技园区发展的经验借鉴［J］. 现代经济信息，2014（2）.

7.［美］杰弗里·萨克斯，费利普·拉雷恩. 全球视角的宏观经济学［M］. 费方域，等，译. 上海：上海三联书店，2004.

8. 王一鸣. 中国区域经济政策研究［M］. 北京：中国计划出版社，1998.

9. 程选. 我国地区比较优势研究［M］. 北京：中国计划出版社，2001.

10. 齐桂珍. 国内外政府职能转变及其理论研究综述［J］. 中国特色社会主义研究，2007（5）.

11. 朱之鑫. 全面正确履行政府职能［J］. 求是，2013

(22).

12. 尹春荣. 近五年来我国行政机构改革研究综述［J］. 企业改革与管理, 2014 (2).

13. 王永明, 甘月文. 政府管理改革助推民族区域经济社会发展又一范例［C］. 中国行政管理学会 2011 年年会交流论文, 2011.

14. 高强. 关于深化财税体制改革的几点思考［J］. 上海财经大学学报, 2014 (1).

15. 易臣何. 基于公信力视角的政府信息服务模式创新研究［D］. 湘潭: 湘潭大学公共管理学院, 2009.

16. 中共中央国务院. 国家新型城镇化规划 (2014-2020)［R］. 中华人民共和国中央人民政府门户网站, 2014-03-16.

17. 潘伟杰. 法治与现代国家的成长［M］. 北京: 法律出版社, 2009.

18. 中国法学会. 中国文化与法治［M］. 北京: 社会科学文献出版社, 2007.

19. 陈景良. 当代中国法律思想史［M］. 开封: 河南大学出版社, 2000.

20. 郭成伟. 外国法系精神［M］. 北京: 中国政法大学出版社, 2005.

21. 任岳鹏. 西方马克思主义法学视域下的法与意识形态问题研究［M］. 北京: 法律出版社, 2009.

22. 孙国华. 马克思主义法学与当代［M］. 北京: 中国金融出版社, 2004.

23. 《中共中央关于全面推进依法治国若干重大问题的决定》.

24. 中国社会科学院学术委员会. 21 世纪初中国面临的重要理论和对策问题［M］. 北京: 社会科学文献出版社, 2008.

25. 季正矩. 通往廉洁之路－－中外反腐败的经验与教训研究［M］. 北京：中央编译出版社，2006.

26. 胡鞍钢. 中国：挑战腐败［M］. 杭州：浙江人民出版社，2011.

27. 吉彦波. 三权分立的内涵新探［J］. 湖南文理学院学报，2012，29（6）.

28. 乔剑利. 领导班子非体制化权力结构研究［J］. 西安政治学院学报，2011（4）.

29. 绵阳市文化广播影视新闻出版局. 绵阳文化发展规划. 2014年7月.

30. 绵阳市地方志办公室. 绵阳统计年鉴2013［M］. 北京：方志出版社，2013.

31. 龚高健. 加快推进我国社会事业改革创新［EB/OL］. ［2014－02－18］. 人民网－理论频道.

32.《绵阳市国民经济与社会发展十二五规划》.

33. 杨奎松. 六十年前"中国道路"夭折始末［EB/OL］. ［2014－12－24］. 光明网.

34. 中共中央办公厅. 中国共产党第八次全国代表大会文献［M］. 北京：人民出版社，1957.

35. 王长江. 中共共产党：从革命党向执政党的转变［J］. 中国治理评论，2012（1）.

36. 怎样恢复农业生产［M］. //邓小平选集：第1卷.

37. 理查德·塞尼特. 西方应走社会主义道路［EB/OL］. ［2008－10－15］. FT中文网.

38. ［意］阿里吉. 马克思在底特律，斯密在北京［M］. 路爱国，黄平，许安结，译. 北京：社会科学文献出版社，2009.

39. ［美］萨姆·韦伯. 美共：在变化的世界中求进步［J］. 国外理论动态，2010 (1).

40. 何增科. 我国社会管理体制的现状分析［J］. 甘肃行政学院学报，2009 (4).

41. 绵阳市环境保护局. 绵阳市 2013 年环境公报. 2014 年 6 月.

42. 罗强. 制度建设是生态文明长久发展的重要保障［N］. 中国环境报，2014－10－13.

43.《绵阳：一座西部城市的“生态路径”［N］. 绵阳日报，2014－01－04.

44. 绵阳市环境保护局. 绵阳生态市建设规划. 2008 年 10 月.

45. 绵阳市环境保护局. 绵阳市“十二五”环境保护规划（初稿）. 2010 年 11 月 8 日.

46. 韩振峰. 把生态文明建设摆在突出地位［N］. 光明日报，2012－11－11.

47. 周生贤. 中国特色生态文明建设的理论创新和实践［J］. 求是，2012 (19).

48. 贾卫列，杨永岗，朱明双，等. 生态文明建设概论［M］. 北京：中央编译出版社，2013.

49. 中共绵阳市委，绵阳市人民政府.《2013 年度绵阳市党政领导班子履行党风廉政建设职责情况》.

50. 中共绵阳市委组织部.《在实施多点多极支撑发展战略中加强领导班子和干部队伍建设》.

51. 中共绵阳市委党建办.《关于绵阳市委党建领导小组建设和作用发挥相关情况的报告》.

后 记

全面深化改革，是绵阳加快建设国家科技城和中国西部经济文化生态强市，全面建成小康社会，实现伟大中国梦绵阳篇章的必然要求和强大动力。2014 年 7 月举行的中共绵阳市委六届七次全会，贯彻落实党的十八大、十八届三中全会精神和省委决策部署，做出了全面深化改革的决定，描绘了绵阳全面深化改革的美好蓝图，开启了绵阳全面深化改革新的征程。

全面深化改革是一项系统工程，需要强有力的理论支撑和智力支持。党校、行政学院作为中国特色新型智库中的重要力量，为党委、政府科学决策服务，助推全面深化改革，负有义不容辞的责任和光荣使命。为此，2014 年 8 月，中共绵阳市委党校、中共绵阳市委讲师团、绵阳行政学院和绵阳市社会主义学院组织市委党校部分专兼职教研人员，成立了“绵阳全面深化改革理论与实践研究”编写组，就绵阳全面深化改革的一系列重大问题进行深入研究。经过 4 个月的努力，完成了该书的编写。

在本书的研究和写作中，我们尽量坚持以下原则。一是突出战略性。坚持问题导向和引领，抓住对绵阳改革发展具有全局和长远影响的突出问题和体制性障碍，开展基本思路、目标任务、总体布局、战略重点、改革规律等战略性研究。二是突出综合性。围绕绵阳经济体制、政治体制、文化体制、社会体制、生态文明法制改革，党的建设制度改革和科技城政策创新体系建设，加强全方位、多领域、多要素、多角度的综合研究，提出统筹推进改革发展的新思路和新举措。三是突出前瞻性。既客观分析全面深化改革面临的时间之紧、任务之重、矛盾之多、群众期盼之高等新的问题、困难和挑战，又充分认识绵阳具有的独特机遇和发展优势，加强对改革发展趋势的前瞻性研究。四是突出绵阳特色。把握绵阳是中国科技城，肩负着率先探索改革经验重任的特点，归纳总结绵阳先行先试的改革经验和改革成果，探索具有时代特征、体现绵阳特色的全面深化改革之路。

本书编写组由中共绵阳市委党校常务副校长、中共绵阳市委讲师团常务副团长冯平担任主编，中共绵阳市委党校副校长、中共绵阳市委讲师团副团长、副教授朱云担任执行主编，中共绵阳市委党校副校长、副教授席斌，中共绵阳市委党校科研处处长、副教授罗力，中共绵阳市委党校市情研究咨询室副主任、副教授王仕军担任副主编。各章的撰写人是：第一章（朱云），第二章（林劲松、康丹），第三章（李忠桥），第四章（刘亚娟），第五章（杨艳），第六章（李安祥），第七章（蒋之亮），第八章（任翠华），第九章（张建），第十章（王仕军），第十一章（罗力），第十二章（席斌、卿官亮、刘涛）。全书由冯平审查定稿，朱云、罗力、王仕军修改和统稿，任翠华参与了书稿的整理和校对。

本书的编写得到了绵阳市委办、市政府办、市委组织部、市委宣传部、市纪委、科技城管委会综合办、市委政研室、市政府研究室、市发改委、市经信委、市科技局、市统计局、市财政局、市人社局、市国土资源局、市工商局、市商务局、市法制办、市司法局、市环保局、市农业局、市文广新局、市旅游局、市民政局、市投资促进局、市住建局、市规划局、市社科联等市级相关部门和各县市区的大力支持和帮助，我们在书中引用了这些部门单位提供的宝贵资料和数据。本书的出版，得到了西南交通大学出版社的大力帮助，他们的努力为本书增色不少。在此，谨向上述关心、支持本书编写和出版的单位表达衷心的谢意！

由于我们水平有限，编写时间仓促，书中的疏漏和不妥之处在所难免，恳请关心关注绵阳改革发展的领导、专家、学者以及读者朋友批评指正。

编　者

2014 年 12 月